孕育未来之星

张瑜 主编

文匯出版社

本书编委会

主 编：张 瑜

编 委：薛晓霞 蔡琼仪 华 纯 汤雨婷
陈丹美 顾亚君 杨 月 汤帼姣
曹 愉 蒋子媛 瞿佳维

顾 问：赵连根

序

家长参与幼儿园教育与课程建设的历史悠久，最早可追溯到20世纪初，当时国外的一些保育学校就有家长参与教师的保育与教育活动，积极成为学校的“义工”(volunteer)，协助教师抚育幼儿，帮助教师组织活动等。20世纪60年代，美国的“早期开端计划”(Head Start)明确指出家长与教师在早期儿童发展与教育中具有同等重要作用，与教师一样都是儿童发展的极其关键的“重要他者”(important others)，并积极邀请家长参与幼儿园的保育与教育等活动。“早期开端计划”提出，家长是否积极参与、参与的质量与水平是改善幼儿园保育与教育质量的关键因素。因此，很多发达国家明确以立法的形式提出家长参与幼儿园教育是其基本权利，幼儿园应支持和鼓励家长积极参与幼儿园管理、课程建设与教育活动。2001年7月2日，国家教育部印发的《幼儿园教育指导纲要(试行)》也明确指出：“幼儿园应与家庭、社区密切配合，综合利用各种教育资源，共同为幼儿的发展创造良好的条件。”国内一项大数据研究更是有力地说明了家长参与幼儿园教育意义重大。华东师范大学课程与教学研究所的黄小瑞、安桂清老师在2018年开展了一项对12575名家长参与幼儿园课程教育的研究，通过潜在剖面分析，研究发现家长的参与程度越高，儿童的学习与发展越好，家长的情感支持甚至比直接参与幼儿的学习活动更为重要。

然而遗憾的是，虽然人们近些年来日益重视家长参与幼儿园教育与课程建设，但相关的实践与实证研究仍然十分缺乏和

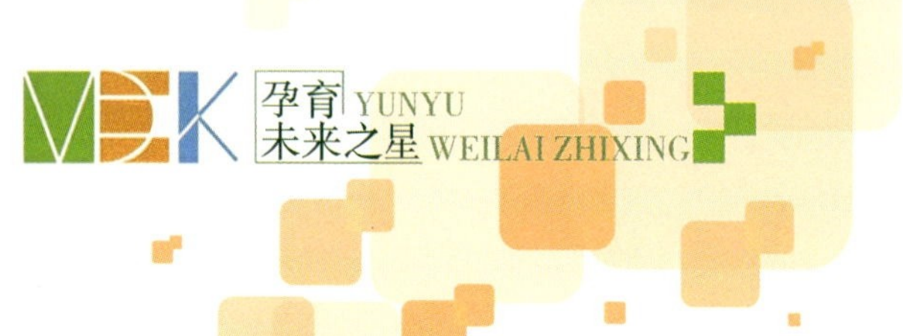

薄弱。我们在知网平台以“家长参与幼儿园”为篇名进行主题词搜索，仅有2篇论文，而家长参与中小学教育的文章则有135篇，形成了鲜明的对比。正是看到了目前相关研究的薄弱，万科实验幼儿园张瑜园长带领教师们积极申报并承担了上海市家长教育研究会“十三五”重点课题“家长参与学校课程建设与实施研究——以‘家长俱乐部’的建设与运行为例”。通过近3年的实践研究与探索，在理性思考—实践反思—经验总结的基础上，张瑜园长与教师们撰写了内容丰富、案例生动、策略有效的《孕育未来之星》一书。本书不仅能帮助家长提高家庭教育的能力，发挥家园教育的双主体作用，促进幼儿身心健康和谐成长，而且有助于为广大重视家园共育的幼儿园提供值得借鉴的先进观念与科学做法，具有很好的推广意义与价值。

当然，“始生之难，惟精惟一”，课题的结题出书只是反映了目前该园初步的阶段性成果，关于家长参与幼儿园课程建设有何创新的做法？需要什么样的课程领导与管理的运行机制？家长俱乐部如何真正地吸引家长深入参与，并真正成为幼儿园课程建设的主人之一？从大量生动鲜活的案例中可以得出什么样的家长参与幼儿园教育的规律、原则与机制？等等这些问题仍需要张瑜园长带领着教师们继续探索，“雄关漫道真如铁，而今迈步从头越”，期待万科实验幼儿园能在这一重要的领域做出更多更大的贡献，以更好地服务儿童、服务家长、服务社会。

华东师范大学教育学部

2021年3月15日

前言

一个孩子的成长发展与教育分不开，而教育指的就是家庭教育和学校教育，二者相辅相成，缺一不可。《幼儿园教育指导纲要（试行）》中明确指出："幼儿园应与家庭、社区密切配合，综合利用各种教育资源，共同为幼儿的发展创造良好的条件。"在现代教育理念指导下，人们已经开始关注家长与幼儿同课程的关系，我们发现家长先进的教育思想和成功的育儿经验，是我们有效的教育经验来源；家长不同的知识与职业背景为我们提供了丰富的知识来源。随着课程改革的深入发展，幼儿园课程已经不能满足于教师单方面的建构，也不应局限在幼儿园内，这就更需要家长的支持与帮助。引导家长参与课程的建设，能很好地推动课程的完善，促进幼儿的发展和教师专业化的成长！

"家长参与学校课程建设与实施研究——以'家长俱乐部'的建设与运行为例"的家教课题，经市教科院专家的审批，于2018年9月被列为市级重点家教课题。我们在有关幼儿教育专家与教科研专家的指导下开展了以家园课程融合为理念、以建设"家长俱乐部"为形式的家长参与学校课程建设与实施研究，收集与梳理国内外有关家长参与学校课程建设与实施方面的经验和信息，学习教育学、儿童心理学、管理学等。根据幼儿年龄特点和发展需求，针对家长利用家庭丰富的教育资源开展亲子活动的现状，编制了幼儿在幼儿园学习的"健康、语言、社会、科学、艺术"五大领域课程中，难以获得和难以完成的一部分认知内容与实践活动，汇编了"家长俱乐部"亲子活动的案例。在研究过程中，建立了"家长俱乐部"建设机制，形成了"家

长俱乐部”运行策略，通过网上交流、现场观摩分享、自评与互评等过程，帮助家长提高家庭教育的能力，发挥家园教育的双主体作用，促进幼儿的健康成长！

本书综合了健康、语言、社会、科学、艺术五大领域中利用家庭教育资源开展家庭教育指导活动的方案与内容，融知识性、实践性、应用性为一炉，操作切实有效，指导具体精当，行文通俗易懂，是幼儿教师与家长的良师益友。

本书由幼儿园园长张瑜负责统筹策划和统稿工作。参加编写的人员有薛晓霞、蔡琼仪、华纯、杨月、汤雨婷、顾亚君、陈丹美，还有汤帼姣、张婷婷、张静、范玲、周晓婷、夏琳、康诗轶、曹愉、蒋子媛、瞿佳维等教师。

在编写过程中，学习和参考了大量国内外幼儿园教育、家庭教育指导的文献和有关研究成果，还借鉴、引用有关家庭教育指导的案例和相关资料，因种种原因无法与原作者沟通。在此，真诚地感谢曾经对我们提供资料的作者以及指导、帮助我们的上海市家庭教育指导研究中心的专家、浦东新区教育学会的领导和专家学者们，以及原奉贤区教育学院科研员林萍老师。我们也衷心希望借助本书这一平台，和您共同探寻家庭教育的新内容、新形式，陪伴孩子健康快乐成长！

目 录
CONTENTS

孕育 YUNYU
未来之星 WEILAI ZHIXING

家庭数学活动素材

享受艺术 陶冶情操

第三篇 共育——互动之效

"智慧"家庭亲子活动实例

家长典型案例

01

第一篇 理论——智慧之泉

轻抚琴弦，让理论穿过光阴的水湄，轻轻地落在你的窗前。相信，你一定能够看见，那些散落在文字中的经典，那些细细密密的内容，依然绽放在枝头，一如永恒的笑颜。

家长参与学校课程建设与实施研究

——以“家长俱乐部”的建设与运行为例

张 瑜*

摘 要：本课题研究以家长参与学校课程建设为抓手，挑选园内有一定文化素养和在某一领域有特长的幼儿家长，组成一个由家长、教师、领导共同参与幼儿园培训、交流、展示的家园互动教研的活动载体——“家长俱乐部”。将幼儿园“健康、语言、社会、科学、艺术”五大领域课程中，难以在幼儿园完成的学习内容与实践活动，在家园互动的过程中与幼儿共同完成家园学习活动。

关键词：家长俱乐部，家长俱乐部建设，家长俱乐部运行

一、问题的提出

教育是个系统工程，由幼儿园、家庭和社会三方面共同组成，三者之间互相渗透、互相联系、互相制约。幼儿的年龄特点决定了影响其发展最主要的因素是幼儿园和家庭，教师和家长都是幼儿的主要施教者。家长虽然不是专业的教育工作者，但是对孩子身体力行的教育和耳濡目染的影响却远胜于老师。实践证明幼儿的成长发展离不开家庭教育及学校教育双方影响力的“汇合”。国内外大量研究成果显示，家长对孩子的学业成就、发展水平存在深远影响。儿童的总体发展水平与其家长参与幼儿园家长活动的次数成正比，与家长援助幼儿园教学活动的程度成正比，与其配合幼儿园教育活动的程度成正比。家长参与幼儿园课程建设，

*课题组成员：薛晓霞 蔡琼仪 华纯 杨月 汤雨婷 顾亚君 陈丹美 张婷婷 严亦舒

能促进幼儿园内教育环境和课程内容更符合幼儿发展的需要，对幼儿扩大知识面，以更宽广的视角认识社会，进一步积累与人交往的经验都有非常大的助推作用。家庭教育的早期性、连续性、感染性等特殊功能，是学校教育和社会教育所不可替代的。

2015年10月教育部《关于加强家庭教育工作的指导意见》指出：幼儿园要从落实中央"四个全面"战略布局的高度，不断加强家庭教育工作，进一步明确家长在家庭教育中的主体责任。让广大家长及时了解掌握孩子不同年龄段的表现和成长特点，真正做到因材施教，不断提高家庭教育的针对性；要始终坚持儿童为本，尊重孩子的合理需要和个性，创设适合孩子成长的必要条件和生活情境，努力把握家庭教育的规律性；要提升自身素质和能力，积极发挥榜样作用，与学校、社会共同形成教育合力，避免缺教少护、教而不当，切实增强家庭教育的有效性。充分发挥学校在家庭教育中的重要作用，加快形成家庭教育社会支持网络，推动家庭、学校、社会密切配合，共同培养德智体美劳全面发展的社会主义建设者和接班人。

《幼儿园教育指导纲要（试行）》中明确指出："幼儿园应与家庭、社区密切合作，综合利用多种教育资源，共同为幼儿的发展创造良好的条件。"《上海市学前教育课程指南》中也指出："幼儿园应加强与家庭、社区的密切合作。要积极创造条件，让家长认同、支持、参与幼儿园课程的开发和实施。要充分利用家庭、社区及周边环境的教育资源，扩展幼儿生活和学习的空间。要积极支持、帮助提高家庭教育的能力，家园合作共同促进幼儿的健康成长。"

当前幼儿园设置的课程一般是在主题背景下的健康、语言、社会、科学、艺术五大领域。课程实施过程中，由于班级人数平均都在30个幼儿左右，因此，无论活动是以集体活动还是个别化学习活动形式实施，老师都不可能细致地照顾到每一个幼儿的最近发展区。再有经验的教师也无法让每一位幼儿通过一个教育教学活动，都获得预设活动的认知经验，达到同一个活动目标。这个缺陷如果有家长的参与就能适当弥补。因为，在家庭里，家长与孩子的亲子教育活动是一对一的。家长在教师指导下，了解掌握了《指南》五大领域的教学目标与建议，在家庭中与自己孩子进行一些亲子活动，就能起到拾遗补缺的作用，让幼儿获得在幼儿园未能全面得到的认知经验。如：《指南》中提出："小班幼儿要有规律地生活、良好的饮食习惯，不偏食、不挑食、不暴饮暴食、常喝白开水和卫生习惯；用眼卫生、早晚刷牙、饭前便后洗手等生活习惯与生活能力的养成。"就这一要求，光靠幼儿园老师培养是不行的，教师与幼儿的陪伴时间是有限的，老师也不可能每时每刻关注到每一位幼儿，而家长与孩子共同生活的时间毕竟比老师多。在家里,家长按《指南》的教育目标,配合幼儿园教师发现孩子在生活习惯能力方面的用眼卫生、早晚刷牙等问题,只有家长可以随时随地纠正引导孩子,陪伴孩子养成"良好的生活与卫生习惯",达到"健康领域教育的认知目标"。再如:科学领域中的一些生活小实验,在幼儿园里由于做实验的时间、人数、设备等制约,让全体幼儿都获得同等水平的经验几乎不太可能。但是,在家庭中家长与孩子一对一地操作、观察、记录……效果就比在幼儿园集体做生活小实验(护养动植物)好。

由此可见,幼儿园主题背景下的课程实施多么需要家长的支持、配合。但由于传统的幼儿园家庭教育指导模式主要是单向的"幼儿园对家长"的指导,在这样的背景下,幼儿园与家长之间的指导、交流表面上非常频繁、热闹,实际上指导权在园方,家长大多是被动参与接受。这样的家庭教育指导模式存在着一些问题。如:一些学历非常高的幼儿家长,他们对幼儿园家教的期望值很高,幼儿园现有的传统家教形式、内容及能力水平已经很难满足这部分家长的要求了。对一些学历低的家长,由于他们对幼儿园课程改革的意图不了解,有的甚至在行为上,对老师要求家长配合完成的教育教学事情拖拉,还有的在孩子面前表现出"现在幼儿园怎么那么烦!"的负面情绪。另外,幼儿园在家教指导方面还没有系统指导家庭"如何利用家庭教育资源来培养孩子的观察习惯、观察技能"等方面的内容,更缺乏家教方面的课题研究。

家庭教育指导是幼儿园管理的重要组成部分,幼儿园对家庭教育指导的管理模式策略、家庭家教指导的内容、教师进行家庭教育指导的水平和能力、家长的教育思想、教育水平等,都是管理者必须思考,迫切需要解决的问题。随着中国的改革开放,幼儿园学历高的家长越来越多,特别我园地处张江科创中心,硕士、博士比比皆是,他们完全可以作为幼儿园中的一支"编外师资队伍"。幼儿园对蕴藏在家长中的丰富的教育资源,应当充分挖掘和最大限度地发挥、利用这个潜在的教育资源。可是,幼儿园至今没有充分利用这些宝贵的教育教学资源。特别是"怎么让家长参与学校课程建设与实施,怎么改变传统的具体教育指导模式",让幼儿园教育与幼儿家庭教育产生 $1+1>2$ 的效果……这些重要家教问题都是必须解决的家教关键问题。为此,本课题试图以"家长俱乐部"为新型的家园互动家教模式,使家庭教育成为幼儿园课程的拾遗补缺课程。

"设计思维"(design thinking)是斯坦福大学哈索·普拉特纳设计学院(Hasso PLattner Lnstitute of Design)引进教育的概念。它是一种既借鉴了工程和设计的方法，又与艺术理念相结合，同时运用社会科学的工具。该思维如同黏合剂，将团队成员团结在一个共同的目标周围，为完成同一项任务而共同努力。从人的真实需求出发，富有创造性地设计相应的实施方案，体现“从做中学”理念。“家长俱乐部”的建设与运行，试图运用“设计思维”方式方法，让家长在幼儿园老师的引领下参与学校课程建设与实施，让家长在“家长俱乐部”活动中，学习一些关于幼儿教育的理念、方式方法，在家庭教育的实践过程中提高家庭教育的观念和能力，把“家长俱乐部”建设成幼儿园一种新型的家教互动模式，让“家长俱乐部”真正成为幼儿园课程的拾遗补缺的家庭教育课程。在“家长俱乐部”的运行下，帮助每一个家庭尽力满足每一位幼儿的全面发展需求和个性发展需求之间的平衡要求，帮助每一个家庭发挥在养育孩子的“个性化”和“情感性”方面的优势。争取在孩子还小的时候，就帮助他们养成良好的生活习惯、学习习惯，懂得如何教育孩子与人相处、与人分享，给孩子一个健全的人格……“家长俱乐部”运行，让家长真真切切地参与学校课程建设与实施，促使家长更专业地履行养育职责，补充幼儿园教育主体课程，起到了隐性幼儿园教育的作用。

为此，课题“家长参与学校课程建设与实施研究——以‘家长俱乐部’的建设与运行为例”研究，以“参与学校课程建设与实施研究”为依托，解决两大问题：一是“家长俱乐部”如何建设，二是“家长俱乐部”如何参与幼儿园的课程建设与实施。

二、研究内容与方法

（一）研究目标

在充分认识“家长参与学校课程建设与实施研究——以‘家长俱乐部’的建设与运行为例”内涵的基础上，构思“家长俱乐部建设与运行的思维图”、设计“家长俱乐部”建设与运行的实施方案、研究“家长俱乐部”建设的机制、“家长俱乐部”运行的策略、“家长俱乐部”前期的培训内容。

（二）研究内容

1.充分认识“家长参与学校课程建设与实施研究——以‘家长俱乐部’的建设与运行为例”内涵

（1）核心概念界定①家长俱乐部②“家长俱乐部”的建设③“家长俱乐部”的运行

（2）“家长俱乐部”的价值分析

（3）支撑研究“家长俱乐部”建设与运行的理论

2.幼儿园家庭教育的现状研究

(1)情报综述

(2)本园现状调查

3.“家长俱乐部”建设与运行的实施方案研究

(1)“家长俱乐部”建设与运行的思维图设计

(2)“家长俱乐部”前期培训内容的梳理

4. “家长俱乐部”建设机制的研究

5. “家长俱乐部”运行策略的研究

6.“家长俱乐部”建设与运行实施方案的有效性研究

7.汇编“家长俱乐部”活动的案例

(三)研究方法

1.文献研究法:广泛收集家长参与学校活动、家庭教育的相关情报资料,进行核心概念的界定、分析“家长俱乐部”的价值、寻找支撑研究“家长俱乐部”建设与运行的理论。设计“家长俱乐部”建设与运行的思维图、梳理“家长俱乐部”前期的培训内容。

2.问卷调查法:设计调查“幼儿园家庭教育的现状”的问卷,了解我园教师、家长对以“家长俱乐部”的建设与运行为例,解决家长参与学校课程建设与实施问题的意识、态度和能力。

3.案例研究法:汇编“家长俱乐部”活动的案例。

4.行动研究法:实施“家长俱乐部”建设与运行的方案,在实践中总结经验教训,提炼“家长俱乐部”建设机制和“家长俱乐部”运行策略。

(四)研究对象

浦东新区万科实验幼儿园各年龄段俱乐部家长与教师,共计183人。

三、研究思路与过程

(一)研究思路

课题“家长参与学校课程建设与实施研究——以‘家长俱乐部’的建设与运行为例”研究的最终目的是让幼儿家长参与幼儿园的课程建设与实施,选择“家长俱乐部”为载体,让教师与家长在“家长俱乐部”活动过程中提高家庭教育的质量,充实完善幼儿园课程内容。要实现“家长参与学校课程建设与实施”关键在于“家长俱乐部”的建设与运行。为此,课题组设计了“家长俱乐部建设运行思维图”,具体见下图:

家长参与学校课程建设与实施——以家长俱乐部的建设与运行为例

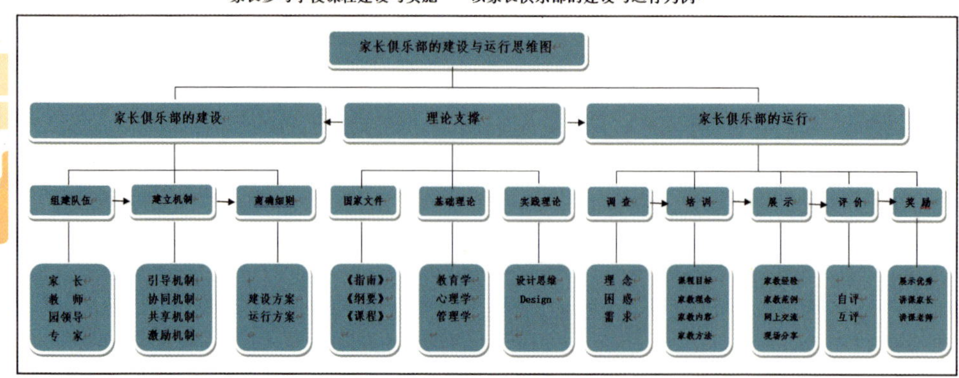

家长俱乐部的建设运行思维图

“家长俱乐部的建设运行思维图”由三大部分组成。第一部分是家长俱乐部的建设。它包括三个内容:组建队伍、建立机制、商确细则。组建队伍是指家长俱乐部的成员由家长、教师、幼儿园领导和外聘专家组成。建立机制是指为家长俱乐部建设建立的运行机制,它包括引导机制、协同机制、共享机制和激励机制四部分。商确细则是指为家长俱乐部专门设计的建设方案和家长俱乐部运行的方案。第二部分是为研究家长俱乐部建设与运行寻找的理论依据。它有三个部分组成,一是国家文件,具体内容有《指南》《纲要》《课程》;二是基础理论,具体包括教育学、心理学、管理学;三是实践理论,运用的是现在比较流行的“设计思维”Desing。第三部分是家长俱乐部的运行问题。即家长俱乐部的运行首先从“调查”家长、教师对家庭教育工作的意识理念、困惑、需求三个方面进行,为后期开展家长俱乐部的科学性、有效性打基础。然后进行“家长俱乐部”活动前期的培训,培训的主要内容是课程目标、家教理念、家教内容、家教方法四个方面。其中家教内容的培训侧重于三大块,即(1)“基础家教内容培训”:①应知应会的国家课程、儿童心理、生理知识的介绍;②家教市级课题成果经验介绍。(2)“重点家教内容培训”:①家庭教育资源的利用;②幼儿观察力培养;③幼儿记忆力培养;④幼儿思维能力培养四个方面。理由是观察能力、记忆能力和思维能力是帮助幼儿“学会学习”、找到学习“路”与“桥”的核心要素,它们为幼儿一生的学习能力打基础。(3)“需求家教培训”,是除幼儿园预设的“基础家教内容培训”和“重点家教内容培训”外,根据家长的共同需求补充一些培训内容。最后,幼儿家长开始把学到的家教方法在家里与孩子进行家教,经过一段时间的实践,家长俱乐部再运用网上交流、现场观摩分享的方法进行“家教经验、家教范例”交流。家长俱乐部在将“家教经验、家教范例”自评与互评过程中,评出优秀的家教案例、优秀的讲课家长和优秀的讲课老师。

（二）研究过程

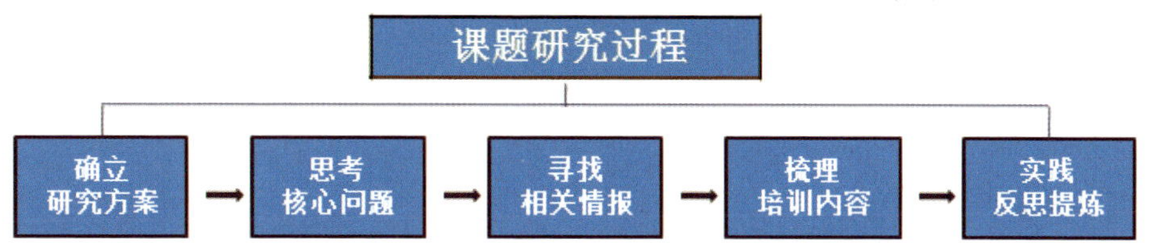

本课题历经两年，其研究进程，分成准备阶段、实施阶段和总结阶段。

1.准备阶段（2018年9月—2018年12月）

回顾本园家庭教育的工作，反思幼儿园在课程建设与实施方面家长参与的情况，组织教师学习2015年10月教育部《关于加强家庭教育工作的指导意见》的文件精神，确立了课题研究的方向，建立了课题组，完善了幼儿园的科研制度。搜集了关于学校家庭教育工作的研究资料，进行分析整理，撰写情报综述、课题申报表，预设了家长俱乐部建设与运行的思维图。为了确保课题研究工作的顺利进行，我们还进行园内的自主培训与专家的辅导讲座，让全体教师与家长明确研究本课题的重要性、必要性。

2.实施阶段（2019年1月—2020年2月）

在文献研究的基础上，课题组确立研究方案，对课题的核心问题进行思考。首先，课题组有关成员共同学习有关资料，筛选适宜我们幼儿园的学校家庭教育模式研究经验与成果，收集、梳理有关“家长俱乐部”建设运行前的培训内容，开始了边实践、边反思、边总结、边提炼的行动研究。

以本园的老师、家长为对象的家庭教育意识理念、困惑、需求为调查内容，进行全面的书面调查与访谈。从而了解老师、家长的家教现状，为课题的研究做铺垫。同时，对“家长俱乐部”建设运行前的“基础家教内容、重点家教内容”的培训内容进行梳理，形成表格式的梳理形式。然后，开始培训老师与家长，让老师掌握课题研究程序，科学地指导家长，让家长掌握一些家教的方法科学地指导幼儿。让“家长俱乐部”建设运行真正成为家长参与学校课程实施的“编外老师”。

在家长家教的基础上，开展网上、现场观摩交流会，进行评比奖励。课题组收集家长家教案例、准备撰写编制案例集。

3.总结阶段（2020年3月—2020年10月）

在家长家教的基础上，开展网上、现场观摩交流会，进行评比奖励。课题组收集家长家教案例、撰写编制案例集。对实施方案进行有效性评价，撰写结题报告。

四、研究结果

（一）充分认识“家长参与学校课程建设与实施研究——以‘家长俱乐部’的建设与运行为例”内涵

1.核心概念界定

（1）家长俱乐部是指由幼儿园引领，把园内有一定文化素养或在某一领域有特长的幼儿家长，组成一个家长、教师、领导共同参与幼儿园培训、交流、展示的家园互动教研活动载体。

（2）家长俱乐部的建设是指为家长俱乐部运行而做的构建工作。即首先把家长、教师、领导组织在一起，形成一支家园互动的教研队伍，然后制定确保家长俱乐部活动的机制和实施方案。

（3）家长俱乐部的运行是指由家长、教师、领导组织在一起形成家园互动的教研队伍，借助课题组收集、梳理有关幼儿园课程补充的内容，进行边实践、边反思、边总结、边提炼的家教行动的运作活动。

2.“家长俱乐部”的价值分析

家长俱乐部能带动家长参与幼儿园课程的建设与实施，发挥家园教育的双主体作用，对幼儿园的教育课程起到拾遗补缺功能，在家长俱乐部的建设与运行过程中，能提升教师对家庭教育的指导能力。

（1）提高家长的家教意识和能力——

家长俱乐部的价值在于能带动家长参与幼儿园课程的建设与实施，它改变了传统的学校给家长指导的单一的家长会形式，避免了学校居高临下灌输，家长参与教育的热情与兴趣不高等现象。它让家长感受到自己参与学校教育的价值，自己也是教育孩子的老师，是幼儿园老师的合作者。它能帮助家长建立教育孩子的责任感和紧迫感，促使家长自觉地形成参与学校教育，养成和幼儿园教育形成合力的意识，形成家园双方都应该承担儿童的教育任务，与幼儿园教育一致的理念。家长俱乐部的价值在于让家长在家教的实践活动中逐步掌握教育孩子的方法。

（2）充实幼儿园的教育课程建设与实施——

幼儿园课程是依据国家教育部制定的健康、语言、社会、科学、艺术五大领域而设。然而，幼儿园课程的实施只在老师与幼儿、幼儿与幼儿之间，缺乏家长与幼儿参与互动。“家长俱乐部”这一家园组合的新型教研活动载体，将五大领域的课程延续到家庭中。而且,可以充分利用家庭的显性资源和家长的隐性资源对幼儿进行幼儿园内难以完成的课程活动,对幼儿身心全面和谐发展产生了拾遗补缺的作用。

3.支撑研究"家长俱乐部"建设与运行的理论

(1)国家文件——教育部颁发的《3-6岁儿童学习与发展指南》;

(2)基础理论——《儿童心理学》《幼儿园课程》《幼儿园家庭教育指导》;

(3)设计思维(design thinking)。

(二)国内外情报研究分析

在确立本课题研究内容前,进行了大量的有关幼儿园家园互动(幼儿园教育指导家庭教育)方面的研究。在研究的过程中也不断地搜集和研究相关的情报,并起着支持作用。下面列举几个对课题研究起着重要作用的情报内容:

华东师范大学的李生兰在《后现代课程理论在幼儿园家长开放日活动的启示》中指出:多尔认为,后现代课程"不是传递所知道的而是探索所不知道的知识的过程",在此过程中,"学习和理解来自对话和反思",当我们与他人"对话"、对我们和他人所说的进行"反思"时,当我们与他人、与课本进行"协商交流"时,"学习和反思被创造出来(而不是被传递下来)了"。幼儿园的家长开放日活动,从动态的视角去考察,使开放日活动成为教师与家长、与幼儿协同探索知识的过程,而不是教师对家长、对幼儿单向传递知识的过程,使开放日活动能通过教师、家长、幼儿彼此之间的平等对话、反思交流,来加深三者之间的了解和理解,促进三者的共同成长和发展的理论支撑。

多尔指出:"开放的、互动的、共同的会话是构建后现代课程的关键。"要区别"开放"系统与"封闭"系统。开放系统与环境既交换能量又交换物质,是"转变性"的,而封闭系统只交换能量,是"机械性"的;开放系统需要"分裂、错误和干扰"的,而封闭系统则相反。多尔认为"教师需要学生的挑战以便在互动过程中发挥作用"的论点启发我们:在思考家长开放日活动时,要保持开放的心态,注意从家长身上汲取变动的"物质"和"能量",以提高预设幼儿园家长开放日活动的质量。

陕西学前师范学院鲁肖麟在《国内幼儿园家园互动研究综述》中陈述了"家园互动"的概念、互动关系和作用。指出:家园互动中教师、家长都是教育幼儿的主体,存在协作关系,互动的过程既有指导,又有沟通和反馈。加强家园互动是当今幼儿教育中的趋势,只有幼儿园教师与家长之间互相合作,积极互动,及时分享和挖掘幼儿生活与成长过程中的各种信息和需求,发挥各自的优势,形成教育合力,才能帮助幼儿更好地整合从两个环境中获得的知识和经验,从而提升幼儿教育的成效，达到促进幼儿全面健康发展的最终目的。

河南洛阳师范学院武玮在《微时代背景下幼儿园家园共育途径探讨》一文中提出微时代到来幼儿园教育互动如何运用云计数、移动互联网、4G、物联网技术发展的相互叠加与嵌套的问题。指出：通过微博、微信等媒介可以让家长及时了解孩子在幼儿园的情况、让家长了解教养目标、共同讨论关注孩子的教育问题、对幼儿园管理中的舆情预警和危机进行处理、根据需求开发各种APP、进行家园个性化沟通等。以萍乡市实验幼儿园为例“建立班级QQ群、班级网页、网易相册、班级博客”是家长非常认可喜欢的互动方式。

甘肃瓜州县第二幼儿园王秋艳在开展幼儿园家庭教育指导中，总结出以下几种模式：1.书面指导模式，2.语指导模式，3.行为示范式，4.参与体验模式，5.辨析模式。文章总结的几个幼儿园家庭教育指导模式，基本上反映了当前幼儿园家庭教育的传统管理方式。

上海市第二届家庭教育研究成果获奖论文集中张方、严铮、赵易华的《家庭互助苑指导模式的实践探索》一文指出：“家庭互助苑”由家长、学生、教师共同策划、共同参与、自愿组合、优势互补，以解决家教指导工作具体问题为切入口，从而使参与各方都能得到提高的个性化家教指导模式。胡月琴、万新莲、高丽英的《指导幼儿家庭开展“双休日串门子”活动的实践研究》一文指出：“双休日串门子”活动是在幼儿园的组织引导下，经自由组合（一般4~5个幼儿家庭组成一个小组），在双休日，由家长轮流主持，带领孩子开展宽松的、幼儿喜欢的、有益于孩子身心发展的家庭同伴小组活动。“双休日串门子”活动提供幼儿享受了多种家庭资源的载体、扩展了幼儿亲社会行为发展的途径、优化了幼儿家长的教育行为。

周令芳、陈薇的《唱好教育孩子的同一首歌——以合唱为活动主体，开展家园教育合作》一文指出：在家园协同教育以“金鹭家园同乐合唱团”为载体组织由家长参与的大合唱、舞蹈表演、小品的排练与演出，发挥了家长的主体作用，密切了家园的感情联系、丰富了活动形式、深化了教育内涵、扩展了合唱团的功能、完善了家园协同教育体系。

以上这些情报资料的研究内容和课题组研究的内容相似，都是研究幼儿园指导家庭教育的问题。虽然，研究的视角不同，但研究的思路、方法都是可以借鉴的。特别是《指导幼儿家庭开展“双休日串门子”活动的实践研究》一文中的示例指导策略、跟踪指导策略、问题指导策略、微格指导策略，对“家长俱乐部”活动中的家庭指导有很大的启示作用。

(三)“家长俱乐部”建设与运行的实施方案研究

“家长俱乐部”建设与运行的实施方案从研究目标、研究内容、研究对象、研究思路、研究方法、研究原则、研究策略、评价方法8个方面进行预设与实施，具体如下：

表1 “家长俱乐部”建设与运行的实施方案

研究目标	在充分认识“家长参与学校课程建设与实施研究——以‘家长俱乐部’的建设与运行为例”内涵的基础上，构思“家长俱乐部建设与运行的思维图”、设计“家长俱乐部”建设与运行的实施方案、研究“家长俱乐部”建设的机制、“家长俱乐部”运行的策略、“家长俱乐部”前期的培训内容。
研究内容	1.充分认识“家长参与学校课程建设与实施研究——以‘家长俱乐部’的建设与运行为例”内涵。 (1)核心概念界定：①家长俱乐部，②“家长俱乐部”的建设，③“家长俱乐部”的运行； (2)“家长俱乐部”的价值分析； (3)支撑研究“家长俱乐部”建设与运行的理论。 2.幼儿园家庭教育的现状研究。 (1)情报综述，(2)本园现状调查。 3.“家长俱乐部”建设与运行的实施方案研究。 (1)“家长俱乐部”建设与运行的思维图设计； (2)“家长俱乐部”前期培训内容的梳理。 4.“家长俱乐部”建设机制的研究。 5.“家长俱乐部”运行策略的研究。 6.“家长俱乐部”建设与运行实施方案的有效性研究。 7.汇编“家长俱乐部”活动的案例。
研究对象	浦东新区万科实验幼儿园各年龄段家长俱乐部家长与教师，共计183人。
研究思路	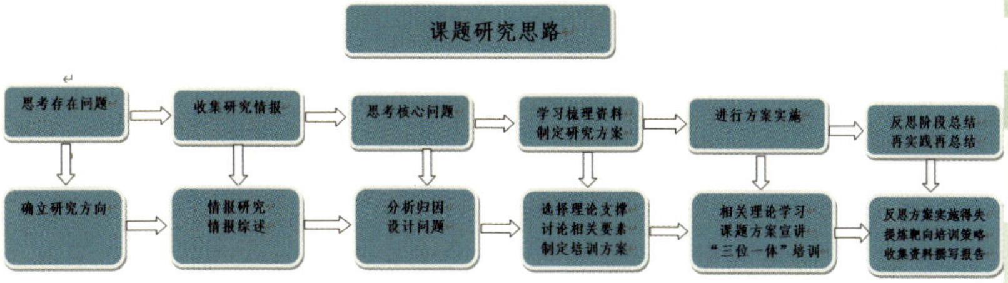 课题研究思路 思考存在问题 → 收集研究情报 → 思考核心问题 → 学习梳理资料 制定研究方案 → 进行方案实施 → 反思阶段总结 再实践再总结 确立研究方向 → 情报研究 情报综述 → 分析归因 设计问题 → 选择理论支撑 讨论相关要素 制定培训方案 → 相关理论学习 课题方案宣讲 “三位一体”培训 → 反思方案实施得失 提炼靶向培训策略 收集资料撰写报告

研究方法	1.文献研究法：广泛收集家长参与学校活动、家庭教育的相关情报资料，进行核心概念的界定、分析“家长俱乐部”的价值、寻找支撑研究“家长俱乐部”建设与运行的理论。设计“家长俱乐部”建设与运行的思维图、梳理“家长俱乐部”前期的培训内容。 2.问卷调查法：设计调查“幼儿园家庭教育的现状”的问卷，了解我园教师、家长对以“家长俱乐部”的建设与运行为例，解决家长参与学校课程建设与实施问题的意识、态度和能力。 3.案例研究法：汇编“家长俱乐部”活动的案例。 4.行动研究法：实施“家长俱乐部”建设与运行的方案，在实践中总结经验教训，提炼“家长俱乐部”建设机制和“家长俱乐部”运行策略。
研究原则	1.编制培训内容采取“拾遗补缺原则”。2.课题方案实施采取“家园互动原则”。3.课题提炼总结采取“实事求是原则”。4.培训教案编写采取“通俗易懂原则”。
研究策略	1.专家引领指导。2.课题组带动教师家长。3.边学习边实践。4.边实践边思考。5.在提炼中推广。
评价方法	1.描述性评价。2.专家评价。

（四）“家长俱乐部”前期培训内容的梳理

“家长俱乐部”前期培训内容的梳理包括三大板块：1.基础家教培训内容，即国家课程、儿童身心特征等；2.重点家教培训内容，即幼儿园课程的五大领域的补充内容；3.需求家教内容，即不能预设，要在“家长俱乐部”活动的过程中，根据家长的困惑、存在的问题而即时急需的内容。

1.基础家教培训内容：国家课程、儿童身心特征等

国家课程明确了幼儿园教育的性质与教育任务。指出“幼儿园的教育任务应是向幼儿进行初步的体、智、德、美全面发展的教育，使其身心健康活泼成长，为入小学打好基础”。让家长了解幼儿园课程教学的系统目标，它既包括幼儿园教学的最终目标，也包括小、中、大各年龄班和各科教学所要达到的中期、短期目标。还包括每一次活动所要达到的具体目标。即健康、社会、语言、科学、艺术五个方面的具体教育内容与要求，提高家长有效开展家庭教育活动的能力，促进幼儿获得全面身心发展。

2.重点家教培训内容

以下就展示“重点家教培训内容”的梳理内容：①家庭教育资源的利用，②教会幼儿“学会学习(观察力、记忆力、思维力)，③语言课程内容补充，④数学课程内容补充，⑤对儿童的部分评价内容。

(1)家庭教育资源的利用

在孩子生活的家庭环境中隐藏着丰富的、唾手可得的显性资源,如:家庭的生活空间、生活用品、废旧物品,可让幼儿进行搭建、构造、分类、排序、比较等探索活动。创设新奇的、富有感情色彩的、有想象力的、受鼓励的心理环境,能增进幼儿和家长之间和谐的情感交流。看不见的隐性资源,如:家长的社会性行为、交往态度、责任感、合作意识、分享意识、规则意识和自信心等,都是幼儿形成良好品德、行为习惯和学会学习的教育资源。为了让家长掌握利用家庭教育资源在家里与孩子进行家教活动,课题组以"可利用家庭资源""价值分析""活动示例"三个层面,梳理了显性资源利用于日常生活活动、显性资源利用于幼儿园各领域课程的拾遗补缺活动和隐性资源利用于幼儿健康心理活动。具体见下面3个示例表:

表2 家庭教育资源利用的梳理表(示例)

序号	显性资源利用于日常生活活动(示例1)	
1	显性家庭资源	1.各种服饰。2.各种抽屉柜。3.餐具抹布。4.餐巾纸。5.餐桌餐椅。6.清洁工具。7.洗漱用品。8.玩具。9.图书。
	价值分析	1.幼儿可以在真实的生活环境中,学会正确处理自己生活中简单的家务。 2.通过简单劳动,可以养成幼儿的良好生活习惯、责任感。 3.家里的"学中玩、玩中学"过程使幼儿感觉学习的快乐,有利于培养幼儿的学习探究兴趣。
	日常生活活动示例	1.各种服饰的利用建议:学习正确穿脱衣服、扣纽扣、拉拉链、系鞋带等方法。 2.各种抽屉柜的利用建议:把自己穿的衣服、裤子、袜子分别放在柜子不同层抽屉里。学习开关抽屉、自己收拾小抽屉。 3.餐具抹布的利用建议:分餐具前必须洗手、根据家里人数每人一份(碗、筷子、勺子),学习正确使用碗、筷子、勺子的方法。 4. 餐巾纸的利用建议:餐前,根据家里人数每人发一张餐巾纸,知道为什么吃饭前每个人要发一张餐巾纸。 5.椅子餐桌的利用建议:餐后学习用抹布擦桌子,并把椅子整齐地放在餐桌周围。 6.清洁工具的利用建议:学习扫地、把废弃的东西放在垃圾桶里,知道打扫卫生时要戴口罩等,做好自己的措施。 7.洗漱用品的利用建议:学习用洗漱用品刷牙、洗脸的方法,知道每天起床后、睡觉前都要洗漱。 8.玩具图书的利用建议:学习清洗玩过的玩具,把玩具、图书放回到原来的地方。

序号	显性资源利用于幼儿园各领域课程的拾遗补缺活动(示例2)	
2	显性家庭资源	1.废旧罐头。2.废大小瓶子。3.A4纸。4.扑克牌。5废带子。6.时钟。7.小家电。8.坛坛罐罐。9.小口袋。10.回形针……
	价值分析	1.促进幼儿运动、视觉、触觉的协调。 2.发展幼儿的触觉、听觉、嗅觉,提高分辨能力。 3.发展幼儿的协调感、欣赏能力。 4.养成聚精会神做好一件事的习惯。 5.学习安全知识,培养安全意识。
	幼儿园各个领域课程的拾遗补缺示例	1.大小不同的罐头垒高、从大到小或从小到大进行排序、说一说罐头表面的图案、颜色,数一数有多少罐头,分一分哪些罐头可以放一起,为什么?比一比哪个罐头大,哪个罐头小? 2.①几个同样大小的瓶子里放进不同量的豆子,摇一摇听听它们的声音有什么不一样?比一比哪个瓶子里的豆子最多?哪个瓶子里的豆子最少?豆子的多少和声音有关系吗?什么关系?(从豆子最多的和最少的发出的声音回答)。根据豆子的多少,给瓶子排排队,说一说有几种排法?说一说排法理由。②几个同样大小的瓶子里放进同量的不同温度的水。看一看这些瓶子有什么不一样?摸一摸、说一说是什么感觉。③把大大小小废瓶子的盖子拧在相应的瓶子上。 3.①准备多张A4纸,A4纸是什么几何图形的?②用小剪刀把A4纸一分为二,可以有几种剪的方法?③变成哪些几何图形?④不同的剪法和剪出来的图形有关系吗?把自己剪A4纸不同的方法说出来。⑤如果用小剪刀把A4纸一分为四可以剪出几种几何图形?想一想、试一试、说一说。 4.①数一数扑克牌有几张?②根据扑克牌的颜色、图案分一分类、说一说可以分几类;根据扑克牌数字大小排成不同的队;说一说扑克牌某一个数字的相邻数;玩一玩比一比谁出的扑克牌大,大多少?谁出的扑克牌小,小多少? 5.把废带子放成各种几何图形。一根带子可以放成哪几种几何图形?想一想、说一说、试一试。沿着带子放的几何图形,两手叉开放平,两脚保持平衡地走。 利用废带子和孩子一起测量桌子、柜子、电视机、电冰箱等。 6.看时钟,时钟面上有什么?它们有什么用?怎么看时间?几点了(6点、6点半、7点、7点半……),该做什么事了? 7.说一说小家电的名称及其用途,在大人的陪伴下,动一动、试一试。分一分哪些小家电要用电池,哪些小家电要用电线电源的插头后才能动(亮)的;家里的电源插座能不能用手随便触摸?为什么?学习安全知识,培养安全意识。 8.说一说坛坛罐罐的名称,有什么用?这些东西用什么材料制成的?怎么用?根据名称、用途、用法、材料等进行分类。 9.在小口袋里放进孩子熟悉的东西(如:橡皮、铅笔、餐巾纸、口香糖、有包装的小饼干、生的花生、赤豆、绿豆)让孩子摸一摸猜猜是什么?说一说摸上去是什么感觉?然后拿出来看一看猜对了没有。 10.把回形针撒在地上,让孩子把它捡起来。然后,把回形针再撒在地上,给孩子一块磁铁,让孩子用磁铁捡回形针。捡了两次回形针你发现了什么秘密?①能吸住回形针的东西叫磁铁,②磁铁能吸起铁制的东西,③如果铁制的东西掉了,可以用磁铁找。

<table>
<tr><td>序号</td><td colspan="3">隐性资源利用于幼儿健康心理活动(示例3)</td></tr>
<tr><td rowspan="3">3</td><td colspan="2">隐性家庭资源</td><td>1.家长的社会性行为。2.家长的交往态度。3.家长的责任感。4.家长的合作意识。5.家长的分享意识。6.家长的规则意识。7.家长的自信心……</td></tr>
<tr><td>价值分析</td><td colspan="2">1.家长在社交过程中的态度言行潜移默化影响了自己的孩子。幼儿的文明行为即会在“劳动、学习、游戏、交往”中模仿,能培养幼儿良好的社会性行为习惯。2.家长在对他人以及处理日常生活中事情的态度、情绪、合作分享意识对孩子的影响也很大。幼儿在面对各种各样事物的时候都会以父母作为自己的参照物。能逐步增强幼儿的责任感、合作分享意识。3.家长在日常生活中遵守规则的行为是教育孩子最好的教材,比说教效果好。能提高幼儿的社会责任意识、养成遵守规则的好习惯。4.如果家长在处理事情、面对挫折或困难时缺乏自信,如果家长缺乏“从小培养孩子的自信心”的意识,对孩子表现出来的心理问题一直采取否定的态度,就容易造成孩子还未做事之前就否定自己的能力,未经努力就放弃尝试。孩子的性格就会变得胆怯、羞涩、孤僻、多疑,产生各种心理问题。但是,家长重视自己的言行举止,重视孩子自信心的培养,对幼儿一生中战胜挫折困难都是有利的。</td></tr>
<tr><td>幼儿健康心理活动示例</td><td colspan="2">1.在社交过程中的态度言行的表率——根据幼儿在日常生活中礼貌、诚实、爱护公物、维护环境整洁四个方面文明行为习惯的培养,希望家长做好表率作用的相关内容:
(1)礼貌:①见到邻居、熟悉的人主动打招呼问好,离开时说“再见”;②接受别人帮助后主动道谢;③影响别人时主动道歉;④与别人交往时注意倾听,不插嘴,不随便打断别人的话;⑤别人提出问题时能礼貌、耐心地回答;⑥需要别人帮助或借用别人的东西时能礼貌地提出请求。
(2)诚实:①未经允许不动别人的东西;②捡到东西想方设法找失主归还;③在外面做错了事(如损坏了东西)主动告诉对方主动赔偿;④不为自己的过失说谎话;⑤不背着人做禁止做的不该做的事。
(3)爱护公物:①爱护周围的一草一木;②旅游不在墙壁、树上、地上涂鸦留字;③到公园里不随便摘花、摘果子; ④到公共场所买东西要轻拿轻放。
(4)维护环境整洁:①不随地扔东西随地吐痰;②家里的宠物到马路上大小便后及时处理;③在公共场合不大声讲话。
2.家长在对他人以及处理日常生活中事情的态度、情绪、合作分享意识——根据幼儿在日常生活中礼仪举止、与人交往的态度、情绪与助人行为,希望家长做好表率作用的相关内容:
①平时注意仪容仪表,举止给人一种亲近感,表现活泼、愉快、合群;②交往中态度诚恳,“身体微微前倾、目光看着对方、面带微笑”,说话实事求是,态度热情;③别人有困难时能主动帮助;④家长在日常生活中遵守规则的行为——根据幼儿在日常生活中遵守规则的要求,希望家长做好表率作用的相关内容:①过马路看红绿灯在斑马线上走,②开车时及时系好安全带、专心开车不讲话、喝酒不开车,③遵守幼儿园规章制度。</td></tr>
</table>

3	幼儿健康心理活动示例	3.家长在困难面前自信心的表率——根据幼儿在日常生活中面对挫折、困难的要求，希望家长做好表率作用的相关内容：①在困难面前表现从容不迫，没有胆怯、害怕、担心自己做不好等，直面困难想方设法解决问题，不服输。②喜欢参加挑战性的活动。③在孩子胆怯、害怕、担心自己做不好的时候，积极暗示孩子，“你能行！”“爸爸妈妈相信你行！你一定能行”，不在自己的孩子面前说“XX幼儿比你好”。④孩子图画得不像、故事讲得不好听、数学题做错等，从来不把孩子贬一通，都用鼓励的语气，在肯定的基础上，指出一些要改进的建议。⑤经常说“我们是中国人”、介绍中国的伟大成就、外国友人夸中国的话和事、给孩子讲古往今来的伟人科学家故事。

(2)教会幼儿“学会学习”

“认真落实立德树人根本任务”是学前教育三年行动计划的初衷，幼儿园实施素质教育的目的是使幼儿成为能力全面、人格完善、个性鲜明的全面发展的人。具体地说，是要求幼儿学会生活、学会学习、学会做人。因此，课题组把让幼儿学会学习的三个要素列入“家长俱乐部”前期培训的内容。根据观察、记忆、思维三个方面，形成幼儿学会学习三个要素的培训内容梳理4个示例表，具体见下表：

表3 观察三个要素的培训内容梳理表(示例)

序号	个别物体的观察的概念		个别物体的观察即对单个物体(一类物体现象)的观察
1 个别物体的观察法	观察对象		1.废旧瓶罐。2.储物柜(鞋柜)。3.家电(电冰箱、洗衣机、电视机、空调、吸尘器、空气清洁器、取暖器、微波炉、电饭煲、火锅、电吹风机……)
	教育价值		1.了解认识物体的外部形体结构、颜色、图案、材料、用途。 2.引起观察兴趣、思维习惯、学习观察方法及构造方法。
	个别物体的观察法活动指导示例	观察废旧瓶罐	1.废旧瓶罐提问：这些是什么东西？它们是什么形状的？它们由几部分组成？外面涂的是什么颜色？有哪些图案？用什么材料做成的？摸上去有什么感觉？ 2.名称、搭建，计数、分类(如：按形状、大小、颜色)、排序(从大到小，从小到大)、对应(配对)。
		观察储物柜	1.储物柜提问：这是什么东西？它外面的形状像什么？它一共有几个抽屉？从上面往下数，第X个抽屉在哪里？从下往上数，第X个抽屉在哪里？这个东西是用什么材料制造的？这个东西放在家里有什么用处？ 2.名称、用途、计数、认识数序(第一、第二……)、分类放东西的思维方式。
		观察家电	1.家电提问：家里有哪些家用电器？它们各自有什么用处？XX家用电器的外壳是什么形状？根据它们的作用你能给它们分类吗？怎么分呢？(如：清洗类、取暖类、烹饪类、储藏类) 2.名称、用途、计数、分类。

<table>
<tr><td>序号</td><td colspan="2">长期系统的观察的概念</td><td>在较长的时间内,持续地对某一物体或现象的变化过程进行较完整的观察。</td></tr>
<tr><td rowspan="4">2
长期系统的观察法</td><td colspan="2">观察对象</td><td>1.蚕宝宝。2.小蝌蚪。</td></tr>
<tr><td colspan="2">教育价值</td><td>1.了解动物的名称、外形特征、生活习性、生长过程、需要的环境条件,知道动物与人类的关系。
2.引起观察自然界动物的兴趣,学习持续观察与记录的方法。
3.培养动手操作的能力,逐步养成持续观察事物的习惯。</td></tr>
<tr><td rowspan="2">长期系统观察法活动指导示例</td><td>观察蚕宝宝</td><td>观察蚕宝宝生长过程的提问:①白纸上有什么?这一粒粒的小点点是什么?(蚕宝宝的卵)蚕卵看上去很像什么?(细粒芝麻)卵中孵化出来的蚕宝宝是什么样的?像什么?(黑黑的像蚂蚁)②你知道它叫什么?(“蚁蚕”)它的身体外面有什么?(身上长满细毛)几天后身上的毛不见了?(约几天后毛即不明显了)③蚕蚁出壳后什么时候开始吃食物了?它吃什么?你要为蚕宝宝做什么了?(蚕蚁出壳后约40分钟即有食欲,就要开始喂养蚕宝宝了)④蚕宝宝吃一段时间的桑叶后身体有什么变化?(蚕宝宝以桑叶为生,不断吃桑叶后身体变成白色,一段时间后它便开始蜕皮)⑤蜕皮后蚕宝宝干什么了?身体又有什么变化呢?(蚕休眠时不吃不动,在蜕去旧皮,换上新皮以后继续生长)⑥蚕宝宝在整个饲养过程中要蜕几次皮?蜕皮的时候它有什么表现?(蚕宝宝在整个饲养过程中要蜕皮4次,每次蜕皮的时候它不吃不动)⑦在蚕宝宝蜕皮它不吃不动的时候要注意什么?(这时尽量不要干扰它,也不要以为它生病了就把它丢掉)⑧蚕宝宝每次休眠期大概要持续多少时间?(蚕每次休眠期大概持续一天时间)蚕宝宝大概要多少天开始结茧?(一般25天左右开始结茧)你看到的茧是什么形状的?颜色呢?快要结茧的时候蚕宝宝的身体有什么变化?(等蚕宝宝背脊亮晶晶,发黄发透,就表示它要吐丝结茧了)⑨你要为蚕宝宝吐丝结茧做什么准备?(这时要提供个交叉的空间好让蚕宝宝结茧)蚕宝宝吐丝结成茧需要多少时间?(需要两天时间才能结成一个完整的茧)结茧后蚕宝宝变成了什么?(成为蛹)多少天后蛹变成蚕蛾破茧而出了?(约十天后,羽化成为蚕蛾,破茧而出)⑩你是用什么方法把观察蚕宝宝生长的过程记录下来的?(拍照、画画……)</td></tr>
<tr><td>观察小蝌蚪</td><td>①你知道小蝌蚪找妈妈的故事吗?②小蝌蚪为什么刚开始没有找到自己的妈妈?你想知道原因吗?③瓶子里是什么?(小蝌蚪)④小蝌蚪先长出前面两条腿还是后面两条腿?(前面的)⑤四条腿都长出来需要多少时间?(四条腿都长出来需要50~78天)⑥小蝌蚪长了四条腿后变成了什么?(幼蛙)⑦幼蛙是什么样的?(有前后两条腿,还有尾巴)什么时候变成了青蛙?(尾巴没有了,就变成了青蛙)⑧你能把小蝌蚪变成青蛙的过程表示出来吗?(画画、拍照、箭头)⑨通过探索蚕宝宝和小蝌蚪,你学到了什么?(引导从探索的时间、方法和兴趣方面回答)</td></tr>
</table>

<table>
<tr><th>序号</th><th colspan="2">比较性观察的概念</th><th>同时观察两种或两种以上物体间的异同点</th></tr>
<tr><td rowspan="5">3
比较性观察法</td><td colspan="2">观察对象</td><td>1.豆类在不同的环境中发芽。
2.各种调味品饮料(水)。
3.各种面值的人民币。
4.各种家用生活物品。</td></tr>
<tr><td colspan="2">教育价值</td><td>1.了解植物生长必需阳光、空气、水。
2.了解食物为什么美味,各种调味品所起的作用。
3.了解同量的物体放在不同形状的容器里,形状发生了变化,但是重量不变。
4.了解物体名称。在真实生活中存在的形状、作用与人的关系。
5.了解各种人民币的特征、币值(之间兑换关系)与人的关系。
6.了解不同的家用物品的名称、特点、用途、材质等,如:大小、多少、轻重、长短、厚薄等。
7.了解物体摆放的方位,如:上下、左右、前后、远近、里外等。引起幼儿观察家庭物品的兴趣,学习比较观察的方法,并用语言表述。
8.培养幼儿动手做实验的能力,逐步养成观察实验过程中各种事物发生的现象和特征的思维方法与习惯。</td></tr>
<tr><td rowspan="3">比较性观察活动指导示例</td><td>观察豆类</td><td>豆类提问:①这是什么?(黄豆、赤豆、绿豆)实验1盘子里的餐巾纸上有适量的水和黄豆。实验2盘子里的餐巾纸上黄豆全泡在水中。都放在有阳光的窗台上。②观察两盘黄豆几天后有什么变化?(实验1黄豆发芽,实验2黄豆腐烂)为什么?(实验1水量适宜,实验2水量太多)</td></tr>
<tr><td rowspan="2">观察调味品</td><td>调味品提问1:①这些是什么?(调味品)实验1把食盐、鸡精各放在玻璃杯里。提问:它们是什么调味品?(食盐、鸡精)你怎么认出来的?(食盐是乳白色,鸡精是黄色)②在每个玻璃杯里加水:你知道放食盐和鸡精的杯子是哪个吗?(放食盐、鸡精杯子里的水都是无色透明的)③想什么办法把放食盐、鸡精的杯子认出来呢?(尝一下它们的味道)④现在你知道哪个杯子是放食盐、鸡精的杯子了吗?(知道了)为什么?(食盐是咸的,鸡精是鲜的)
调味品提问2:①这些是什么?(食用油)实验2把芝麻油和一般的炒菜油各放一个杯子。②你知道这两个杯子里各是什么油?(知道芝麻油和一般的炒菜油)③你是怎么知道的?(闻出来的)还有没有办法区别?(看颜色,芝麻油颜色深一点,一般的炒菜油颜色浅一些)④炒菜是不是油放得越多越好?(不是,油放多了要得肥胖症)⑤芝麻油什么时候吃最好?(凉拌菜时放一点,汤里边放一点)。</td></tr>
<tr><td>调味品提问3:①这些是什么?(调味品)实验3老抽酱油、生抽酱油、醋各放在玻璃杯里。②它们是什么调味品?(老抽酱油、生抽酱油、醋)③你怎么认出来的?(老抽酱油颜色深、生抽酱油颜色浅、醋有酸味)④你知道它们的用处吗?(一般老抽酱油是烧菜上色使用较多,生抽酱油烧菜调味或当蘸料用,醋一般用于饺子、小笼等的蘸料)</td></tr>
</table>

<table>
<tr><td rowspan="2">3
比较性观察法</td><td rowspan="2">比较性观察活动指导示例</td><td>观察饮料</td><td>饮料和水提问:①这些是什么?(饮料)实验4把可乐、雪碧、水各放在玻璃杯里。②这些是什么饮料?(可乐、雪碧、水)你怎么认出来的?(可乐是咖啡色、雪碧无色透明有气泡、水无色透明)③它们有什么不同和相同的地方?(雪碧、水颜色相同都是无色透明的;可乐、雪碧味道都是甜的,水是无味的;它们都可以解渴,但是可乐、雪碧喝多了有害健康,多喝水有利健康)。④实验5把一样数量的可乐、雪碧、水放到大小不同的玻璃杯中。提问:可乐、雪碧、水哪个多?哪个少?⑤实验6再倒回去。可乐、雪碧、水还是一样多,为什么?(玻璃杯大小不一样,看上去玻璃杯里的可乐、雪碧、水有变化,但是它们还是那么多)</td></tr>
<tr><td>观察各种家用生活物品</td><td>观察各种家用生活物品如不同服饰、孩子自己穿过的服装,可以让孩子比一比、看一看、量一量,并说一说:有什么不同、人与物的关系、变化。提问:①这些是什么东西?(服饰、床上用品),这是谁的衣服(裤子、鞋子等)?②哪件(条、双)大(小、长短、厚薄)?③它们有什么相同和不同的地方?(相同——名称、不同——大小、长短、厚薄、轻重及材料、穿的季节)④什么东西在哪里?(如:书在桌子上,在书架的第二层、在左面的抽屉里……)</td></tr>
<tr><td>序号</td><td colspan="2">间接性观察的概念</td><td>对某物体或现象进行不同侧重点内容的观察</td></tr>
<tr><td rowspan="3">4
间接性观察法</td><td colspan="2">观察对象</td><td>水</td></tr>
<tr><td colspan="2">教育价值</td><td>1.通过观察水的三态(气态,液态,固态)变化,了解水在不同的温度下会有变化。平时看到的水是液态“水”。水在0℃以下就变成固态“冰”。水受(加)热就变成气态“水蒸气”2.了解水三态变化的关系以及人是怎么利用水三态变化的特点。3.思考水三态变化的条件。</td></tr>
<tr><td>间接性观察活动指导示例</td><td>观察水的三态变化</td><td>第一次——观察提问:这是什么?(水)水有哪些特点?(水是无色透明的、无味、能流动)②水有什么作用?(如果世界上没有水,植物、动物和人类都无法生存。水的用途有很多,口渴要喝水,洗东西也要用水,煮东西也要用水,清洁污垢要用水。)实验1“水的流动”:材料“一只杯子、一根软吸管”,提问:①怎么让水自动地从杯子里流出来?(杯子放高处,往软管吸一口气,水就出来了)①水往哪里流的?(水往低处流)③能不能自动往高处流?(不行)那为什么水在底层,我们家住得那么高照样有水流出来呢?(用了抽水机把水抽上来的)。
第二次——实验2把两杯水放冰箱。一杯水放冷藏室,另一杯水放冷冻室。观察提问:①放冷藏室的杯子,杯子里是什么?(还是水)②再拿放冷冻室的杯子,杯子里是什么?(冰)③放进去的是水,怎么拿出来的是冰呢?(水放冰箱里冷藏,温度不太低,所以水还是水。可是,水放冷冻室里,温度低水就变成了冰)④冰是什么样的?(冰是透明的、无味,摸上去是冷冷的、硬硬的)。
第三次——实验3把冰箱里的冰块浇上沸水。提问:冰块发生了什么变化?为什么?(变成了水,冰块加热就变成了水)实验4把水再加热。提问:水发生了什么变化?为什么?(水又变成了蒸汽)。</td></tr>
</table>

4 间接性观察法	间接性观察活动指导示例	观察水的三态变化	第四次——实验5做棒冰。①棒冰是怎么做出来的?(把果汁放在棒冰模型中,或把糖、赤豆、绿豆、放冷开水里后倒到棒冰模型中)②你能给棒冰起个名字吗?(水果棒冰、赤豆棒冰、绿豆棒冰)③棒冰看上去怎么样?(水果棒冰是黄色的、赤豆棒冰是红色的、绿豆棒冰是绿色的)④吃到嘴里是什么感觉?(吃到嘴里冰冷冰冷的,不一会儿开始融化了) 水的重要性提问:水有什么用?(如果世界上没有水,植物、动物和人类都无法生存。水的用途有很多,口渴要喝水,洗东西也要用水,煮东西也要用水,清洁污垢更要水等。)

表4 适宜幼儿记忆能力培养的家庭教育资源利用的梳理(示例)

记忆力要素作用分析及家庭活动示例	记忆力概念		记忆力是识记、保持、再认识和重现客观事物所反映的内容及经验的能力。
	记忆力对学习的作用		在人漫长的社会生活与学习中需要记忆力来学习和工作。
	记忆力的本质品质及内在关系		记忆的敏捷性、记忆的持久性、记忆的正确性、记忆的备用性,它们相互联系缺一不可。记忆的这四种重要品质是评价人记忆力好坏的标志。一个人的记忆力好坏不能单看某一个记忆品质,而是要用四种记忆品质全面地衡量。
	记忆力的本质品质	记忆的敏捷性	记忆的敏捷性是指过目不忘,也就是记忆的速度,在一定时间内记住很多东西。记忆的敏捷性表现在较短的时间内记住东西,尤其是记住较多的东西。
		记忆的持久性	记忆的持久性是指记忆保持的时间长,“记得牢”。记忆持久才会有知识的巩固性,既记忆内容保持的时间越长,人就越能充分运用以往积累的知识经验。
		记忆的正确性	记忆的正确性是指记忆的质量,要求识记的东西再现时准确无误。既没有本质上的歪曲和遗漏,也没有主观上的减少或添补。没有记忆的正确性,其他记忆品质就没有意义了。
		记忆的备用性	记忆的备用性是指能够把记忆中所保存的东西在需要的时候很快地回忆起来,用记忆的内容解决问题。
	利用家庭资源培养幼儿记忆力的活动	1	丰富孩子的生活环境,丰富陪伴孩子的生活经历,使其“见多识广”,创造机会让孩子把看到的东西讲述出来。如:听故事、听音乐、外出旅游……
		2	帮助孩子建立正确的时空概念,强化孩子的记忆力。如:吃饭的时候,向孩子说:“12点半了。现在是午餐时间,宝宝该吃饭了。”“1点半了,宝宝该午睡了。”“4点了,宝宝可以玩玩具了。”

记忆力要素作用分析及家庭活动示例	利用家庭资源培养幼儿记忆力的活动	3	创设一些有趣的游戏来帮助孩子提高记忆力。如1:取孩子熟悉的玩具、学习用品、生活用品7~16样东西(东西由少到多),放在桌子上。让孩子看二分钟(时间可以慢慢缩短)马上用一块布把这些东西遮挡住,问:①请你把刚才看到的东西说出来。②再把它们摆放的序号说一下(可以从左到右,也可以从右到左)。说明:记忆游戏的每次摆放的东西都要变换,提高孩子的游戏兴趣。如2:准备12张数字卡(数字卡可以由少到多),摆放成3、5、1、4、7、2、9、6、5、7、8、0,问孩子:你能否在10秒钟内记住下面的一串数字吗?孩子念了几遍后,是否还是觉得有些困难?再给10秒钟,按下面数的组合试试看?35、14、72、96、57、80,提问:①现在能说出来了吗?②为什么第二次比第一次要好记得多呢?(把原来的数字进行了两个组合,这样就好记多了)③你明白了什么道理?(以后记忆数字先把数字进行组合,再记忆就容易了。)④想一想还可以用什么方法记忆数字?如3:利用带孩子外出的机会,有意让孩子关注商店的物品,告诉孩子物品的名称,商品牌子上的数字、文字,店名、路名等,等再一次外出时,让孩子回忆以前看到的这些信息。
注意事项	给孩子添加一些维生素,多注意带孩子户外活动晒太阳,呼吸新鲜空气、多吃新鲜蔬菜。		

(3)家庭语言活动内容梳理(示例)

最新的脑科学研究发现阅读和联想力、创造力、感受力、理解力、记忆力都有着极大的关联。从某种程度上说,阅读能力决定了孩子的未来命运。阅读是学习的基石,它必须是我们教育改革的基础。心理学家西格曼博士指出:睡前十分钟的亲子共读除了可帮助孩子入睡外,对孩子的免疫系统、倾听技巧及想象力的发展都非常有益。3~6岁的幼儿是语言发展的关键期,幼儿语言能力的培养也必须有家长的参与。

现代信息技术和多媒体技术已经成为当前幼儿园活动不可缺少的重要教学手段之一。它给幼儿文字、图形、图像、声音、动画等多种信息的交互传递。集图、文、声、像于一体,可极大地激发幼儿的阅读兴趣,充分调动幼儿的多种感官。它能形象化展示事物发生、发展的过程,帮助幼儿感知、提炼故事发生的时间、地点、主要人物、故事的起因、故事的结局和故事给予的启示。家长亲自与孩子共同观看儿童故事视频,按故事发展的顺序提问,有助于发展幼儿对故事内容的理解、想象、逻辑推理。能帮助幼儿对故事情节产生反思、预测、质疑和假设,培养幼儿的理解力、想象力、口语表达能力。家长也可以轻松地借助现代信息技术和多媒体技术与孩子互动,对幼儿有促进性、成长性作用。

基于上述理由，课题组根据《指南》提出的教育目标，和各个年龄阶段儿童语言的发展特点，在爱奇艺、播视网、腾讯等视频网站上找出《指南》中相关的具有德育教育意义的故事内容。小班侧重于生活习惯，中班侧重于自信心、规则意识，大班侧重于合作、分享为重点的德育内容的影视故事，设计成供家长陪伴幼儿在家进行阅读活动的视频内容，活动过程中的关键提问、活动程序等支撑内容，梳理成“小、中、大班，某个年龄段15个视频的家庭语言活动内容”，供家长应用。具体见下6个表：

第一层面语言亲子活动系列表

小班语言亲子活动内容表（示例）

序号	活动名称	活动目标	互动要点
1	不爱用手的小河马	1.知道小手的用处大，尝试用小手做力所能及的事。 2.让孩子养成讲卫生的好习惯。	1.引导孩子有次序地观察动画故事的全过程，把自己看得到的事物说出来。 2.借助问题，指导孩子将观察到的事物与观察的结果表述出来。
2	八点半睡觉	让孩子养成早睡早起的好习惯	
3	爱吃糖的老虎	1.知道吃完东西要漱口，睡前要刷牙。 2.让孩子养成讲卫生的好习惯。	
4	草地上的罐头	1.让孩子感受每件物品、每个人都有他的独特价值。 2.让孩子养成不乱扔垃圾的好习惯。	
5	懂礼貌的小白兔	引导孩子初步掌握日常生活中的简单礼貌用语。	
6	胖小猪的8条手帕	让孩子养成乐于分享的好习惯。	
7	小花猫妙妙	1.知道自理的好处，学着自己的事情自己做。 2.让孩子养成自己的事情自己做的好习惯。	
8	小熊醒来吧	让孩子养成早睡早起的好习惯。	
9	自己穿衣服	让孩子养成自己穿衣服的好习惯。	
10	独自睡觉	1.知道独自睡觉的好处，尝试自己睡觉。 2.让孩子养成独自睡觉的好习惯。	
11	小猪变干净了	让孩子养成讲卫生的好习惯。	
12	爱护环境的好孩子	知道不乱扔垃圾，有爱护环境的意识。	
注：以健康领域中生活习惯为重点的亲子语言活动内容。			

中班语言亲子活动内容表(示例)

序号	活动名称	活动目标	互动要点
1	骆驼和羊	让孩子知道应该全面看待自己和别人,不能只看到别人短处。	1.引导幼儿根据故事的题目和开头猜测故事的发展和结局。 2.借助提问或是故事中关键的语句,能够按照故事画面用自己话表述故事。
2	智斗大灰狼	让孩子知道遇到困难或危险时,需要冷静地想办法,不要慌乱,要学会机智勇敢地与坏人斗。	
3	面包汽车	1.让孩子通过观看故事内容大胆猜想故事的发展结果。 2.让孩子能够边看故事边动脑筋。	
4	小猫钓鱼	让孩子懂得做事要一心一意,不要三心二意。	
5	动物城里的百货商店	让孩子感知噪音给生活带来的危害。	
6	三头公牛	让孩子了解团结合作的重要性。	
7	小黄莺唱歌	让孩子树立自信心和勇气。	
8	鸭妈妈变成鸡妈妈	让孩子知道:做事情先要明确目的性,认认真真地做才能做好。	
9	猴子种果树	让孩子通过故事了解做事要有耐心。	
10	等明天	1.让孩子了解做事不能一直拖沓,今天的事今天做。 2.让孩子带着问题去理解“等明天”的意思。	
11	快乐晚会	让孩子感受故事中各种动物的个性特征。	
12	三只羊	让孩子知道遇到问题动脑筋,团结力量大。	
注:以培养自信心、规则意识为重点的亲子语言活动内容。			

大班语言亲子活动内容表(示例)

序号	活动名称	活动目标	互动要点
1	水牛和驴子	1. 让孩子明白:做人一定不要耍小聪明,不然就会聪明反被聪明误,吃亏的终究还是自己。 2. 让孩子借助问题展开想象,把故事有序地说出来。	1. 通过有序的观看故事发展的过程,用自己的话表述故事的起因经过和结果。 2.通过分享故事,让孩子用自己的话去总结故事中的道理以及描述故事中的人物角色的性格特征。
2	三个和尚的故事	1. 让孩子知道遇到问题应该积极主动地想办法解决,等、靠、赖着不动可不是办法,大家在一起需要团结。 2. 让孩子有次序地观察“三个和尚”故事的全过程,把看到的事物的因果关系说出来。	

序号	活动名称	活动目标	互动要点
3	楼上楼下	1. 让孩子明白:不能像小花猫那样随便高空抛物造成伤害事故;与人相处要和睦,要学会与人合作,才能分享快乐。 2. 让孩子借助问题展开想象,体验小花猫的心理变化,把故事有序地说出来。	1. 通过有序的观看故事发展的过程,用自己的话表述故事的起因经过和结果。 2. 通过分享故事,让孩子用自己的话去总结故事中的道理以及描述故事中的人物角色的性格特征。
4	小青虫的梦	1. 感受故事的语言美、意境美,理解小青虫长大能演变成蝴蝶。 2. 培养幼儿的分享习惯,达到同情、关爱他人的情感目标。	
5	牙签鸟	1. 让孩子明白互相合作的重要性。 2. 让孩子借助问题展开想象,感受鳄鱼和牙签鸟之间的友谊,把故事有序地说出来。	
6	骄傲的大公鸡	1. 让孩子知道:人不可以骄傲,骄傲自满有害、谦虚谨慎有益的道理。 2. 让孩子借助问题观察事物、思考故事经过结果、表述观察结果。	
7	金瓜种	让孩子知道家人的重要	
8	分工合作力量大	1. 让孩子初步理解合作的意义,知道生活中处处需要合作。 2. 培养分工合作的意识,体验成功的快乐。	
9	蚯蚓兄弟	让孩子知道合作的力量大。	
10	动物网吧	让孩子养成助人为乐做好事的好习惯。	
11	狼来了	教育幼儿要诚实,不说谎,做错事情要勇于承担责任。	
12	小猪买彩票	1. 教育幼儿诚实的同时,表达了如果做错了勇于承认错误还是好孩子的道理。 2. 引导幼儿了解诚实可以让自己结交更多好朋友,说谎则会失去好朋友失去快乐。	

注:以合作、分享为重点的亲子语言活动内容。

第二层面各年龄段家庭语言具体活动内容示例表

表5 各年龄段家庭语言活动内容梳理(示例)

序号	小班家庭语言课程内容(示例)	
1	活动名称	小猪变干净了
	活动目的	1.让孩子有次序地观察“小猪变干净了”故事的全过程,把自己看到的事物说出来。2.让孩子借助问题观察事物、表述观察结果。3.孩子感受看《小猪变干净了》视频的快乐。4.让孩子养成讲卫生的好习惯。
	材料准备	1.VCD《小猪变干净了》的故事内容。 2.熟悉活动目的、内容与过程。
	活动提问	1.故事里的名字是什么? 2.小猪长得怎么样? 它有什么坏习惯? 3.小猪请几个小朋友和它一起玩? 它们的名字叫什么? 4.小猪请的几个小朋友为什么开始不愿意和它一起玩?后来又为什么愿意和它一起玩了?5.你喜欢哪个小动物? 为什么?
	活动过程	看两遍VCD《小猪变干净了》,提问。 再看一遍VCD《小猪变干净了》,让孩子把《小猪变干净了》的故事说出来。
	看图说话	
	选择原则	1.重点选择卫生习惯养成方面的内容。 2.角色动作、表情显而易见且与幼儿生活经验有关的影视(图书)。 3.角色之间的对话,易记易懂易说,有利于幼儿模仿。

序号	中班家庭语言活动内容(示例)	
2	活动名称	狼和小羊
	活动目的	1.让孩子借助关键问题,有次序地观察《狼和小羊》故事的全过程,把自己看到的事情说出来。2.让孩子知道:遇到伤害自己的敌人,要冷静想办法依靠集体的力量战胜它,建立安全意识。
	材料准备	1.VCD《狼和小羊》的故事内容。 2.熟悉活动目的、内容与过程。
	活动提问	1.在什么地方有一条小河?所有的动物都喜欢来这儿干什么?2.一天,小羊正在河边喝水时发生了什么事?3.狼走过来和小羊说了什么?4.小羊为什么坐在家门口哭起来了?5.小羊的哭声引来了哪些小动物?它们对小羊说了什么?6.天黑了,老狼到了小羊家,动物们是怎么与狼斗的?结果如何?
	活动过程	看两遍VCD《狼和小羊》,提问。再看一遍VCD《狼和小羊》,让孩子把《狼和小羊》故事说出来。
	看图说话	
	选择原则	1.重点选有合作、共享意识和同伴之间和谐相处意识和习惯养成的影视(图书)内容。 2.选取故事背景、内容情节大致相同,角色之间有解决困难的交流内容。 3.角色之间有简单的对话,行为、心理变化有利于幼儿表述。

序号	大班家庭语言活动内容(示例)	
3	活动名称	楼上楼下
	活动目的	1.让孩子有次序地观察《楼上楼下》故事的全过程,把看到事物的因果关系说出来。2.让孩子借助问题展开想象,体验小花猫的心理变化,把故事有序地说出来。3.让孩子明白:不能像小花猫那样随便高空抛物造成伤害事故,与人相处要和睦,要学会与人合作,才能分享快乐。
	材料准备	1.VCD《楼上楼下》的故事内容。 2.熟悉活动目的、内容与过程。
	活动提问	1.小花狗有一个怎样的坏习惯?2.一天,小花狗发现老狼叼着一只兔子事后做了什么?3.它见了黄牛、白马、山羊说了什么?动物们有什么反应?4.小花狗见猎人打下老鹰后发生了什么?5.对动物们说了什么?动物们有什么反应?6.一只大老虎在山崖边发生了什么事?7.小花狗对动物们说了什么?8.小花狗见狮子真的来了表现得怎么样?9.爱吹牛的习惯有什么不好?
	活动过程	看两遍VCD《楼上楼下》,提问。再看一遍VCD《楼上楼下》,让孩子把《楼上楼下》故事说出来。
	看图说话	
	选择原则	1.重点选有合作、分享方面的影视(图书)内容。 2.有故事背景,情节跌宕起伏,有想象空间,能鼓励幼儿求异思维的内容。 3.故事内容有角色的对话,行为、心理活动变化,有利于幼儿表达表演。

(4)数学课程内容补充

幼儿数学是什么？在很多家长的心目中，幼儿数学就是计算。所以，在孩子入小学前家长就教100以内加减法。然而，幼儿数学教育不只是教幼儿学会算多少道算式题那么简单。对3~6岁儿童的数学教育任务是“数学启蒙”，即通过数学教育激发幼儿的兴趣和求知欲，发展幼儿的逻辑思维能力和空间想象能力，训练幼儿做事认真、细致，具有主动性、条理性、坚持性和创造性，是让幼儿能从生活和游戏中感受事物的数量关系，并体验到数学的重要和乐趣。让幼儿在生活和游戏的真实情境和解决问题的过程中，形成数学感和数学意识，从而体验学习数学的重要性和意义。

《幼儿园教育知道纲要(试行)》中关于数学教育，明确提出了四个方面的目标：

一、对周围环境中的数学现象敏感，有参与数学活动的兴趣、主动性和独立性。二、逐步积累有关物体的形状、数量以及空间、时间等方面的感性经验，获得一些粗浅的数学知识和技能，建构初步的数概念。三、学习正确使用操作材料，培养幼儿正确的学习态度和良好的学习习惯。四、能运用已有经验和简单的数学方法解决生活和游戏中某些简单的问题，培养幼儿初步的逻辑思维能力；发展思维能力。

基于上述理由，课题组依据儿童数概念和运算能力形成的特点，可以充分调动家长的家教力量，利用家庭教育资源拓展幼儿数学教育活动的空间和内容，培养幼儿数学素养。培养幼儿知识运用的能力，要遵循“幼儿对数学知识的理解要建立在多样化和经验体验的基础上，幼儿数学知识的巩固有赖于练习和运用的能力的科学原理”等理念。基于《指南》提出的认知数学教育目标，和各个年龄阶段幼儿学习数学的特点，在幼儿熟悉的生活中找出相关数学问题，编制一些可实际操作的示例，根据幼儿主题教育内容融入的数学知识，编制成可以提供家长在家庭生活过程中进行数学活动的内容，具体见下表6。

推荐图书《轻松学数学——学前儿童家庭亲子学习方式》，使家长有了家教数学活动的参考。它包括：各个年龄阶段与主题相关的数学知识，能帮助幼儿丰富和积累主题经验，巩固数学知识，同时又有拓展思维，解决主题以及生活中的数学问题；还能帮助家长精准地配合幼儿园主题活动的开展，检测幼儿数学学习的水平与能力。它是家长陪伴幼儿学习数学的好伙伴、教师开展主题教育的好助手、家长进行家教的好帮手。课题组将幼儿园的数学活动变成幼儿数学活动的序列内容，具体如下：

表6 学前数学家教内容指南培训内容梳理表

目标		家教建议与示例
初步感知生活中数学的有趣有用	1	引导孩子注意生活环境中事物的形状特征，尝试用表示形状的词来描述事物，体会描述的生动形象性和趣味性。如：和孩子一起谈论所看到的事物形状，说一说"像什么"，示例"看到天上的月亮，可以说：弯弯的月亮像一叶小舟，在云海里缓缓移动"。
	2	引导孩子感知和体会生活环境中很多地方都用到"数"，关注周围与自己生活密切相关的数的信息，体会数可以代表不同的意义。如1：和孩子一起寻找生活中用数字作标志的事物，示例"电话号码、时钟、车牌号、日历和商品的价签等"。如2：让孩子了解和感受数用在不同的地方，表示的意义是不一样的。示例"天气预报中表示气温的数代表冷热状况；钟表上的数表明时间的早晚等"。如3：鼓励孩子尝试使用数的信息进行一些简单的推理。示例"知道今天是星期五，能推断明天是星期六，爸爸妈妈休息"。
	3	引导孩子观察发现生活环境中按照一定规律排列的事物，体会其中的排列特点与规律，并尝试自己创造出新的排列规律。如1：引导孩子体会生活中很多事情都是有一定顺序和规律的，示例"一周七天的顺序是从周一到周日，一年四季按照春夏秋冬轮回等"。如2：鼓励孩子按某种规律进行搭建活动，尝试自己设计有规律的、按颜色间隔排列的、按形状间隔排列的瓷砖、珠帘、花边等图案。
	4	引导孩子发现、尝试解决日常生活中需要用到数学的问题，体会数学的用处。如1：买东西时，按照"先来先买"的规则有序地排队买。如2：去买菜要用到计算的问题。如3：抄水表、电表。
感知并理解数、量及数量关系	1	引导孩子感知和理解事物"量"的特征。如1：感知常见事物的大小、多少、高矮、粗细等量的特征，学习使用相应的词汇描述这些特征。示例"和爸爸妈妈比身高、手的大小粗细，说：爸爸妈妈比我高"。如2：结合具体事物让幼儿通过多次比较逐渐理解"量"是相对的。示例"妈妈比宝宝高，但比爸爸矮"。如3：收拾物品时，根据情况，鼓励幼儿按照物体量的特征分类整理。示例"整理服饰时按照妈妈、爸爸和宝宝摆放"。
	2	结合日常生活，指导孩子学习通过对应或数数的方式比较物体的多少。如1：鼓励孩子在一对一配对的过程中发现两组物体的多少。示例"在给桌子上的每个碗配上勺子时，发现碗和勺多少的不同"。如2：鼓励孩子通过数数比较两样东西的多少。示例"数一数有多少个苹果，多少个梨，判断苹果和梨哪个多，哪个少"。
	3	利用生活中的实际情境，引导孩子理解数概念。如1：结合生活需要，要求孩子手口一致点数物体，得出物体的总数。如2：通过点数的方式让孩子体会物体的数量不会因排列形式、空间位置的不同而发生变化。示例"鼓励幼儿将一定数量的扣子以不同的形式摆放，体会扣子的数量是不变的"。如3：结合日常生活，为孩子提供"按数取物"的机会，示例"吃饭时，让孩子按人数取餐具"。

目标	家教建议与示例	
感知并理解数、量及数量关系	4	通过实物操作引导幼儿理解数与数之间的关系，并用“加”或“减”的办法来解决问题。如1:生活中遇到将5只苹果分给家里三个人问题时，让孩子尝试不同的分法。如2:鼓励孩子尝试自己解决生活中的数学问题。示例“家里来了5位客人，桌子上只有3个杯子，还需要再拿几个杯子等”。如3:去超市购少量物品时，有意识地鼓励孩子参与计算和付款的过程等。
感知形状与空间	1	用多种方法帮助孩子在物体与几何形体之间建立联系。如1:引导孩子感受生活中各种物品的形状特征，并尝试识别和描述。示例“感受和识别盘子、桌子、车轮、地砖等物品的形状特征”。如2:鼓励和支持幼儿用积木、纸盒、拼板等各种形状材料进行建构游戏或制作活动。示例“用长方形的纸盒加两个圆形瓶盖制作‘汽车’”。如3:收拾整理积木时，引导幼儿体验图形之间的转换。示例“两个三角形可组合成一个正方形，两个正方形可组合成一个长方形”。如4:引导幼儿注意观察生活物品的图形特征，鼓励他们按形状分类整理物品。
	2	丰富幼儿空间方位识别的经验，引导幼儿孩子运用空间方位经验解决问题。如1:让孩子取放物体时，使用他们能够理解的方位词，示例“把桌子下面的东西放到窗台上，把花盆放在大树旁边等”。如2:和幼儿一起识别熟悉场所的位置。示例“超市在家的旁边，邮局在幼儿园的前面”。如3:在外出时，引导孩子感受空间方位和运动方向。示例“我走在爸爸的后边，我们一起向前走”。如4:和孩子玩按指令找宝的游戏。对年龄小的孩子要求他们按语言指令寻找，对年龄大些的幼儿可要求按照简单的示意图寻找。

★幼儿数学活动的基本知识

1.数——认识数、计数和数的分合与运算

2.量——量的比较、自然测量

3.形——平面图形、立体图形、图形等分

4.空间——方位、方向、空间知觉或物体在位置和距离上的相互关系

5.时间——时间、日期、日常生活、事件的前后关系等

6.集合与对应——是数学的最基本概念，是幼儿早期数学的感性基础

7.分类与排序——是数学的智力活动，能帮助幼儿运用数概念

★幼儿数学活动内容的序列

数知识	小班	中班	大班
数	1.区别1和许多及其关系。 2.认知5以内数的数数、形成。 3.5以内数的数点对应。 4.会按数取物或按物取数。 5.知道数的大小、顺序。	1.6~10的数数，认识数字。 2.形成数序，了解数的实际意义（基数、序数）。 3.6~10的数点对应。 4.进行分类数数与目测群数。 5.初步感知10以内数的守恒。	1.认知10以内数的组成与加减。 2.区分单双数、相邻数。 3.认知零。 4.会两个两个、五个五个数的计数方法。 5.认识常用的数学符号。
量	1.比较、认识长短、大小。 2.会在三样物体中找出最长或最短。 3.会结合大小、长短不同进行分类、排序。 4.感知量的相等、多少关系。	1.比较认识粗细、高矮、宽窄与厚薄。 2.会在五种物体中找出最粗（高、厚）和最细（薄、低）。 3.初步感知量的比较的相对性。	1.比较认识远近、轻重、重量与容量、面积。 2.能区分长、宽、高。 3.在数量为7以内的物品中进行量的排序。 4.学习自然测量。 5.学习二、四等分与分合。
形	1.认知区分三角形、圆形与正方形。 2.2~3种图形组合拼搭。 3.感知图形的大小、多少关系。	1.认知区分长方形、椭圆形与梯形。 2.会用多种图形组合拼搭。 3.感知图形变换、匹配与守恒等关系。	1.认识区分几种常见几何体。 2.能区分与发现平面图形与立体图形的不同。 3.学习几何图形的二、四等分。

数知识	小班	中班	大班
空间与时间	1.区分上下、里外、前后的空间方位。 2.认知早、晚的时间概念和代表性变化。	1.进一步区分前后、里外的方位。 2.认知早、中、晚的时间概念。	1.区分左右的空间方位。 2.认识时钟(整点、半点)。 3.认知时间(年、季、月、星期、日)。 4.认识今天、昨天、明天的时间概念。
钱币			认识并应用钱币。
集合	会把不属于集合中的元素找出来(5以内个数)。	1.会区分形成2~3个不同集合。 2.初步感知交集和差集。	1.进一步感知交集与差集的关系。 2.会找出集合中的子集类。 3.感知二集合间的包含关系。
对应	感知一一对应。	能用对应的方法比多少、一样多。	会用重叠、并放的对应比较不同类物品。

数知识	小班	中班	大班
分类	1.按物品的一维特征分类。 2.认识简单的分类标记。 	1.按物品的二维特征分类。 2.进行量的特征的分类。 3.区分不同类物品。 	1.按物品的二到三维特征分类。 2.能按标记逐级分类。 3.归类于统计。 
排序	1.按物体的某一特征(大小、颜色、长短)排序。 2.能按一维特征排序。 	1.按一定的规则指示排序 2.按二维要求排序。 3.1~10圆点卡、数字卡片排序。 	1.按物体的某二种特征排序。 2.按二到三维要求排序。 3.会按匹配关系排序。 4.能寻找出排序的规律。 5.有一定的逆向排序的能力。 

(5)提供家长“儿童的部分评价内容各年龄段内容”表

评价自己的孩子是家长的盲区,家长不知道从哪些方面,科学地看自己孩子的能力现状。课题组给家长提供了“儿童的部分评价内容各年龄段内容”,摘自《完整教育——幼儿教育课程通论》王慧敏译的“3~6岁幼儿的发展历程评价表”,评价内容有:3~6岁幼儿在动作技能、认知技能、社会技能、自理技能、沟通技能五大领域的发展历程。在各个领域中,都以平均年龄来表示各技能发展的关键期,此表有助于家长了解孩子在某技能的发展方面是否存在严重迟缓的参考作用。具体见下表7:

(五)“家长俱乐部”建设机制的研究

机制是各要素之间的结构关系和运行方式,指有机体的构造、功能及其相互关系,机器的构造和工作原理。“家长俱乐部”建设机制是指幼儿园家庭教育管理系统

表7 3~6岁幼儿的发展历程表

36~48月	48~60月	60~72月
一、动作技能(一)大肌肉动作技能		
1.跑过障碍物。 2.沿直线而行。 3.单脚站立5~10秒。 4.单脚跳。 5.推、拉、开玩具车。 6.骑三轮车。 7.不需协助玩溜滑梯。 8.跳过15厘米高物体而双脚落地。 9.过头丢球。 10.接住跳过来的球。	1.用脚跟倒退行走。 2.往前跳十下不会跌倒。 3.两脚交替独自上下楼。 4.翻筋斗。	1.用脚趾轻快跑。 2.在平衡木上行走。 3.交换两脚跳跃。 4.跳过绳子。 5.溜冰。
(二)小肌肉动作技能		
1.叠九块小积木。 2.钉图钉。 3.画圆圈。 4.模仿画交叉。 5.玩黏土(做滚球、饼干等)。	1.沿着线剪。 2.画十字形。 3.画方形。 4.写一些字母。	1.剪简单的圆形。 2.画三角形。 3.找出扑克牌中的方块。 4.写出姓氏。 5.写出阿拉伯数字1~5。 6.在线内着色。 7.如成人般握笔。 8.左右手习惯养成。 9.正确地粘、糊东西。
二、沟通技能(一)了解语言		
1.开始了解含有时间概念的句子(如:我们明天去动物园玩)。 2.了解大小,如:大、较大等。 3.了解相关语气,如:假如……,那么……;因为……可以……。 4.完成连续的2~4个相关指示。 5.了解“让我们假装……”的意义。	1.以正确的顺序完成三个不相关的动作。 2.分辨喜恶如:喜欢、较喜欢、最喜欢。 3.聆听较长的故事,但常误解故事内容。 4.将口头命令化作具体行动。 5.了解事情发生的顺序(例如:首先,我们得先去杂货店买材料,然后才能做蛋糕,明天就可以吃了!)。	完成学龄前的技能。

36~48月	48~60月	60~72月
(二)说话		
1.用三个以上的字组成句子,句子的形式常为:主词—动作—物(我看到球)主词—动作—位置(爸爸坐在椅子上)。 2.述说过去的经验。 3.用“我”代表自己。 4.重复某种旋律或唱一首歌。 5.会用语言表达意念,但常发错音。	1.发问(何时、如何、为什么)。 2.组成句子(如我喜欢巧克力、饼干和牛奶)。 3.使用“因为……,所以……”来解释原因。 4.述说故事内容,但可能混淆不清。	1.文法与大人少有差异。 2.以适当口吻、语气来对话。 3.表达并接受信息。 4.与家人、朋友或陌生人能良好沟通。
三、认知技能		
1.认出六种颜色并配对。 2.按大小顺序排列积木或环状物。 3.画一些对小孩本身有意义的图画,并且能简单地解释。 4.为求知而发问(如:为什么、如何)。 5.知道自己的年龄。 6.知道自己的名字。 7.注意力短暂。 8.从观察、模仿大人及大人的指导解释中学习,容易分心。 9.对物品的功能及类别概念增加(如能将玩具屋的家具按正确位置放好),全部/部分的概念也增加(如能认出画中的手、脚是身体的一部分)。 10.开始具有过去及现在的概念(如:昨天我们去公园,今天我们去图书馆)。	1.自创相似的语言。 2.指认并说出4~6种颜色。 3.组合相似物品的图片(如:鞋子、袜子、脚;苹果、橘子和香蕉)。 4.能画出人体2~6个部分,如:头、手、脚,并且能说出它的名称或和身体部位配对。 5.能画、指认并描述熟悉的图片。 6.模仿成人背诵数字1~5。 7.知道所住的街道及城市名称。 8.所注意的范围较广,从观察、聆听及探索中学习,易分心。 9.对物体的功能、时间及部分/全部的概念增加,除了能说出名称外亦能陈述它的功能和使用方法。 10.时间的概念更广,能说出昨天及上周的事情(较长时间以前的记忆),并能描述今天或明天将发生的事。	1.正确地重述故事内容。 2.说出一些词组和数字。 3.背诵1~10。 4.依单一特征将事物分类(如颜色、形状、大小)。 5.开始能正确使用明天和昨天的时间概念。 6.有意义及目的地使用课堂内用具(如剪刀、水彩)。 7.开始具有时间和每日作息关系的概念。 8.注意力显著增加,从大人的指导中学习,对感兴趣的事物较不会分心。 9.对物品功能的概念增强,并能分析事情发生的原因。时间概念更广泛,能指出未来重要的事情(如:再有两个星期,圣诞节就到了)。

36~48月	48~60月	60~72月
四、自理能力		
1.自小水壶中倒水。 2.扣上并解开大纽扣。 3.自己洗手。 4.自主地上厕所。 5.提醒时会擤鼻涕。	1.使用刀子切简单的食物(如汉堡包、小饼、马铃薯片)。 2.系鞋带。	1.自己穿好衣服。 2.打结。 3.自己刷牙。 4.安全地过街。
五、社会技能		
1.跟其他小孩一起玩,开始互动。 2.跟人共享玩具,并能轮流玩。 3.开始戏剧性游戏(如旅游、扮家家、扮动物)。	1.跟其他小孩游戏并互动。 2.更接近真实的戏剧性游戏,能注意到细节、时间、地点。 3.玩穿衣服游戏。 4.对两性差异感到好奇。	1.选择朋友。 2.做简单的桌上游戏。 3.玩竞争性的游戏。 4.和其他小朋友参与合作性游戏,包括:团体决定、角色指派和公平游戏。

王慧敏译,摘自《完整教育——幼儿教育课程通论》

的结构及其运用机理,本质上是决定幼儿园家庭教育管理系统形式——“家长俱乐部”运行功效的管理核心问题。它包括四个内容:引导机制、协同机制、共享机制和激励机制。

1.引导机制

“家长俱乐部”的运行是否畅通,家教活动是否有效,与幼儿园前期的引导工作密不可分。引导机制是指首先把为什么要建立“家长俱乐部”,让家长怎么参与“家长俱乐部”的活动信息告诉幼儿家长。然后,给参与“家长俱乐部”的每位家长进行培训。使他们在培训中,转变观念、学到家教的方法,形成你追我赶的家教学习氛围。所谓的引导机制包括两个方面,即课程目标导向、家教方法导向。

2.协同机制

“家长俱乐部”由家长、教师、园领导与外聘专家组成,形成相互配合协调,确保家长俱乐部活动的运行质量。协同机制是为了家长俱乐部活动能达到预期的初衷,以幼儿园为主做好方方面面的协调工作。即由幼儿园组织家长、教师与外聘专家一起讨论制定:家长俱乐部组织的规章制度、梳理汇总培训的内容、教师安排培训的课时与培训时间,组织家长俱乐部成员进行交流、展示、评价等活动的内容。在组织、时间、空间和经济上保障家长俱乐部的运行。

3.共享机制

所谓共享就是指幼儿园、家庭、社会上教育资源的利用、幼儿园课程建设和实施的现状、幼儿家长的家庭活动现状及教育经验,都作为“家长俱乐部”成员分享的内容。为了实现成员分享而建立的“家长俱乐部”各要素之间的结构关系和运行方式。即分享时间的安排、分享内容的梳理和选择、不同分享形式的搭配(如:用网络交流还是现场展示)等事物有机协调,做到有条不紊。

4.激励机制

激励是激发鼓励。它是“家长俱乐部”活动过程中不可缺失的管理环节。在家长学员学习碰到“学用不一致”困惑的时候,鼓励其再试一次,再试一次,不怕失败;在家长学员学习获得一定经验时,搭建一个平台让家长学员展示自己的教育经验,设计一些竞赛内容让每个家长学员参加,以此鼓励家长参与家教的积极性。除此之外,给家长和教师一些荣誉奖励等,即抗挫激励、展示激励、竞赛激励、物质和精神相结合的奖励,对学员的学习起着激励、督促和发展的作用,变“要我学”为“我要学”,使“家长俱乐部”持续发展。

(六)“家长俱乐部”运行策略的研究

1.梳理整合教材策略

梳理整合教材策略是指以《指南》中幼儿园健康、语言、社会、科学、艺术五个领域的课程内容为基础,筛选一些幼儿在幼儿园集体教学活动中难以完成的学习内容,而适宜在家庭开展拾遗补缺家教活动的学习内容,进行整理编制。可作为“家长俱乐部”培训的教材和家长与孩子在家庭中活动的载体。如:适宜幼儿各种能力培养的家庭教育资源利用的梳理(示例)、幼儿学会学习三个要素的培训内容梳理(示例)、各年龄段家庭语言活动内容梳理(示例)。

2.建立运行机制策略

建立运行机制策略是指为保障“家长俱乐部”正常开展活动而制定的管理载体与方式,它包括四个内容:引导机制、协同机制、共享机制和激励机制。体现幼儿园家庭教育管理系统的各要素之间结构关系、运用机理功能和运行方式。如:引导机制让家长明白:为什么要在家庭中开展拾遗补缺的幼儿园课程内容?什么是家庭教育资源?怎样利用家庭教育资源和孩子进行互动?带动家长与幼儿园教师携手培养幼儿良好的生活习惯、学习习惯、良好的心理素质等,改变家长不良的育儿观,提高家教能力。

3.多元携手培训策略

多元携手培训策略是指培训家长的一种新方式新方法。传统的培训都是以幼儿园教师为主体指导，家长为客体的被动接受指导。“家长俱乐部”开展的培训是由幼儿园教师、幼儿家长、学前教育专家多方组成的培训团队。这种培训方式体现了家园双主体培训理念，能最大限度地调动家长、教师的教育积极性。如：学前教育专家从儿童教育的教育学、心理学等课程教育原理角度为家长解析家教内容与方法。教师从幼儿园课程的内容和方法出发拾遗补缺，为家长提供案例的培训。有特殊专业的家长可以从医学角度为家长培训幼儿保健方面的知识……有好的家教经验的家长也可以作为介绍自己的成功活动体会的老师。

4.优质教案展示策略

优质教案展示策略是指幼儿园将“家长俱乐部”在和各个家庭互动过程中，设计的家长普遍认为通俗易懂活动效果好的培训内容及家长实施的好方法、生成的家教新内容，进行网上发布、现场交流。以此提高“家长俱乐部”活动的科学性、有效性。如：教师围绕幼儿园各个学科的教材内容设计的“科学膳食 健康一生”“快乐运动，爸爸妈妈一起来”“‘慧’阅读，从现在开始”“拓展人际交往，助力幼儿心灵成长”“你，可以做孩子的魔“力”师”“欣赏，让幼儿不经意间展示美”等培训内容，为了让家长尽快掌握家教方法，幼儿园把这些通俗易懂的教材在网上发布，再进行现场解析交流，产生了良好的效果。

5.自评共享评价策略

自评共享评价策略是指幼儿园的“家长俱乐部”在建设与运行过程中，由园领导、教师、家长对自己做的家教工作的自我评估。这种评估完全是发自内心的反思、改进、提高欲望的主动评价。幼儿园在各方主动评价的基础上进行交流，对家教工作创新、改进有很大的启发性。如：教师刚开始备的课都是以幼儿园教师的口吻让家长怎么做，如何做。在自评过程中，教师自己发现：这种培训的备课形式与内容还是没有跳出家长被动接受的培训模式。经过反思、学习，找到了自己的问题，改变了备课方式，设计出家长通俗易懂的培训教材。这个过程没有领导的批评和压力，完全出于教师自评后的改进欲望。一个教师的备课方式改变，经过交流启发了所有教师，才产生了好多优质教案。

6.打造多元奖励策略

打造多元奖励策略是指在“家长俱乐部”开展活动过程中，对承担培训的教师、家长及在家庭教育活动中的家长积极分子的激励。以此，不断提高“家长俱乐部”运行的活力，使家庭教育活动真正发挥拾遗补缺幼儿园课程的作用。如：XX班的教师设计的培训内容题目是“在家庭中渗透幼儿人际交往启蒙教育”，这个题目作为培训家长的教材有点高大上的感觉，有的家长不一定感兴趣，将XX教师的文章题目改成了家长通俗易懂的“拓展人际交往，助力幼儿心灵成长”，把原来的题目变成副标题。这样的正副标题给其他的教师有很多启示作用。大家都借鉴了这个好办法，把所有的培训题目都改为正副标题的表示形式，大大提高了家长学习的兴趣。幼儿园给创新的教师进行了奖励。XX班的家长，不但课讲得好，还为“家长俱乐部”出谋划策起到了领头羊的作用，幼儿园给予这位家长进行了奖励。

五、“家长俱乐部”建设与运行实施方案的有效性研究

“家长俱乐部”建设与运行实施方案是家园携手共育幼儿的可行方案，符合二期课改中充分利用各种教育资源的课程构想理念。扩展了幼儿生活、学习的空间与途径，充分发挥家庭、社会教育资源的教育作用。在家园互动指导、研究、实践过程中，教师专业化水平得到明显提升，家长的教育意识有了明显增强，家教质量有了显著提高，在家园有效互动中幼儿身心发展更自主、更积极、更和谐。

表8 “指导家长利用教育资源进行家庭教育”实施前后的比较（N=80人）

编号	调查内容 调查项目	1			2			3		
		Ⅰ	指导前%	指导后%	Ⅱ	指导前%	指导后%	Ⅲ	指导前%	指导后%
1	您觉得幼儿园开展“家长俱乐部”活动有必要吗？	有必要	83.6% 67人	100% 80人	没必要	3.4% 3人	0% 0人	无所谓	13% 10人	0% 0人
2	您对家庭中蕴藏的教育资源了解吗？	了解	69.6% 56人	90% 72人	了解一些	20.1% 16人	10% 8人	无所谓	10.2% 8人	0% 0人
3	您知道家庭教育资源包含哪些内容？	家庭显性教育资源	93.5% 75人	100% 80人	家庭隐性教育资源	85.3% 68人	70% 56人			
4	您每天会用多少时间和孩子一起开展亲子运动活动？	1小时以上	55.6% 44人	81.3% 65人	半小时	41.3% 33人	16.2% 13人	几乎没有	3.1% 3人	2.5% 2人

编号	调查内容 / 调查项目	1			2			3		
		Ⅰ	指导前%	指导后%	Ⅱ	指导前%	指导后%	Ⅲ	指导前%	指导后%
5	您会利用家庭资源开展亲子运动吗?	会	53.9% 43人	86.4% 69人	有时会	37.5% 30人	13.6% 11人	不会	8.5% 7人	0% 0人
6	家庭的膳食搭配营养均衡吗?	均衡	72.1% 58人	91.2% 73人	一般	27.9% 22人	8.8% 7人	不均衡	0% 0人	0% 0人
7	能注意家庭膳食色、香、味俱全吗?	能	58.7% 48人	86.2% 69人	一般	40.3% 32人	13.8% 11人	不能	0% 0人	0% 0人
8	您每天会用多少时间与孩子进行语言互动活动?	1小时以上	48.1% 38人	88.8% 61人	半小时	49.5% 40人	8.8% 7人	几乎没有	2.4% 2人	2.4% 2人
9	您能指导孩子正确的阅读技能吗?	能	47.4% 38人	86.2% 69人	会一点	50.5% 40人	13.8% 11人	不能	2.1% 2人	0% 0人
10	您的孩子能主动有礼貌地和客人、长辈打招呼吗?	能	58.7% 47人	91.3% 73人	要成人提醒	41.3% 33人	8.7% 7人	不能	0% 0人	0% 0人
11	您的孩子喜欢与别人(同伴、邻居等)交往吗?	喜欢	70.7% 57人	87.5% 70人	比较喜欢	27% 22人	12.5% 10人	不喜欢	2.4% 1人	0% 0人
12	您认为以下哪个环境对培养孩子的行为规范更有利?	家庭环境	62.5% 50人	83.7% 67人	幼儿园环境	30.7% 25人	13.8% 11人	社会环境	6.8% 5人	2.5% 2人
13	您会向孩子强调为人处事的道理吗?	经常	87.4% 70人	96.2% 77人	偶尔	12.6% 10人	3.8% 3人	不会	0% 0人	0% 0人

编号	调查内容 调查项目	1			2			3		
		Ⅰ	指导前%	指导后%	Ⅱ	指导前%	指导后%	Ⅲ	指导前%	指导后%
14	日常生活中，当您的孩子出现德育问题时，您会怎么做?	教育孩子	90% 72人	100% 80人	长大自会懂	7.5% 6人	0% 0人	不太关注	2.5% 2人	0% 0人
15	您教育孩子的方式是怎样的?(可多选)	说教	75.3% 60人	78.8% 63人	讲故事	60.4% 48人	61.3% 49人	惩罚	50.2% 40人	37.5 30人
16	在日常生活中您的孩子喜欢提问吗?	喜欢提问	82.8% 66人	92.8% 74人	偶尔提问	5.2% 4人	7.2% 6人	没问题	0% 0人	0% 0人
17	您曾经用以下的方法培养孩子的观察力吗?(可多选)	做实验	39.8% 32人	51.3% 41人	引导观察	86.9% 70人	96.3% 77人	做观察记录	22.5% 18人	33.8% 27人
18	您知道从哪几个方面培养孩子的艺术能力吗?(可多选)	欣赏能力	67.7% 54人	82.5% 66人	表现美	80.6% 64人	83.8% 67人	创造美	81.9% 66人	83.8% 67人
19	您选择哪些途径提高孩子的艺术能力?(可多选)	参观	70.7% 57人	70.5% 56人	培训班	45.6% 36人	56.3% 45人	作品欣赏	60.7% 49人	70% 56人

（说明：本次调查在万科实验幼儿园各年龄班内，采用随机抽样的方法选取80位家长，进行书面调查）

从数据分析中可以发现，家长的前后表现变化很大，家长对家教意义的认识以及所采取的相应的教育方法也有了很大的改变，其差异性更为显著。这些从X2值的数据中可证明。

（一）家长家教意识的增强，形成有效的家园互动

通过课题的有效实施，家长的家教观念有了明显的转变。经前后两次家长调查问卷的数据进行对比分析，我们可以看出，家长提高了对家庭教育重要性和必要

性的认识，学到了利用家庭教育资源进行家庭教育开展健康、语言、社会、科学、艺术各类活动的教育方法。如一位家长在家教体会中写道：通过家长俱乐部活动，我大大提升了家教的认识和能力。感受到在我们家庭生活的环境中，存在着许多可以教育孩子的教育资源与内容，坚持充分利用起来，对孩子的发展是十分有利的。家长俱乐部活动使我真的学到了很多有关学前教育的知识，通过与孩子一起学习，孩子变得更好奇好问了，变得更聪明可爱了，与孩子的关系也越来越亲密了，作为母亲我无比高兴。

以往，家长对孩子的教育往往一味地依赖于幼儿园的教育，在家长俱乐部的建设与活动过程中，真正改变了由幼儿园对家长单向指导的家教形式。家长真正参与到学校的课程建设与实施中，家园携手共同承担起教育幼儿责任的家教模式在逐步形成。

(二)幼儿学习空间的拓展，促进综合素质的提高

幼儿从狭隘的幼儿园学习空间，真正扩展到家庭、社会。幼儿借助于家庭、社会丰富的显性和隐性的教育资源，进行观察、探索等活动，促使幼儿在与家庭、社会的人文环境及自然环境积极主动的相互作用中，初步体验了自然环境、社会环境与人类生活的依存关系，积累了一些有利于身心发展的经验。

孩子们从对周围生活中的事物的熟视无睹到开始关注生活的事物，进而产生好奇、好问的求知欲。幼儿在照顾、管理动植物的过程中，动手能力得到提高；在观察、探索、认识动植物的过程中，观察能力、合作能力、自主探索能力等得到了提高；在收集、交流、表达动植物信息的过程中，幼儿收集信息、处理信息、表达与表现能力得到了提高。孩子在种植、饲养、售货、体验、感受等多种家教系列活动中，对事物产生了广泛兴趣，又建立了初步的责任感。

(三)教师教育科研的实践，推进专业化水平的提升

1.提高了教师家教指导能力

家长俱乐部的建设与活动使得教师和家长沟通和交流的机会增多。在讲座活动、现场观摩活动、经验交流活动中，教师与家长共同探讨，互相学习。教师在家教互动指导活动中，能运用多种形式，有针对性地、灵活地对不同内容、不同家长的需求，给予活动支持与帮助。

2.提高了教师教育科研的能力

(1)获取、研究信息的能力。在开展家长俱乐部的建设与活动课题研究中，教师首先上网查找、翻阅书籍、请教学前专家、幼儿家长等不同的渠道获取信息，积累

了大量的相关情报,并对收集的信息资料进行筛选、分析、研究。制定出一套比较科学的、操作性较强的预设研究方案。

(2)实践、反思设计的能力。教师在开展家长俱乐部的建设与活动课题研究中,按照操作方案进行实践,在实践中不断总结、反思、调整操作方案(课题申报之初,由于对家长参与到学校的课程建设与实施的和家长俱乐部的建设与活动关系没有理清楚,故把研究方案的重点放在了"家长如何参与到学校的课程建设"方面。经过专家引领,认识到本课题研究的重点应该是:建立一个家园互动的家教新模式,才能让家长真正参与到学校的课程建设与实施中。如何建设家长俱乐部?如何使家长俱乐部的活动成为转变家长家庭教育观念、掌握家庭教育方法的载体?经实践反思,课题组老师们及时修改了研究实施方案,在专家的指导下,设计出了"家长俱乐部建设运行思维图",为后续的研究少走了很多弯路)。教师也逐步掌握了一些设计、实践、反思的科研方法。

(3)研究、总结提炼的能力。教师在家长俱乐部建设和运行过程中,从害怕提笔写文章,开始在写文章的过程中,逐步学会了将一些教育活动的现象,总结、提炼为有价值论文内容的方法。到目前为止,老师们已经从不同领域撰写了基于儿童健康发展,指导家长开展家庭运动的"快乐运动,爸爸妈妈一起来"、在家庭中渗透幼儿人际交往启蒙教育的"拓展人际交往,助力幼儿心灵成长"等七篇家教文章,其中两篇论文荣获2020年"黄浦杯"长三角城市群"创新视角下的教育现代化"征文评选活动浦东新区三等奖,这是幼儿园前所未有的。

六、后续深入思考的问题

1 家长俱乐部建设和运行是一种新型的家园互动家教模式,虽然,在我们幼儿园取得了一定的成效,但是,在其他幼儿园是否可行,还是个未知数。我们将把我们研究的结果和其他姐妹园分享,看看能否产生同样的研究效果。

2.家长俱乐部建设和运行在我们幼儿园虽然在培训家长容方面,已经梳理了一些内容,但是,在培训的过程中,还是发现一些问题的。如:幼儿的个性化问题、家长文化差异产生的接受能力问题,还需要我们思考、改进。

参考文献:

[1]李洪曾.家庭教育指导工作的对象:内容和形式.上海教育科研,2000年第6期.

[2]李洪曾.家庭教育需要指导.中国家庭教育,2003年第1期.

[3]李兰生.学前儿童家庭教育与活动指导.华东师范大学出版社,2014年5月.

[4]顾明远、梁忠义.阿和教育大系——幼儿教育.吉林教育出版社,2000年12月.

[5]幼儿园教育指导纲要(试行).教育部,2001年7月.

[6]上海市学前教育纲要.上海市学前教育课程指南,2002年8月.

[7]穆彦青.家庭教育该如何与幼儿园教育实现互补[J].当代学教育.2015(03):37-40.

[8]赵梦娇.关于幼儿园家园共育的研究[J] .求知导刊.2014 (7).

[9]晏红.幼儿园家庭教育指导形式与方法[M].北京.中国轻工业出版社.2012:67-69.

[10]王薇圃,连育红,张秀英.适应时代特点.探讨家园沟通新途径[J].教育导刊(幼儿教育版).1998(4):39-40.

[11]吴梅.幼儿园教学活动中家长资源开发探讨.以华中农业大学幼儿园家长资源开发为例[J].课程教育研究.2018

家长参与学校课程建设与实施研究文献综述

——以“家长俱乐部”的建设与运行为例

张 瑜*

摘 要：基于对文献资料的分析、归纳与综合，探讨家长参与学校课程建设与实施的本质特点和理论依据，并对国内外家长参与学校课程建设——幼儿园“家长俱乐部”的建设与运行进行比较与分析，旨在为今后开展“家长俱乐部”的建设与运行提供参考。

关键词：家长参与学校课程，家长俱乐部的建设，家长俱乐部的运行

一、引言

随着现代教育理念的传播，我国各幼儿园已逐渐将家长纳入到幼儿园课程建设工作中。对于幼儿的教育工作，家长跟老师是合作者的关系，更是幼儿园课程建设与实施的重要参与者。然而就现阶段来看，在课程建设中，幼儿园常常忽视了家长的主体参与，大多的幼儿家长也并没有这一方面的意识，对幼儿教育课程没有太多的理解，自然参与课程建设的积极性也就不高，因而家长这一角色并没有在幼儿园课程中发挥多大的作用。家长成为幼儿园课程建设的重要参与者，已成为现实需求。幼儿园应有意识有计划地引导家长参与课程建设，探索更多样化的途径，共同为幼儿的学习发展创造良好的环境。

《上海市学前教育课程指南》中指出：“幼儿园应加强与家庭、社区的密切合

---

*课题组成员：薛晓霞

作。要积极创造条件，让家长认同、支持、参与幼儿园课程的开发和实施。要积极支持、帮助提高家庭教育的能力，家园合作，共同促进幼儿的健康成长。”家长是我们的合作伙伴，是课程建设和实施的一部分。幼儿园课程的建设与实施需要家长主体的深度参与。我园地处张江高科技园区，硕士、博士比比皆是，幼儿园对蕴藏在家长中丰富的教育资源，应当充分挖掘、最大限度地发挥和利用这个潜在的教育资源。为此，万科实验幼儿园试图通过家长俱乐部活动，使家长增进对幼儿园课程的认识和理解，有效地转变家长的观念，使其更加支持幼儿园的教育教学工作。同时为家庭提供全方位的家庭教育指导，如专家指导、优质教育资源信息分享、家长平台交流等，汲取新教育所倡导的父母与孩子共同成长的理念，不断创新课程资源开发方式，让家长参与学校课程建设与实施，丰富课程的内容，拓宽活动形式，在家园教育互补中，促进幼儿多元智能的发展，促进幼儿个性发展，增进亲子感情和同伴友情等。

二、家长参与学校课程建设与实施内涵及其相关理论依据

（一）家长参与学校课程建设与实施的关键词界定

1.家长狭义上是指儿童的父母，而广义的“家长”指的是在儿童家庭生活中扮演重要角色的成人，比如对儿童成长、教育、做人等方面起重要作用的父母、（外）祖父母和儿童的看护者等。本课题研究的是广义上对家长的理解。

2.家长参与是指家长所从事的一切直接或间接影响其孩子的教育活动，在这种教育活动中，家长和学校相互支持以形成教育合力，达到促进孩子身心健康发展的目的。

3.家长参与学校课程是指家长以各种方式参与幼儿园的活动，同时幼儿园也营造出有利于家长参与的氛围；幼儿园的教育活动在家庭的延伸或是在幼儿园的影响下、家长在家庭对孩子的教育行为。在本课题研究中，试图以“家长俱乐部”为新型的家园互动家教模式，引领家长共同参与幼儿园培训、交流、展示等幼儿园活动，并充分挖掘家庭、社区及周边环境的教育资源，扩展幼儿生活和学习的空间。要积极支持、帮助提高家庭教育的能力，家园合作，共同促进幼儿的健康成长。

（二）“家长俱乐部”的建设与运行的关键词界定

1.家长俱乐部是一款垂直于家长的全龄段家庭教育交互式学习平台（APP），为全年龄段学生的家长提供专业的家庭教育指导及在线教育信息交流、分享的相关服务。是由幼儿园引领，把园内有一定文化素养或在某一领域有特长的幼儿家长，

组成一个家长、校领导、教师、专家、社区共同参与、培训、交流、发展的家园互动教研活动载体。

2.家长俱乐部的建设是指为家长俱乐部运行而做的准备工作。首先把家长、教师、领导组织在一起形成一支家园互动的教研队伍。然后制定确保家长俱乐部活动的机制和实施方案。

3.家长俱乐部的运行是指由家长、教师、领导组织在一起形成家园互动的教研队伍整个活动程序。

(三)家长参与学校课程建设与实施的理论依据

1.《3~6岁儿童学习与发展指南》理念

2012年,教育部印发的《3~6岁儿童学习与发展指南》明确提出:"家庭、幼儿园和社会应共同努力,为幼儿创设温暖、关爱、平等的家庭和集体生活氛围,建立良好的亲子关系、师生关系和同伴关系。"积极开发家庭、幼儿园和社会资源,并保持其活力,才能真正实现资源的有效开发。在学前教育现实需求和相关政策的推动下,人们对于家长参与学校课程建设与实施的重要性的认识日益加深。在课程建设与实施实践中,家长增进对幼儿园课程的认识和理解,更加支持幼儿园的教育教学工作。将亲子共同成长的理念不断传递给家庭和社会。

2."生态教学观"理论

生态学理论代表人物是美国学者尤·布朗芬布伦纳,他认为影响儿童发展的生态系统由四个相互镶嵌在一起的系统组成,他们分别是微观系统、中层系统、外层系统和宏观系统①。其中,对个体影响最近的是微观系统,家庭是主要的微观系统;接下来是朋友和学校;中层系统指微观系统背景中的交互关系;外层系统是指对青少年产生影响的社会环境;宏观系统是儿童所处的社会文化背景。生态学理论认为学校、家庭和社区相依相存、相互制约和影响。

"生态"一词本意是指生活的环境、一切生物的生存状态、它们之间以及与环境之间的关系。生态世界观把整个世界看成一个和谐统一、协调发展的生态系统,在这个生态系统中,人、自然和社会等各种因素相互作用,相互影响,相互依存,共同维持着生态平衡。把这种观念融入教育发展之中,生态教育理念也就应运而生了。左瑞勇从生态教学观视角出发指出当前幼儿教育和家园互动中对于家长资源的开发与利用比较重视家长的配合程度②。从"课程是教师、儿童、家长全体卷入者

① 李细姣.家长参与学校教育的问题与对策研究[D].湖南师范大学硕士论文.2019.

② 左瑞勇.反思幼儿园教学中家长资源的开发与利用—基于生态教学观视角 [J]. 幼儿教育.2007(9).

共同创造的教育生活”这一理念出发，挖掘一切可以挖掘的潜力，最大限度地利用“本土生态”的优势，用所倡导的人本关怀理念，对待幼儿成长的潜质和价值，为幼儿终身发展奠定基础。

3.“设计思维”的科学方法论

“设计思维”发源于，斯坦福大学哈素·普拉特纳设计学院（Hasso PLattner Lnstitute of Design），后来被各行各业借鉴。斯坦福大学设计学院把它归纳成一套科学方法论后，迅速风靡全球高校和中小学。“设计思维”分为5个步骤：同理心（收集对象的真实需求—定义分析需求，提炼要解决的问题）—头脑风暴—原型制作—测试—优化解决方案。这套方法可以有效训练学生的创造力，以及通过团队合作解决问题的能力。设计思维并不是“用设计师的思维去设计”，它是一种创新方法论，更是解决问题的路径。设计思维是一种以人为本的创新方式，它提炼自设计师积累的方法和工具，将人的需求、技术可能性以及对商业成功的需求整合在一起[③]。在教育中，设计思维始于深度理解教育教学需求，深入了解人们所面临的问题，并从他们的视角出发，采用科学的方法找到有效的解决方案。同时通过团队合作、交流对话，通过吸取他人观点和应用多种角度看待问题的方法来创造性解决问题。

鉴于以上的众多理论，本研究旨在以一种全新的视角和思维方式来审视家园课程融合理念，以建设“家长俱乐部”为形式，围绕“家长俱乐部”的建设与运行相关概念的研究、“家长俱乐部”的建设与运行相关概念等，提出家长参与幼儿园课程建设与实施的论述，以期对家园合作的实践提供一些启示。同时借助“家长俱乐部”的建设与运行，在幼儿园教师的引领下，家长能参与学校课程建设与实施，为家长搭建交流平台，帮助家长更新教育观念、改进教育方法、提高家庭教育的能力、营造和谐环境。同时教师也能从家长所拥有的专业知识和经验中获得帮助。让“家长俱乐部”真正成为幼儿园课程补充的家庭教育课程，把“家长俱乐部”建设成幼儿园一种新型的家教互动模式。

三、家长参与学校课程建设与实施的研究视角

（一）国内外家园合作的研究

1.国外家园合作历程

18世纪美国开始出现家园合作，当时已有一些学生家长组成家长会，聚集在

③【德】迈克尔·勒威克；【德】拉里·利弗；【德】帕特里克·林克.设计思维手册：斯坦福创新方法论[M].机械工业出版社.2019(11)

一起祷告讨论或研读圣经，目的在于促进子女道德发展与宗教信仰，而真正强调家长教育权的家长参与则始于20世纪60年代，从那时开始不少发达国家都开始关注和重视与教育机构的合作，并为家园合作提供了政策法规导向。

杰斯特威克按照不同的参与程度将家长参与幼儿园教育分为高、中、低三个不同层次。威斯特的研究表明家长和教师相互沟通以分享相互之间的教育期望会积极影响其教育幼儿的理念。

2.国内家园合作历程

从20世纪五六十年代开始，我国开始关注家园合作工作，集中在家园合作的重要性、家园合作的误区与出路、家园合作经验初探等；80年代初，许多幼儿园在教育实践中逐渐意识到幼儿教育要主动争取家庭以及社会各方面力量的支持和配合。90年代至今，家园合作越来越受到家长的重视，家长参与家园合作的重要性逐渐成为幼儿教育改革的重要内容。随着时代的发展，教育机构越来越重视家庭及社区教育资源，积极寻求之间的合作。于2001年起，有关家园合作的研究增多，涉及面扩大：包括探讨家长参与幼儿园教育的权利和义务、探讨家园合作的内容、家园合作新模式的探析、国外家园合作共育特征的探讨等。这可能与2001年颁布的《幼儿园教育指导纲要（试行）》有关，因为在新《纲要》中明确规定：“家庭是幼儿园重要的合作伙伴。应本着尊重、平等、合作的原则，争取家长的理解、支持和主动参与。并积极支持、帮助家长提高教育能力。”大力倡导幼儿园与家庭的密切合作。

（二）家长参与家园合作的模式研究

家园合作是幼儿园开展教育教学工作中必不可少的一部分，因为它能有效地促进幼儿身心全面发展。国内外研究者展开了对家园互动的比较研究以及内容、模式、策略等探究。

1.国外家园合作的模式

国外家园合作的模式多样，注重法律保障和政策引导，注重多方参与，建立家长参与的评价体系。

（1）美国“重政策”模式

美国注重政策引导的家长合作模式，其家园合作形式主要有三种：（1）家长参与决策。（2）家长助理。（3）家长-教师联合会。由多种社会力量共同合作形成的维护儿童权益的国家性组织，目的在于强化幼儿园与家庭之间的连接④。

（2）英国“监督形式”模式

④ 南姣鹏.来自美国家园合作的启示[J].教育与教学研究.2013(02).

英国更注重利用家长监督的形式。第一，推行开放式教学，即家长不仅可以观摩幼儿园的活动，还可以辅助教师教学，和教师一起评价课程等。其次，家长参与的层次性。家长参与的层次越高，越有利于幼儿园教育，他们也越能对幼儿园教育做出客观、公正的评价，从而提高家园合作的效果。

（3）日本"一体化"模式

日本推行通过家长教育的一体化模式提高家园合作的家长参与度。日本学前教育机构非常重视家长的教育工作，主要通过两种渠道对家长进行教育：一是学校教育，通过建立教育委员会，全方位为家长提供帮助；二是组织培训，如开办"母亲班""双亲班"等。1990年，日本在《为了家庭的合作》中对家庭教育、社区教育、幼儿园教育等方面提出了一系列改革措施。此外，日本在《第三个幼稚园振兴计划(1991—2000年)》中提出，幼儿园及社区幼儿教育中心应向家长传播科学育儿知识。1998年，文部省颁布的《幼儿园教育要领》也指出，幼儿园要注意与家庭密切合作。日本还进一步修订了《幼儿园教育大纲》，提出"幼儿教育十分重要，它通过与家庭的合作为人的终身奠定基础"⑤。

2.国内家园合作的模式

随着家园合作共育的理念逐渐为学前教育领域所接受，国内关于家园合作的研究也日益丰富起来。以下就是国内家园合作的几种主要的具体操作模式。

(1)采用各种途径沟通的合作模式

幼儿园会常常邀请家长参加幼儿园所组织的一些活动，如家长开放日、家长进课堂、节日的欢庆活动、各类亲子活动等，但这些活动局限于形式，家长在规定时间来园，并不能看到孩子在幼儿园里真实的日常生活；家长利用接送离园孩子的时间和老师交流，教师通过家长了解幼儿在家的表现，以及家长了解孩子在园的表现。

（2）建立家园手册展示的合作模式

以"家园手册"为媒介代替面对面的交流，包含幼儿入园前基本情况介绍、家园日常联系、幼儿个案追踪记录、学期评估等方面的内容，便于家长在关注自己孩子成长的同时及时配合幼儿园，发挥家长作用。

（3）采用家访、家长会互动的合作模式

新生幼儿及升班的开学前期，教师都会定期进行家访，通过家访了解幼儿的家庭情况和孩子在家的表现。定期召开家长会，使家长了解幼儿园的保教目标，以便得到家长的理解和支持，增强家长的参与意识。如新生幼儿开学初的家访和家长

⑤ 教育部基础教育司组织编写:《幼儿园教育指导踏要(试行)解读》[M].江苏教育出版社.2002(9).

会，家园共同协作，帮助新入园幼儿顺利地渡过不适应期。

(4)运用网络线上活动的合作模式

网络时代的到来，不仅给交流和联系带来了方便和快捷，也为我们家园合作开辟了新的途径。随着信息技术越来越广泛进入学校和家庭，幼儿园与家庭沟通的渠道不再局限于家访、家园互动手册、家长会、家长开放日、电话等形式上了。网络的运用，为家园合作交流开辟了一条崭新的途径。如针对幼儿出现的问题教师和家长可以一起在网络上进行QQ或微信等交流。

(三)家长参与幼儿园课程的层次

1.国外家长参与幼儿园课程层次

爱波斯坦(Joyce L.Epstein)认为，家长参与按照发展情况分为六种类型：第一种：家庭教育；第二种：交流；第三种：为学校提供志愿服务；第四种：在家学习；第五种：参与学校管理，参与学校决策；第六种：合作。[⑥]”

戈登(Gordon)从家长参与课程的方式上将家长参与分为四种方式，他的四种方式分别是：(1)传统参与方式(家长是听众，是旁观者)；(2)家长是政策制定者(家长作为学校政策委员会和家长教师联谊会的成员，是教师的协助者)；(3)家长作为学习者(参加学习学生发展课程或家长课程)；(4)家长在家中是子女的教师[⑦]。

Swap(1993)从学校和家庭相互关系的角度把家长参与分为四种模式：(1)保护模式(the protective model)，即家长认为学校教育应该由有专业知识的老师来做决定，并将与教师合作解决问题或参与教育决策看作是对学校工作的一种干预行为；(2)传递信息模式(the school-to-home transmission model)，即学校与家庭之间互通信息；(3)丰富课程模式(the enrichment model)，即教师与家长共同发展社区资源，使之成为学校课程中的一个组成部分，如家长和教师一起设计活动、家长进班当教师或义工；(4)合作关系模式(the partnership model)，即学校与家庭共同承担教育责任、制定教育计划、做出教育决策[⑧]。Swap认为这四种模式并没有从低到高的排列顺序，学校与家庭应根据家庭与老师的价值观以及儿童的需要来选择适合的模式。

2.国内家长参与幼儿园课程层次

我国虞永平教授认为家长在参与幼儿园课程时按照参与度的不同有不同的层

⑥ Joyce LEpstein,School,family,and community partnerships:your handbook for action-3rd,publisher: Corwin Press.November 26.2008.pl4.

⑦ 马云荣，王建平.美国家长参与学校教育研究动态综述.外国教育研究.2004年第1期.

⑧ Swap,S.M.Developing Home-School Partnerships.New York:Teacher College Press. 1993.p27-59.

次区分,他将其归纳为四大层次:第一,寻求家长的参与;第二,执行课程系统;第三,与家长交流;第四,修改课程系统⑨。

马忠虎从目的角度把家校合作分为四种类型:(1)解决目前教育中存在的问题(如约见家长、成立临时咨询委员会等);(2)促进家长参与子女的教育(如家庭教育指导、开放日等);(3)利用社区资源来丰富学校教育(如参观博物馆、开辟校外教育基地等);(4)吸收家长参与教育决策(如家长咨询委员会、家长—教师协会等)⑩。

在我国家长参与学校幼儿园课程模式主要有三种:一种是以学校为中心的家校合作模式,一种是以家庭为重心的家校合作模式,第三种是家庭、学校、社会相结合的模式。众多研究表明家长参与教育根据其参与的程度有不同的层次之分;无论从家长参与的模式、方式、层次,还是从家长参与教育中的角色来分析家长参与的状态,家长在教育中的权利尤其是家长的决策权都是家长参与程度的核心标志。

综上所述,在现有的研究中,我们发现:关于家长参与学校教育的研究相对深入,资料也较丰富,从家长参与学校教育的形式、影响因素及存在的问题等等方面进行了详细的阐述,这为我园家长参与学校课程建设与实施的研究提供了丰富的理论资源。但在文献资料的收集过程中发现关于以家园课程融合(健康、语言、社会、科学、艺术领域)为理念,以建设"家长俱乐部"为形式,以家长、教师、领导共同参与幼儿园培训、交流、展示家庭的一个大教研家园互动的教育模式的研究相对较少,研究的成果也不够全面和系统。同时也很少从家长的角度展开研究,如如何利用幼儿园家长丰富的教育资源,家园合作,共同促进幼儿的健康成长的研究方面的文献相对较少。本着坚持以儿童为本,尊重孩子的合理需要和个性,创设适合孩子成长的必要条件和生活情境,开展家长参与学校课程建设与实施方面的研究与探索,为幼儿的身心健康提供教学支持与帮助。

在现在的信息化时代,网络无疑成为人们获取信息的主要渠道,也为实现家园联系提供了一个新的思路和渠道。网络线上活动,为幼儿园和家长们提供有效合作和互动的机制,共同促进孩子健康成长的途径,从而达到家园共育的目的。幼儿园家庭教育指导模式打破了传统的家长会、家长开放日、亲子活动等,把"一元式指导"模式改变成"多元化指导"模式,运用线上交流、现场观摩分享的方法进行"家教经验、家教范例"交流与评选等形式,使家长不再是被动的旁观者和接受者,家长自然地走到教育中心来,成为幼儿园课程建设的主体,具有共同责任。同时幼儿园在

---

⑨ 虞永平.幼儿园课程中的家长参与和家长发展,学前教育研究.2006年第6期.

⑩ 马忠虎编著.家校合作.北京:教育科学出版社.1999.第60页.

家教指导方面还没有系统全面指导家庭“如何利用家庭教育资源来培养孩子的观察习惯、观察技能”等方面的内容，更缺乏家教方面的课题研究。

我园毗邻浦东新区张江国家科创中心，入住居民大都是在张江园区及附近工作的高学历、高收入人群，家长整体素质较高，他们非常重视早期教育，乐意参与家园合作，有为幼儿园开展相关活动提供各种资源支持的意愿和能力。“家长参与学校课程建设与实施实践研究”这一课题就是基于以上这些的现实背景提出的。在幼儿园、家长、社区成为教育共同体的理念下，建立“家长俱乐部”的建设与运行机制，充分整合家长、社区资源，扩展幼儿生活和学习的空间，优化幼儿园的课程建设，使家庭教育成为幼儿园课程的拾遗补缺课程，促进幼儿健康成长。

参考文献：

[1]李季湄，冯晓霞.3~6 岁儿童学习与发展指南解读 [M].人民教育出版社.2013(3)

[2]中华人民共和国国家教育委员会令第25号发布[Z].幼儿园工作规程.1996.

[3]全国十二所重点师范大学联合编写.教育学基础[M].教育科学出版社.2005.

[4]李细姣.家长参与学校教育的问题与对策研究[D].湖南师范大学硕士论文2019.

[5]左瑞勇.反思幼儿园教学中家长资源的开发与利用— 基于生态教学观视角[J]. 幼儿教育.2007(9).

[6]【德】迈克尔·勒威克，【德】拉里·利弗.【德】帕特里克·林克.设计思维手册：斯坦福创新方法论 [M].机械工业出版社，2019(11).

[7]Joyce LEpstein,School,family,and community partnerships;your handbook for action-3rd,publisher:Corwin Press.November 26,2008.pl4.

[8]马云荣，王建平.美国家长参与学校教育研究动态综述.外国教育研究.2004年第1期.

[9]虞永平.幼儿园课程中的家长参与和家长发展.学前教育研究.2006年第6期.

[10]马忠虎编著. 家校合作.北京：教育料学出版社.1999.第60页.

[11]南姣鹏.来自美国家因合作的启示[J].教育与教学研究.2013(02).

[12]教育部基础教育司组织编写：《幼儿园教育指导踏要（试行）解读》[M].江苏教育出版社.2002(9).

家园课程融合"家长俱乐部"建设和实施的调查研究报告

薛晓霞*

一、调研目的

家长是基本的教育者,也是幼儿园课程的重要参与者,孩子的成长是家长和教师的共同责任。家长参与幼儿园课程建设和实施是家园合作的一种活动形式。

我园毗邻浦东新区张江国家科创中心,有着丰富的社区科普资源与家庭教育资源。随着社会的不断发展和教育水平的提升,我园家长大多是在张江园区工作,高学历、高收入,整体素质较高。他们关心孩子在园的情况,也十分关注和乐意参与幼儿园活动。但是大部分家长很少有参与幼儿园课程建设的意识,同时家长对幼儿期望过高,容易出现拔苗助长的现象,这也是由于家长忽视了孩子的年龄特点和身心发展规律。因此,我们对家长进行对于幼儿园课程了解、幼儿家庭教育的现状以及对家庭教育指导需求的调查,以便幼儿园今后更有针对性地为家长提供家庭教育指导。

二、调研工具设计的依据

课题组在对课题研究目标和研究内容预设的基础上,从健康、语言、社会、科学、艺术五大领域课程实施中家庭教育资源的利用、家庭教育中较为突出的问题和困惑等方面,设计了调查问卷。

* 成员:华纯

三、问卷编制

本次调查问卷共25题，问卷以单选、多选的客观题为主，并辅以少量的主观题。题目内容主要涉及家长基本信息、家长对家庭教育资源的了解、家长利用家庭资源开展亲子活动、家长在家庭教育中的教育方法与困惑等方面的了解和认识，以及家长希望幼儿园在家庭教育中提供怎样的服务内容等。

四、问卷实施

(一)调查对象

本次调查的对象为万科实验幼儿园小、中、大班的家长共计294人，共发放调查问卷294份，回收有效问卷294份。

(二)调查方式

采取在网上使用问卷星设计问卷调查表，以及发放至家长进行匿名填写，来收集信息的调查方式，同时保证问卷收集信息的真实性。

(三)数据分析方法与工具

采用问卷星频次统计的方式分析数据。

五、调研结果与分析

(一)家长基本情况

本次问卷主要是为了了解家长在家庭教育中对幼儿的指导，所以与我园家长有着密不可分的联系。我园共有家长294人，其中小班家长103人，占35.03%；中班家长101人，占34.35%；大班家长90人，占30.61%。全园家长的学历主要有专科、本科和研究生及以上，其中，本科及研究生以上学历占95.34%，具体见下图1：

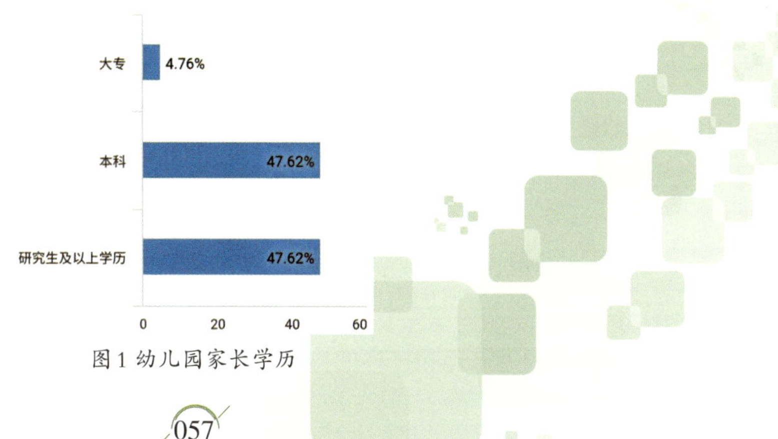

图1 幼儿园家长学历

根据家长问卷的分析，我们能够了解到我园家长的职务多为企事业/公司中高层管理，占全园家长的39.8%，科研人员占9.86%，公务员占5.1%，教师占4.42%，律师占1.02%，医务人员占2.04%，具体见下图2：

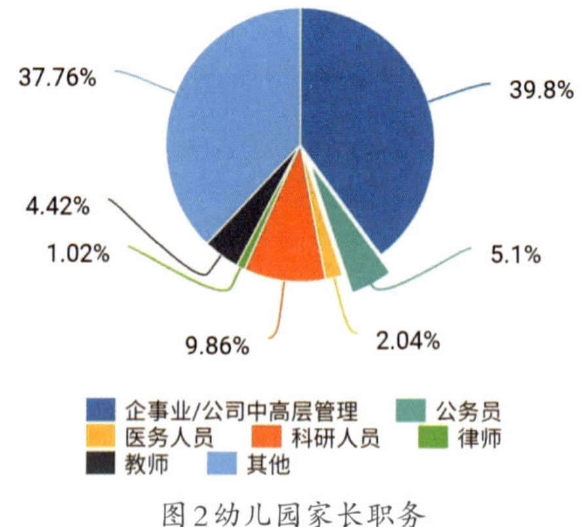

图2幼儿园家长职务

（二）"家长俱乐部"的运行

根据对问卷调查结果的分析，发现83.67%的家长都觉得十分有必要开展幼儿园"家长俱乐部"的活动，但对于"家长俱乐部"中所蕴藏的教育资源并不是特别了解，有69.73%的家长对家长资源了解甚微。

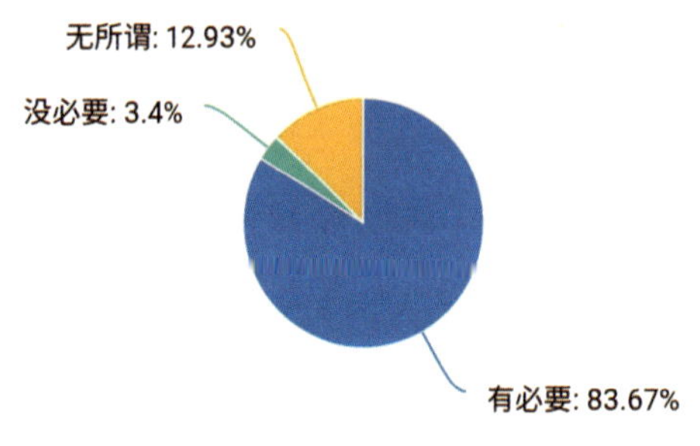

图3开展家长俱乐部的必要性

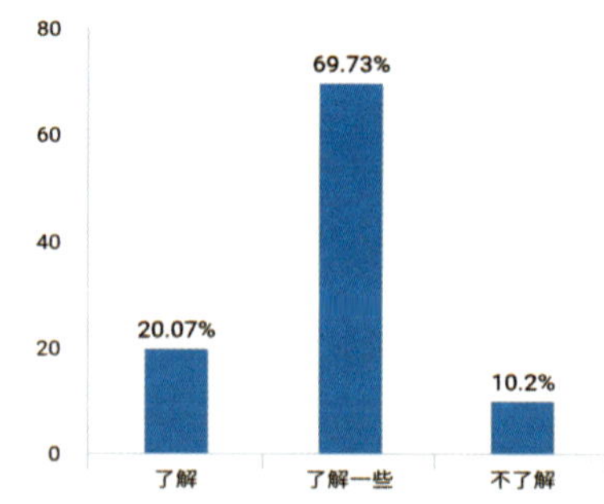

图4 家长对家庭教育资源的了解程度

调查结果表明，大多家长愿意参与幼儿园的课程建设与实施，对于"家长俱乐部"的建设还是十分认同的，他们希望通过"家长俱乐部"的活动，解决家庭教育中的问题与困惑，得到有效的科学指导方法。

（三）家庭教育开展内容

通过对回收的294份问卷的统计，大部分家长较重视家庭教育，每天和孩子一起开展亲子运动活动1小时以上、注重家庭的膳食搭配营养均衡、认识到家庭教育的重要性、以讲道理和榜样的作用教育孩子等。

但是在数据统计的过程中，我们也发现家长对家庭教育指导的过程存在困惑，通过梳理分析，我们发现：

1.亲子运动活动

在家长与幼儿园开展亲子运动的活动中，有41.3%的家长每天用半小时的时间与孩子进行亲子运动，但并没有充分利用好家庭中的显性资源与隐性资源。例如：54.08%的家长能够寻找并利用家庭资源开展亲子运动活动，但37.41%家长想用家庭资源开展亲子活动，却没有发现家庭资源中蕴藏的作用，甚至有8.5%的家长并不能利用家庭资源开展亲子运动。

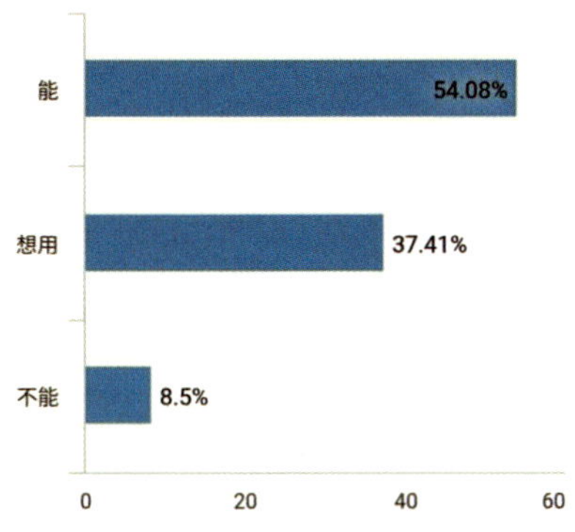

图5 家长利用家庭资源开展亲子运动

2.亲子语言互动

在亲子语言互动中，有49.32%的家长能够每天花1小时以上的时间与孩子进行语言互动活动，但大多都是以观看儿童故事视频为主。其次，数据统计，有50.34%的家长在指导孩子正确阅读的技能方面并不了解，例如在互动中指导孩子如何观察图意、告诉孩子怎样理解作品内涵、如何将故事完整口述等。

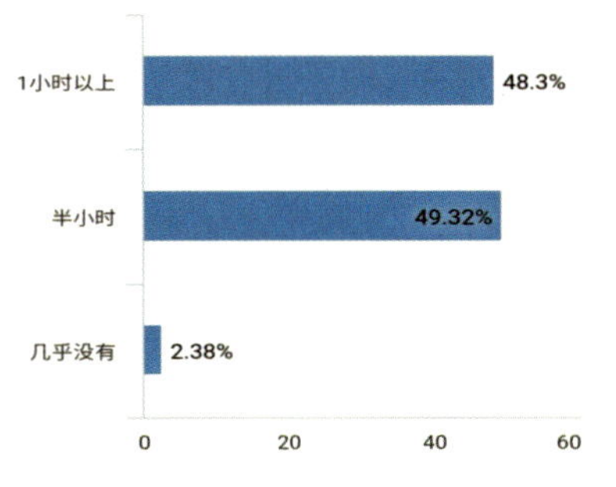

图6 家长与孩子进行语言互动的时间

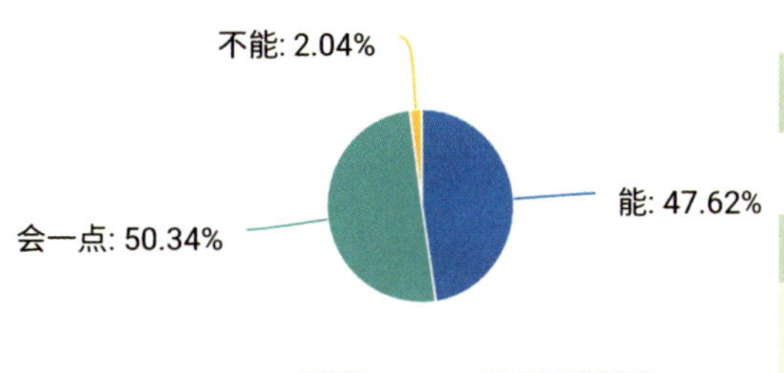

图7 家长指导幼儿正确阅读的技能掌握情况

3.行为规范的培养

行为规范教育是德育教育中一个重要的组成部分，是一个人道德修养的外在体现，从家长的选择上可以明显看出家庭环境对培养孩子行为规范的便利性，其中有62.59%的家长认为家庭环境有利于培养孩子的行为规范，30.61%的家长认为幼儿园环境有利于培养孩子的行为规范，只有6.8%的家长认为社会环境有利于培养孩子的行为规范。

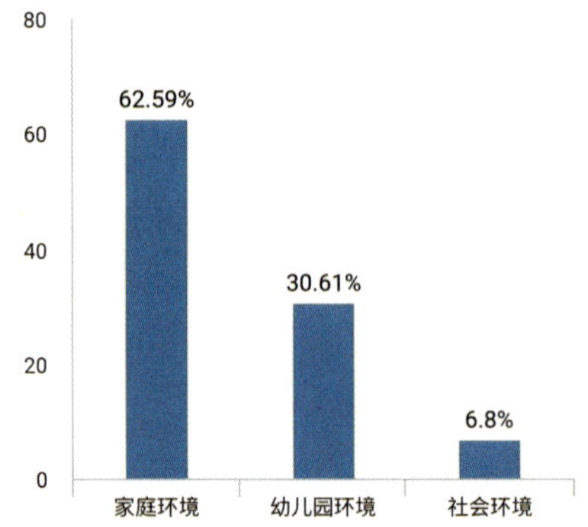

图8 家长认为环境利于培养孩子行为规范的情况

4.观察力的培养

5岁前是儿童智力发展最为迅速的时期，而观察力是形成智力的重要因素，通过数据我们也能得知家长对培养孩子观察力的重视，而家长在培养孩子观察力的方法中有着不同的看法。有96.94 %的家长认为引导孩子注意观察事物可以培养孩子的观察力，有50%的家长认为观察力的培养可以通过做实验来培养，只有22.45%的家长觉得在培养孩子观察力的过程中要引导孩子做观察记录。

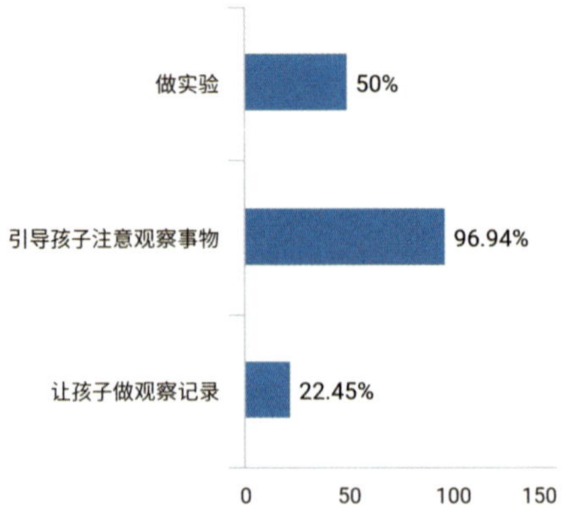

图9 家长认为培养孩子观察力的方法

5.提高艺术能力的途径

关于孩子艺术能力培养方面，有80%的家长认为主要有感受美、表现美和创造美这三方面，由此可见，家长对《指南》中艺术领域中的艺术能力是十分认同的。在提高孩子艺术能力的途径中，家长分别选择了4大方面的方法，例如：有70.41%、70.75%和72.45%的家长分别认为可以通过参观艺术馆、作品欣赏、参加艺术培训班的途径来提高孩子的艺术能力，有40.82%的家长认为可以通过听音乐会来提高孩子的艺术能力。

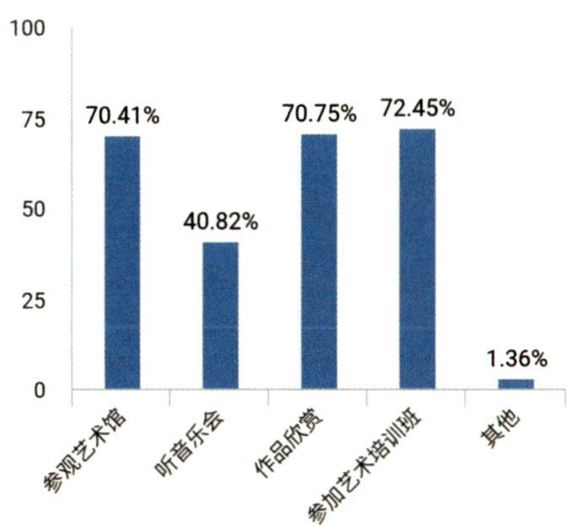

图10 家长认为提高孩子艺术能力的途径

（四）关于“家长俱乐部”的困惑

根据数据统计，家长们在家庭教育中普遍存在的困惑是家长与孩子之间作息时间的冲突，我园家长多为双职工家庭，下班时间较晚，回家时孩子已经睡觉，陪伴的机会较少。其次家长对家庭教育的方法难以掌握，例如：快乐教育和鸡血教育的矛盾、缺乏科学的教育方法、对于孩子出现的问题应该采用何种方式正确指引、容易出现说教但收效甚微等。

（五）家长的服务需求

在本次问卷统计中，家长希望幼儿园在家庭教育中为其提供“培养幼儿生活自理能力及独立性的方法”“幼儿绘本的推荐”“语言表达能力”“提高幼儿社会交往能力”“亲子科学游戏、科学实验”“培养幼儿科学素养”“提高幼儿艺术欣赏的能力”“指导幼儿居家艺术创造类活动的方法”等与五大领域相关的活动内容与指导方法。

三、结论与建议

（一）组建家教教研团队

通过对《指南》的研读，进一步理解和领会五大领域——健康、语言、社会、科学、艺术的核心经验和教育建议，由园长牵头，以教研组长领衔，具有领域特长的教师，以及有一定社会资源和热心参与幼儿园活动的家长组建五大“家长俱乐部”。共同制订计划，以“家长俱乐部”的形式开展有效、有益、有趣的家园共育活动，既丰富幼儿园课程内容与组织形式，而且促进幼儿的身心发展。

（二）优化家教指导内容

幼儿园的课程内容以健康、社会、语言、科学、艺术五大领域与幼儿当下的经验为主要发展目标，然而，幼儿园课程的实施只在教师与幼儿、幼儿与幼儿之间，缺乏家长与幼儿的参与互动。所以在优化家教指导内容时，我们要通过研读《指南》，对于幼儿不同年龄段五大领域的发展目标做更系统性的阐述，对于教育建议也做了进一步的梳理。家教指导的具体内容将以幼儿园课程为依据，梳理利用家庭的显性资源和家长的隐性资源对幼儿进行幼儿园内难以完成的课程活动，让家长在家庭教育实施中能更具体、更深入。

（三）提高家长家庭教育能力

针对家长在家庭教育中的困惑和需求，我们将在“家长俱乐部”活动中通过培训、讲座、现场交流、展示等活动，转变家长的观念，提高家长家庭教育的水平。如学前教育专家的专业理论引领，帮助家长掌握幼儿年龄特点和身心发展规律；教师培训让家长深入了解健康、社会、语言、科学、艺术五大领域课程的内容和家庭教育的方法；邀请有特殊专业的家长从医学角度为家长培训幼儿保健方面的知识，或在某一领域有专业引领作用的家长为家长介绍如何利用家庭教育资源开展亲子活动等。由专家、老师、家长多方组成的培训团队，开展不同的培训形式，旨在增强家长家庭教育的意识，提高家长家庭教育的能力，从而为后期的“家长俱乐部”实施打下基础。

快乐运动，爸爸妈妈一起来

——基于儿童健康发展，指导家长开展家庭运动

蔡琼仪

《幼儿园教育指导纲要(试行)》中明确指出：“幼儿园必须把保护幼儿的生命和促进幼儿的健康放在工作的首位。”生命在于运动，《纲要》和《上海市学前教育课程指南》也都把“体”放在第一的位置。可见运动对幼儿身心发展的重要性。而家庭是培养孩子运动兴趣和进行运动的最初场所，是儿童终身形成体育习惯的基础。家庭运动在幼儿健康发展中有着特殊的功能和优势。作为融保育、教育为一体的学前教育，在对幼儿实施全面、和谐教育时，必须把运动放在首要地位，要走进社区，走进家庭，指导家长利用家庭资源开展家庭运动，增强家长参与和指导孩子活动的意识，加深亲子情，以提高幼儿身体健康水平，增强幼儿体质，为幼儿身心健康的全面发展奠定基础。

同时借助“基于儿童健康发展，指导家长开展家庭运动”的探究，深化我园家长参与学校课程建设与实施——以“家长俱乐部”的建设与运行的课题研究，使家庭运动成为幼儿园运动后的延续和拓展，从而真正实现家园共育、促进幼儿身心健康发展。

一、大手拉小手，健康好未来

《上海市学前教育课程指南》中指出：“幼儿园应加强与家庭、社区的密切合作。要积极创造条件，让家长认同、支持、参与幼儿园课程的开发和实施。要积极支持、帮助提高家庭教育的能力，家园合作，共同促进幼儿的健康成长。”家长是我

们的合作伙伴，是课程建设和实施的一部分。通过“家庭运动”俱乐部活动的开展与实施，不仅使家长了解利用家庭资源开展家庭运动的重要性，以及如何运用家庭资源开展家庭运动，而且激发了家长参与幼儿园课程改革的积极性。家长观念、行为及能力均有了很大的提高，体验了运动带来的更多益处，让运动成为一种生活方式。

（一）爱与健康同在

家庭成员间具有浓厚的情感色彩，这种家庭温馨气氛是带动孩子活动的极好条件。父母在孩子心目中具有较高的威信，在活动中父母的建议易被幼儿接受。同时，家长陪伴共同参与运动可以使幼儿多一份安全感，有家长的呵护和鼓励会使幼儿多一份自信。此外，父母对子女的性格、心理特质、爱好等方面了解充分，运动中观察细致，能够有针对性地和孩子一起运动，促进孩子各种基本动作技能的发展。所以，借助幼儿园家庭运动俱乐部的平台，为家长提供更多的亲子家庭运动的交流机会，为幼儿创设更多的亲子家庭运动互动的条件，在陪伴孩子增强体质、培养幼儿良好的意志品质的同时，尽情享受亲子时光，增进亲子的情感、活跃家庭气氛。

（二）拓展运动促发展

利用家庭资源开展家庭运动，不仅能有效整合家长资源，还能成为在幼儿园开展体育运动的延续。首先既让幼儿从幼儿园获得的运动经验可以在家庭中得到延续、巩固和发展，也使幼儿在家庭中获得的运动经验能够在幼儿园的运动过程中得到运用、扩展和提升；其次幼儿在幼儿园的活动时间和材料是有限的，如果能开发利用家庭中的资源，拓展幼儿园的运动，对促进幼儿健康、和谐发展那也将是一件非常有意义的事。

家庭运动加强了幼儿园运动课程的整合性、开放性和多元性，寓于日常生活中，具有灵活分散的特点，生活的各时段、各方面都可进行，有更多的随机性、单独性和可操作性，幼儿的活动时间也大大增加。同时在幼儿生活的家庭社区中隐藏着丰富的运动资源，幼儿通过利用家庭的空间、生活用品、遗弃物品进行组合搭建、变化构造，创设新奇的、富有想象的游戏环境进行运动，让居家物品玩起来，不断积累经验、自我建构，使幼儿的观察力、想象力、创造力和运动等能力都得到发展。因此利用家庭资源开展家庭运动成为我园运动拾遗补缺的重要内容。家长要顺应孩子的需求，尽可能地创造“动”的机会，不但能促进孩子的体能发展，更能促进大脑生长，拥有活跃的思维、灵敏的反应、愉快的情绪、持之以恒的品质等。

二、家庭运动中的误区,你中了几个?

误区一:“重智育轻体育”的教育观念

“别让孩子输在起跑线上”这句话,让很多家长有所误解,认为孩子的学习是最重要的,于是很多家长朋友们这么做:别人家孩子学英语,他家孩子也得学,别人家孩子学艺术,他孩子也得培养一项艺术才能。导致孩子线下报了各种学习课程,就怕孩子输在起跑线上。加之应试教育的压力,激烈的入小学竞争使得家长将教育的重心放在孩子的学习上。

误区二:家长对幼儿健康的认识

很多家长觉得孩子只要吃得好、睡得好、不生病就是健康的。健康观念的淡薄导致家长误以为健康就仅仅是身体好,而孩子的心理健康、社会适应等这些可以通过体育锻炼来增进的健康指标往往被忽视。

误区三:家长参与体育运动的行为

父母是孩子的第一任老师,从孩子出生的那一刻起父母的言行举止就深刻地影响着孩子的行为发展。很多父母平时忙于工作很少运动,更难得带孩子一起运动。还有的父母在闲暇的时间喜欢玩手机、看电脑、看电视等,受父母的影响,孩子也会喜欢玩IPAD、看电视。有的父母喜欢吃零食、喝饮料,这些不良的习惯,也直接或间接地影响了孩子体质健康的发展。

误区四:家长对家庭资源的利用

伴随着人们对健康、对生活品质的更高需求,对家庭幸福和孩子成长的愈发重视,球场上、公园里、小区绿化道中,越来越多地看到家长带着孩子一起运动的身影,有的给孩子报了轮滑、跆拳道等兴趣班。但家长在主观上没有利用家庭资源引导孩子进行运动的意识,更不知道如何去利用家庭的各种资源开展家庭运动,也不会以游戏角色的扮演参与其中进行指导,激发孩子开展家庭运动的热情等。

三、幼儿健康小科普

《指南》明确指出“健康是指人在身体、心理和社会适应方面的良好状态”,同时提出“发育良好的身体、愉快的情绪、强健的体质、协调的动作、良好的生活习惯和基本生活能力是幼儿身心健康的重要标志”。由此我们可以看出,幼儿的健康包括身体健康和心理健康。

从生理意义上而言:适当的运动可以促进心血管功能的改善,加强呼吸系统工作，增强儿童骨骼和肌肉生长，提高消化和代谢功能，使神经系统反应灵敏，动作协调。因此运动能使幼儿体内的各种功能得到充分发挥，增强抵抗力，有效减少、避免疾病。对生长发育中的幼儿来说，运动就像阳光、空气和水一样，是其赖以生存发展之必需，是健康成长的动力。

从心理意义而言：运动能释放不良情绪，得到身体的放松和心理上的愉悦且有利于良好个性的形成和意志品质的培养，促进儿童的心理健康。

幼儿期是身体和心理发育、发展的重要时期，因此整合家长资源，有意识地开展家庭运动刻不容缓，旨在让孩子和家长共享快乐健康。

四、家庭运动温馨小贴士

●每天坚持运动一小时。分上午、下午两次为宜。

●运动前换好便于运动的服装，不穿过小过紧不便运动和穿脱的衣裤。换好胶底运动鞋，不穿皮鞋或塑料底鞋。

●室内场地尽量通风、宽敞，避免各种尖锐物品的磕碰。检查户外场地是否平整，有无石子、玻璃等不安全因素，运动器材是否牢固、安全、干净、便于运动。

●夏季户外烈日高照、气温在30摄氏度以上时可以戴遮阳帽。

●进行运动前的热身活动以及运动后的放松活动。

●运动中脸色通红或变白、出汗量大要及时减小运动负荷，休息、擦汗。

●运动前后可喝少量水（喝温水），运动中不宜喝水。

●运动结束带领孩子一起整理各种物品，及时洗手等。

五、在家就能做的运动小游戏，大家一起来玩耍

在幼儿生活的家庭和社区中隐藏着丰富的、就地取材的运动资源，如：家中的各种物品：桌、椅、沙发、抱枕等，生活在孩子周围的人，自然界的自然力量，以及社区中的花园、围栏、台阶等，既可以锻炼身体又可以享受亲子时光，一举两得。在这里我们就来带领家长朋友们，利用家庭资源开展一些有趣、精彩的家庭运动小游戏，在家放下手机、关上电视、丢掉零食，带着孩子一起运动起来吧！（见表1）

六、传递好方法提高家庭运动的有效性

家长对运动的价值观与运动健身的意识以及运动行为对幼儿运动有着重要的影响和导向作用。因此，必须加强幼儿园与家长的互动联系，指导家长科学开展家

表1 利用家庭资源开展家庭运动小游戏(示例)

类别	可利用资源	基本动作	运动示例	运动提示
家庭人力资源	爷爷奶奶、爸爸妈妈、哥哥姐姐、弟弟妹妹、同伴等	钻、爬、跨跳等动作	名称:过山洞 玩法: 1.家长呈俯卧撑姿势,幼儿从家长的身体下方爬过去,再从背部进行翻越,反复循环。 2.家长坐在地上,伸直双脚,请幼儿跳过腿,之后将腰部抬高,让幼儿从家长腰部底下钻过去。 3.家长俯撑身体将腰部抬高并移动一段距离,请幼儿连续爬行过去。 4.家长可以作为移动运动器械进行以上运动。	1.提醒幼儿在翻越家长背部时,脚先着地,以免头朝下造成伤害。 2.当幼儿能够熟练地翻越家长背部后,家长可以适当抬高背部,增加难度。 3.游戏不仅可以锻炼幼儿的耐力、爆发力、平衡力、灵敏度,也可以帮助家长锻炼腹肌。 4.人力资源变化最多,可利用人体造山洞、钻山洞、躲猫猫、接龙开火车、围成圈做游戏等。
家庭体育观赏	电视观赏、录像片段观赏、足球等各种球类	走、踢、投掷等动作	名称:我和爸爸看球赛 玩法: 1. 观看表现类比赛的精彩片段,定格讲解,让孩子知道其名称、规则。 2. 观看竞赛类比赛的精彩片段,倾听精彩讲解,让孩子了解规则和输赢情况。 3.因地制宜地进行各类亲子运动赛,鼓励幼儿积极参与。	1.电视观赏或录像精彩片段观赏,让孩子直观地感知多种比赛项目。 2.引导孩子收集有关体育比赛的图片、文字信息等,丰富孩子粗浅的体育知识。 3.鼓励孩子积极参与各类比赛、体验多种体育比赛。
家庭废旧材料	家里的各种废旧物品(饮料瓶、奶粉罐、各类盒子、报纸等)	走、跑、跨跳等动作	名称:蜘蛛网 玩法: 1.站在不同距离的起点向蜘蛛网上投掷小球。 2.在家庭成员摆手干扰的情况下,向蜘蛛网投掷小球。 3.更换不同材质的投掷物(纸球、乒乓球、海洋球等)比比谁投得准。	1.家长利用即将遗弃的物品和幼儿共同组合或改造,因地制宜地开展活动。 2.引导孩子利用废旧物品尝试不同形式的走、跑、跨、跳等动作,发展动作的协调性和敏捷性。 3.家长可根据孩子的实际情况由易到难进行。

类别	可利用资源	基本动作	运动示例	运动提示
家庭家具类	床、桌、椅、沙发等	钻、爬、跳、推、拉、投掷等动作	名称:勇敢者道路 玩法: 1.幼儿头顶沙包用脚跟脚尖走的方式通过小路,爬上转椅,扭动身体转移到大路,将沙袋(或小球)投掷到大路尽头。 2.幼儿挎着篮子用自己喜欢的方式通过家具小路(家长实时调整小路),将沙袋(或小球)投掷到大路尽头。 3.幼儿和家长共同游戏,即分别从不同的起点用自己的方式通过小路,将沙袋(或小球)投掷到路尽头,比比谁投的沙包或者球多。	1.家长和幼儿共同将家庭中的各种家具进行组合,创设生活化、游戏化的情境,激发孩子参加家庭运动的兴趣。 2.引导幼儿探索钻、爬、跳、推等不同的方法进行运动。 3.熟悉游戏规则后,可以根据信号变换方向进行运动。
家庭日用品类	包、袋、浴巾、抱枕、一次性杯子等	走、跑、平衡等动作	名称:螃蟹运西瓜 玩法: 1.鼓励幼儿模仿螃蟹侧身行走运西瓜。 2.亲子合作,运用不同的方法运西瓜。 3.尝试运用不同的材料合作运西瓜。	1.提供没有障碍较为安全的场地,引导幼儿练习侧身直线走。 2.鼓励幼儿发挥想象,尝试不同方法(单人、双人)进行运动。 3.观察幼儿的活动兴趣和活动量,根据情况灵活调节。
社区资源	儿童游乐园、路沿、草坪、假山、花坛等	走、跑、跳等动作	名称:一起去郊游 玩法: 1.利用草地与树,开展游戏“兔子与狼”。 2.利用沙滩,开展游戏“大大小小的脚”。 3.利用随身物品,开展游戏“穿越封锁线”。	1.选择合适的郊游地点,利用身边所携带的物品进行游戏。 2.在开展利用自然物健身活动时,应注意孩子的环保教育,引导孩子爱护花草树木,增强孩子的环保意识。

类别	可利用资源	基本动作	运动示例	运动提示
大自然的环境与资源	阳光、空气、水	走、跑、跳、爬、平衡等动作	名称:三浴锻炼 玩法: 1.踩影子:在阳光明媚的节假日,家长带领孩子到公园草地或者社区空地上互相躲闪踩影子。 2.放风筝:用一定长度的线扎住马夹袋开口的一端各人用手拉住绳子的另一端,逆风走或跑,比比谁的风筝飞得高。 3.捕小鱼:用薄薄的泡沫板做成小鱼,投入水池里,亲子用网兜共同捕捞河中的"小鱼"。	1.引导孩子熟悉大自然的环境,利用各种自然资源,开展各种锻炼的游戏。 2.鼓励孩子大胆尝试,参与三浴锻炼,如晒太阳、游泳、踏青、远足、在阳光下开展民间游戏等。

庭亲子运动,有效调动家长和幼儿参与活动的积极性。在此分享几种好方法,帮助家长改变运动价值的观念,指导家长充分挖掘家庭资源,开展形式多样的家庭运动,促进幼儿走、跑、跳等动作发展,同时培养幼儿刻苦、顽强、勇敢、自信心等良好品质。家庭运动的有效开展,为幼儿园运动课程的构建提供了更灵活的运动空间与运动方式,使运动课程更立体,更大地收获亲子一起成长的美好体验。

(一)沟通互信,增强家长开展家庭运动的观念

沟通互信就是利用家长俱乐部的交流平台,将原本单向的幼儿园发布、家长被动接受的状态,变为交流平台的信息互通、观念碰撞的双向沟通。良好的沟通,可唤醒家长的相关意识、调动家长参与家庭运动的积极性,明确开展家庭运动的现实和长远意义。

家庭俱乐部活动通过加强与家长的沟通,如家长会、专家讲座、家长园地、"家园联系册"、家访等形式,潜移默化地引导家长建立科学的健康观、运动观,帮助家长了解家庭运动对幼儿身心发展的重要性,确立"健康第一"的观念。

在沟通互信的过程中,充分发挥家长的聪明才智,调动其能动性。如鼓励家长将在媒体上收集的家庭运动方案、家庭运动活动及家长小时候玩过的游戏等,以座谈、微信互动等形式相互交流、共享,使家庭运动的内容更加丰富,增强了家长参与幼儿园课程建设与实施的意识,提高了家长的合作意识和能力。

(二)网络传递,激发亲子爱上运动的激情

网络传递就是指幼儿园借助于互联网进行信息互通,即运用图片、文字以及视频等方式将幼儿园开展的运动介绍给家长,更有效地满足家长的需求和欲望,从而实现家长在家庭中利用各种资源和孩子一起开展运动的目的,点燃家长积极参与家庭运动的激情,形成家庭运动的氛围,带动孩子坚持运动,把运动融入生活中。

如今信息技术的快速发展为家园共育的健康发展提供了有力的保障,在传统的家园沟通交流方式的基础上,老师们借用微信、孩子通与手机短信等信息技术手段打造全新的家园沟通模式,实现新型的家园网络互动,以更快、更广、更便捷的方式丰富了家园间的互动,提高了教育的时效性。家长们通过网络了解了幼儿园运动俱乐部开展的进展;与孩子的父母进行交流,把握家庭中开展运动的状况;将有趣的家庭运动小游戏通过网络平台与家长分享,让更多的家长参与到家庭运动中。这样的方式既时尚又便捷,能更好地推动家庭运动的有效开展。如2020年的一场疫情,使儿童的居家生活方式发生改变,久居家中的儿童,由于活动受限,很容易在身体活动量下降的同时,带来食欲欠佳、睡眠差和情绪低落、焦虑烦躁等健康问题。因此,在这个特殊时期,科学开展家庭运动尤其重要。于是,我们通过微信平台向家长宣传,在疫情防控期间,如何通过家庭运动增强体质、愉悦身心,体验亲子运动给居家锻炼带来的益处。并开展了“宅家运动游戏大放送”的“云运动”系列活动,定期推荐了接纸片、鞋子大作战、钻山洞等亲子运动游戏,好玩有趣的游戏得到了家长和孩子的喜爱。同时家长在微信平台也分享了民间游戏“抬花轿”“投沙包”;创意游戏“悬浮足球”“乒乓小达人”。还相互介绍了用废旧材料自制的运动小器械,以及用新开发的小器械开展的家庭运动小游戏。例如利用废弃的易拉罐做成拉力器,发展幼儿的手臂肌肉;组合成梅花桩,或者把易拉罐上两边穿两个洞,用线扎起来,制作成高跷,锻炼幼儿的跨跳、平衡能力;利用废旧床单、被套制成玩法多变的“魔布”——跳跳袋、不同宽度的“小河”等,练习双脚连续向前跳和跨跳,积累运动经验;将报纸揉成团变成纸球,锻炼小肌肉和大肌肉的动作,及上下肢的协调性,提高幼儿抛接、投掷及投准等运动经验;把魔布对折变成置物袋,用PV管穿进魔布变成扁担,“小快递”挑起担子将物品送到终点处,提高幼儿的平衡能力和合作能力……真正体现小器械大健康。

通过网络构建幼儿园和家长交流的平台,实现了家庭运动信息交流和资源的共享,使家园形成合力,在目的和行动上,达成一致,体验家庭运动的快乐,并爱上运动,传递终身运动的理念。

（三）现场观摩，提高家长开展家庭运动的技巧

现场观摩是指借助“运动俱乐部”活动，组织家长观看幼儿园的运动，家长通过走进幼儿园观看运动教学，及教师直接的讲解指导，学习和吸取运动教学方法及教学技巧，延伸幼儿园运动在家庭中的开展。为了达到家园合作更好地开展家庭运动的目的，让家长们得到运动中更多更有效的教育方法和技巧，幼儿园以开放的形式接纳家长，每周开放一次幼儿户外运动，每月开放一次集体体育活动或运动游戏，教师在每次的开放活动中与家长交流，向家长介绍各类活动的目标、材料的选择、活动开展的形式及意义等，家长们通过教师对各类运动的介绍，对幼儿园各类运动开展的内容、方法等有了比较深刻的认识，对如何有效指导孩子利用各种材料进行运动有了直观的感受，体会到家庭运动要以游戏形式为主，寓教于乐。同时，在现场针对家长开展运动时的一些疑惑，通过活动进行一一解答，运动中家长们也乐意与孩子一起跟着老师互动，感受运动的乐趣。现场观摩活动中教师的实时指导除了带给家长许多直观的感受外，还能激发更多的碰撞与思考，尤其是一些行之有效的方法和策略以及这背后所包含的理念，家长们也更乐意在家庭中利用各种材料和孩子一起进行运动，真正体现家庭运动是幼儿园的延伸。

1. 去繁从简，选择适宜的内容和场地

通过现场观摩互动，让家长感受到充分挖掘、巧妙利用家庭运动资源是家庭运动高效开展的重要前提。幼儿园运动和家庭运动最大的区别是运动区域不固定，运动材料相对简单、方便。在深入参与幼儿园的运动区域设置和内容选择后，家长们逐渐尝试根据运动的特点，根据不同场地的特性，开展不同的家庭运动。如：利用社区中比较宽阔的场地，草坪、小山坡、小沟或小路等自然环境，以及选择移动范围比较大的区域进行亲子运动，发展走、跑、跳、攀爬等动作；利用社区儿童乐园中丰富的器械荡秋千、滑滑梯等体验运动乐趣；和孩子一起开展各类利用阳光、空气和水进行踩影子、放风筝、游泳等家庭三浴运动。特殊天气（雾霾、雨天、极冷极热）下，家长可以将运动的区域从户外转向室内，因地制宜地利用家中有限的空间、就地取材的运动材料，开展适切的亲子运动，尽情享受美好的亲子时光。

2. 转变角色，满足幼儿的运动需求

现场观摩后家长角色在潜移默化中转换，由家长身份逐渐扮演着“教师”“教练”“同伴”等角色，学会细致观察并捕捉幼儿运动过程中身体、情绪、安全等多方面的信息，适时引导和启发，而不是用家长的思维去规定孩子哪些不能做或应当怎么做。如：当幼儿进行竞赛型的运动时，家长注意掌握幼儿活动的密度和负荷量，做

到动静交替，对“疯玩”过度的幼儿可以投入新型材料或用语言引导，使其降低运动量，并学会注意安全的方法；当幼儿进行单一动作运动感到疲乏之时，家长应该创设具有变化的运动情境，在运动的内容、方法、玩法等方面遵循“由易到难、由简到繁、由弱到强”的原则循序渐进地改变，采用游戏的形式，使幼儿在求新求变的过程中轻松、愉快地参与活动。如比较经典的家庭运动项目——球类运动，我们可以从简单的定点拍球——行进拍球——花式拍球——利用辅助材料进行创造性地抛接球、运球等方式满足幼儿的不同需求。家长和孩子共同锻炼、共同游戏，其乐融融，使孩子的运动能力得到更大的提高。

3. 有效互动，提高家庭运动的品质

通过观摩交流，家长深入了解了幼儿的运动爱好、运动能力、运动中遇到的问题等，懂得通过各种方法准确判断幼儿运动发展的现有水平，了解幼儿行为背后的想法，在亲子运动中有效互动、有针对性指导使幼儿增强自信，找到方法，解决问题。如：在小区玩耍时，佳佳爸爸发现孩子站在一旁用羡慕的眼神，看着欢快地骑着自行车的同伴，经过询问，知道孩子前几次学骑自行车均以失败告终。佳佳爸爸知道自己的女儿平时胆子比较小，对自己没有把握的事情很少尝试，就有意识地带她去看自行车俱乐部的花样表演；骑着自行车带她去郊游；还鼓励她推着儿童自行车到小区里玩。经过一段时间的观察，爸爸发现孩子其实愿意骑自行车，只是在拐弯时难以把握好方向，容易摔跤。所以，爸爸特意为佳佳创作了一首儿歌：“小车滴零零，注意转弯喽；小车往右转，把手往右慢慢弯；小车往左转，把手往左慢慢弯；小车到站了。”经过反复多次的哼唱引导，佳佳掌握了要领，能够独立骑自行车了，爸爸把她举得高高，还邀请妈妈和其他小伙伴来观看佳佳骑车。整个过程中爸爸用激励性的语言、有的放矢的引导，让佳佳收获成功。有效互动，让亲子运动“活”了起来，体现出家庭运动的品质。

（四）家园共乐，积累家长开展家庭运动的经验

家园共乐是一种新型的家庭和幼儿园共建的模式，通过家长和幼儿园合作拓宽运动的内涵和外延，使家庭运动的内容更加丰富，共同提高孩子的运动水平，享受家庭运动之乐趣。幼儿园为家长搭建平台，提供交流的场所，使不同的家庭参与交流，获得关于开展家庭运动的信息，教师则根据家长的需求，提供有效的支持。

1.定期聘请专家教师和有运动专长的家长开展家长沙龙活动，专家教师针对开展家庭运动可开发和利用的资源有哪些、可行性如何等问题展开培训、讨论和交流；请特别喜欢运动和家庭运动开展得较好的家长介绍成功的经验。专家教师和

家长的献身说法既丰富了家园运动共建的内容，又增强了家长的参与意识。同时我们设计了家庭运动反馈表，在利用家庭资源开展家庭运动活动（表1）后，以反馈表的形式请家长聊聊自己的收获、提出建议，以便时时发现问题、梳理总结，通过吸纳建议，在下一次活动中加以改进，使家庭运动的开展更科学、更有效。

表2 家庭运动反馈表

日期	月 日	幼儿姓名		家长姓名	
亲子运动名称					
亲子运动收获	孩子的收获： 家长的收获：				
困惑或建议					

2.充分发挥家长的聪明才智，鼓励家长收集创意运动或自己设计家庭运动内容，以专题分享的形式相互交流合作、讨论共享，尝试开发出新型的家庭运动项目，并汇总整理成“创意家庭运动活动集”。

3.向家长介绍不同类型的亲子运动，并通过开放日、亲子运动会的亲身体验，提高家长对亲子运动的认识和兴趣。如：开放活动，家长观摩幼儿园的体育教学活动，教师将自己创编的亲子游戏提供给家长，请家长参与到教学活动中来，让家长体验幼儿是如何在游戏中运动和学习的。又如：亲子运动会，采用家长沙龙中甄选出来的创意运动方案或亲子运动游戏，激发更多的家长参与家庭运动的兴趣，让孩子与家长共同享受亲子趣味运动会带来的童年的快乐时光。

4.在教师与家长的共同智慧碰撞下，家长提供各种废旧材料，教师结合幼儿运动的目标，根据各年龄阶段幼儿的年龄特点，共同为幼儿制作运动器械，投放在各运动区域中，将钻、爬、跳跃、投掷、平衡等基本动作在有限的环境中以游戏的场景呈现，既注重趣味性，又考虑了运动量的把握、运动领域的平衡。利用来园、离园时间，开展亲子共练活动。我们将操场以班为单位划分成各区域，由本班教师提供游戏的玩法，家长与幼儿自主选择运动器械、自主选择家庭共同开展活动，让家长和孩子科学、快乐地运动。

5.整合区域资源、家长资源，积极开展亲子郊游或远足活动，寓运动于休闲活动之中，在休闲中学习，在休闲中运动，在休闲中陶冶性情，不仅开阔幼儿的眼界，同时也促进了幼儿体能的发展，增进亲子间的感情。

七、一路走来的收获和感想

(一)逐步转变了家长的观念和行为,让孩子爱上运动

通过网络平台交流、现场观摩等方法,家长认识到运动是孩子成长的一种手段,家长重视家庭运动的价值,改变了"重智育轻体育"的观念,家长也树立了积极参与的态度。将家长由家庭运动的观望者变成了参与者,又由参与者变成了引领者,角色的转变大大激发了家庭运动的积极性和主动性,让孩子爱上运动,用心陪伴着孩子的健康成长。

首先,家长对家庭运动的重视程度显著提升,更多的家长愿意和老师进行沟通,提出自己在家庭运动中指导幼儿的困惑,寻找突破口;更多的家长开始关注家庭运动中对于幼儿力量、耐力、灵敏性、坚持性等运动能力和运动品质的培养。

其次,家长对家庭运动的指导能力显著提升,更多的家长愿意在家庭运动中发挥自己的作用,利用灵活的教育形式、新颖的教育方式进行家庭运动,学会了寻找并利用家庭及社区中各种可利用的资源,与孩子共同游戏,并将家庭运动和幼儿园运动有机衔接。

(二)拓展了幼儿运动的空间和时间,让孩子更加健康

幼儿园运动资源在时间和空间上存在一定的矛盾,如:户外运动场地与时间分配的矛盾;运动场地狭小,影响幼儿的动作发展;错时锻炼有可能互相影响、互相干扰。而家庭运动作为幼儿园运动的补充形式,为幼儿运动提供了更自然的运动氛围、更多元的运动区域、更广阔的运动空间、更灵活的运动时间,弥补了幼儿园由于受条件等客观因素的限制而无法得以开展的运动。

家长学会充分挖掘家庭和社区的资源,给孩子们提供一个快乐的运动小天地。如家庭资源中就地取材的床、椅子、易拉罐等;社区资源中的儿童运动乐园、台阶、草坪等;大自然中的阳光、空气和水等,充分发挥了各自的特点,家庭运动空间的整合和拓展,让孩子尽情愉悦地运动,享受亲子运动的快乐,拥抱健康。同时合理安排时间开展家庭运动,如:工作日利用零星的时间,开展一些简短的家庭运动;工作特别繁忙的家长充分利用双休日和幼儿一起商量,有计划、有目的开展运动,如爬山、游泳、公园打篮球等,使家庭运动的开展更为有效,促进了孩子综合素质的发展,让健康体魄受益终身。

(三)加深了家园之间的融洽,家园合作更紧密

教师和家长间的合作与配合,直接影响着幼儿的发展。在"运动俱乐部"开展

的过程中，我们首先了解家长开展家庭运动的状况，通过电话沟通、面对面交流沟通、网络互动交流沟通等形式，帮助家长有效开展家庭运动。而教师的教育行为也吸引家长参与到了幼儿园的活动中，家长感受到因他们的参与使孩子的进步更明显，孩子明显的进步也带动了家长的积极性，家长的积极参与又激励了教师的工作热情，形成家园共育的良性循环。其次，当家长对开展家庭运动有困惑时，老师及时给予解答和帮助，老师把家长提供的运动信息转化成了教育内容，满足了家长的需要，让家长收获了经验。在教师与家长融洽的交流、沟通、合作的前提下，使家园关系更为和谐、融洽，保持家园教育上的一致性，有利于达到家园互动以及促进孩子身心健康发展的目的。

总之，建立了家长与家长、家长与教师、家长与幼儿的合作意识，挖掘和利用了幼儿园、家庭、社区的教育资源，转变了家长的观念和行为，调动了家长参与幼儿园运动活动的积极性，促进了幼儿的身心健康发展，树立了家长和幼儿“终身运动”的理念，为幼儿园家长俱乐部凸现运动特色奠定了良好的基础。

科学膳食 健康一生

——基于儿童健康发展 落实家庭科学膳食

杨 月

孩子在幼儿园阶段是一生中生长发育的重要阶段,新陈代谢旺盛,大脑和神经系统发育迅速,骨骼处于不断骨化过程,各系统、各器官逐渐成熟和完善起来,但消化系统尚未发育成熟,咀嚼能力较差。这样快速成长的结果必然要消耗大量的营养物质,因此科学合理的膳食,对于幼儿一生的成长是至关重要的。要均衡幼儿一日的营养摄入,必须兼顾幼儿在园和在家的膳食情况,进行合理的家庭科学膳食,作为孩子的父母如何提供有利于孩子健康发育的膳食呢?

一、幼儿健康发展依赖于家庭科学膳食

《3~6岁儿童学习与发展指南》中指出:为有效促进幼儿身心健康发展,成人应为幼儿提供合理均衡的营养,保证充足的睡眠和适宜的锻炼,满足幼儿生长发育的需要。因此,幼儿健康发展依赖于家庭科学膳食。由于3~6岁幼儿生长发育迅速、运动量大、代谢和消耗能力较强,因此膳食失衡就会导致幼儿生长发育所需的营养比例失调,从而影响儿童正常的生长发育。营养不良导致幼儿免疫力降低和发育迟缓,甚至影响幼儿大脑发育等,如情绪不佳,反应迟钝,行为反常,表现为不爱交往,动作笨拙,眼睛近视,智力发育迟缓等,而营养过剩则导致过度的肥胖等,这些都不利于幼儿的生长发育。只有为幼儿提供营养搭配均衡的膳食,才可促进幼儿生长发育良好,体质强壮、精神饱满、情绪乐观稳定,满足幼儿身体发育过程中对各种营养素的需要。由于幼儿早、晚餐及节假日的用餐需要家庭供给,因此要使幼儿

真正获取良好的营养,除了幼儿园要管理好膳食外,家庭落实科学膳食供给更显得重要。因此,家长在了解膳食营养均衡对幼儿健康重要性的基础上,要结合幼儿生长所需给予均衡的膳食营养,增加幼儿的免疫力,减少疾病发生。

二、家庭科学膳食为幼儿健康之本

家庭科学膳食,包括平衡膳食、合理营养、良好的饮食习惯和科学的饮食行为。在此我们探究的是提倡家庭科学膳食,为幼儿提供谷物、蔬菜、水果、肉、奶、蛋、豆制品等多样化的食物,均衡搭配,同时注意合理烹饪,做到色、香、味、形俱佳,既能激发幼儿的食欲,又能满足幼儿生长发育对能量和各种营养素的需求。

(一)营养膳食巧搭配的秘诀

幼儿处于生长发育阶段,各类营养的搭配非常关键,只有合理营养,平衡膳食,才有利幼儿健康。我们知道每种食物含有不同的营养素,有蛋白质、脂肪、维生素、微量元素、碳水化合物等等,这些食物的营养素之间相互配合,相互制约。幼儿的营养与免疫功能、智力等发育是息息相关的,如蛋白质、铁、锌、维生素C等营养状况不良时,机体的细胞免疫、机体液免疫能力均降低而引起疾病;缺铁性贫血的儿童注意力不集中,智力发育降低,缺锌可使智力发育受到一定程度的影响引起智力低下。又如缺乏维生素D引起钙磷代谢异常,软骨钙化不全,骨骼生长障碍导致佝偻病;维生素A的缺乏影响神经系统大脑发育等等。从上所述,我们了解到营养对健康的重要性,各种营养素充足并且比例平衡,合理膳食,才能提高幼儿的免疫力功能,使幼儿的智力正常发育和发展。因此遵循幼儿生理特点和生长发育的规律,家长在日常膳食安排时要特别注意平衡膳食,食物花色品种多样化才是平衡膳食的基础,保证幼儿每日的食物品种不少于12种,每周达25种以上,选用优质新鲜的食物,避免幼儿吃过粗、过硬、有刺激性的食物,少吃油炸食品。同时家长在一周膳食安排时各种食物还要搭配着给孩子吃,如荤素搭配、深浅搭配、粗细搭配、干湿搭配、米面搭配、甜咸搭配,达到互相补充的目的,有利于营养价值的提高。

★荤素搭配

荤以禽肉类、鱼虾类、蛋类等富含优质蛋白的食物为主,素以富含多种维生素和食物纤维的各种新鲜蔬菜和水果为主,每天确保两种不同类型的荤菜。荤素两者搭配能烹调出品种繁多、味道鲜美的菜肴,不仅富于营养,还能增强食欲,有利于消化吸收。

★深浅搭配

蔬菜的颜色丰富，一般分为深色蔬菜和浅色蔬菜。深色蔬菜指深绿色、红色、橘红色、紫红色蔬菜，如：青菜、胡萝卜、菠菜、西红柿等，它们叶片或果实的颜色往往比较深。浅色蔬菜如：大白菜、卷心菜、白萝卜、土豆等，经研究表明，深色蔬菜营养价值一般优于浅色蔬菜，颜色越深其所含的钙、铁、胡萝卜素、维生素K_1、维生素B_2及维生素C也越多，而一些浅色蔬菜富含酚酸类抗氧化物质和维生素C。所以，深色蔬菜和浅色蔬菜每天都要吃，颜色全面，这样就能获取全面的健康成分。我们在日常膳食结构中做到深浅蔬菜比例2:1。

★粗细搭配

《中国居民膳食指南(2007)》指出："不同种类的粮食及其加工品的合理搭配，可以提高其营养价值。"品种宜"粗"不宜"细"，经过精细加工的精白米、白面，在加工的过程中损失了部分营养，而粗粮中的膳食纤维、B族维生素和矿物质的含量很高，通过与粗粮的搭配，可使营养素得到相互有效的补充。例如午餐提供主食时可以提供小米饭、点心的粥里面可以增加一些粗粮如高粱粥、薏米羹等，但考虑到幼儿肠胃发育不完善，粗粮摄入不易过多，一周增加一到两次为宜。

★干湿搭配

点心的提供可以一干、一湿，如鲜奶、营养水、粥等与午点的组合，午餐、晚餐的时候可以准备一个汤，如面食、米饭与汤的组合。这样干湿搭配，能增加饱感，补充水分，有助于消化吸收。

根据季节的变化合理安排食谱，一年四季蔬菜上市不同，气候变化和幼儿生长发育、活动量的情况也不一样，因此四季食谱也应不同。如春季幼儿活动量增加，可安排排骨、牛奶等含钙丰富的食物，幼儿得到足够的热量和优质蛋白以满足幼儿生长发育和活动的需求；夏季天气炎热，幼儿食欲欠佳，活动和睡眠相对减少，应选用清淡爽口的食物，利用色、香、味、形来刺激幼儿的食欲；秋季天气干燥，多给幼儿加些生津润肺的蔬菜，如萝卜、藕等。冬季活动量减少，由于寒冷，自身消耗热量较多，就需要从食物热量中得到热量补充，幼儿膳食中可较多采用高热量、高蛋白的食物。真正使孩子在科学均衡的膳食中得到最完善的营养，促进幼儿健康成长。

(二)色味俱佳打开儿童食欲味蕾

色、香、味、形俱佳的食物会使人食欲大振，分泌更多的消化液，帮助人们对食物的消化吸收，反之，就会使人食欲大减，从而对食物的消化吸收缓慢或者受到阻碍。“色香味形”中的“色”是指食物的不同颜色，“香”是指食物发出的气味，“味”是指食物各种各样不同的味道，“形”是指食物的不同形状(可爱造型)。幼儿通过眼看、鼻闻、舌尝，知道了食物的美味，从而引发条件反射，消化器官就会分泌大量的消化液，帮助人体对食品的消化吸收。

幼儿的食性各异，在幼儿园发现有的幼儿偏爱主食，不吃蔬菜，有的则喜欢吃菜，不爱米面，为了满足孩子们的味觉和营养需求，爸爸妈妈可要提高厨艺水平，将孩子的食物做得色香味形俱全，满足孩子营养和心理发展的需要。

食物的色——利用天然蔬菜的颜色，如将彩椒的红色、豆腐的白色，放上肉糜一起炖煮，出锅时撒上翠绿的葱花和适量的盐，营养可口、色彩鲜艳的炖豆腐出锅了，吸引了孩子的目光，孩子对食物产生兴趣，胃口大开。

食物的香——幼儿膳食应以天然的食材为主，保持食物的原汁原味，因新鲜的食物本身就有它的香味，肉香、饭香、菜香，食物的香气往往可以诱发人们的食欲。也可适当加入带香味的佐料。如一盘香喷喷的菜烩四丝，出锅前再勾欠上点麻油，这就是让菜更提香一些，会把孩子吸引过来。

食物的味——食物的味是最重要的问题，一道菜好看而不好吃，孩子可能也不愿意吃，好味道才会有好的胃口。如做炖豆腐，放在香味浓郁的骨汤里炖和放在开水中炖，味道就截然不同了，一道普通的菜也会变得美味可口且营养丰富。味道好坏取决于佐料的运用，盐、味精、糖、葱、姜、醋，要合理地搭配才行。孩子的食品，在烹饪中适当加些盐、醋、料酒、酱油来提味是可以的，不要求味道太重，但也不要没味道，宜适中。不提倡在食物中加入过多的调味料调味，避免用酒、咖啡、辣椒等刺激性调味品。

食物的形——孩子对形状比较敏感，一个造型普通的食品放在孩子面前，即使再好吃，孩子也不一定提起很大的食欲。如果把食品做成各种各样的形状，孩子会爱不释手到喜欢吃。如将胡萝卜切成爱心、花朵形状，又如馒头和面包，做成各种几何图形、各种卡通动物的造型，往往更能吸引幼儿的注意，引发幼儿的食欲。

家长在烹调过程中在注意食物的色、香、味、形的同时，也要注意烹调的方法，尽可能避免不当的食材处理方法而导致营养素的流失，如有的家长在处理蔬菜时会把切好的蔬菜再过水清洗，或者过早将蔬菜切配好，这样都会造成蔬菜中维生素的流失。烹饪蔬菜的正确方法是：蔬菜洗时先泡去除农药残留物，用流水冲洗；先洗后切；急火快炒减少营养素的损失，但有些豆荚类的蔬菜如四季豆需要烧熟煮透，不然容易引发食物中毒；炒好即食，烹饪好的蔬菜应尽快食用，现做现吃，避免反复加热，因为营养素会随储存时间延长而丢失，还可能增加亚硝酸盐含量。正确的烹饪蔬菜处理方法能更好地保留营养素，发挥食材的营养价值。

相信在爸爸妈妈的努力下，一道道美味、美观的食物在满足儿童挑剔味蕾的同时也增进了他们的食欲，达到吸收足够营养的目的，又能给人以回味无穷的精神享受。孩子一定能吃出食欲、吃出好身体！

三、家庭科学膳食操作方案的建议

（一）全面营养，陪伴孩子一生的成长

为了帮助人们更科学合理地安排0～6岁儿童的膳食，满足机体对各种营养素的需要，避免营养缺乏或营养过剩的危害，将不同的食物按照一定的量进行科学合理的搭配组成人体所需的营养素，使幼儿获得全面的、平衡的营养，《中国居民膳食指南2016》中，对2~5岁幼儿各类食物每日摄入量提出科学建议，帮助家长及幼儿园更好地安排儿童的一日膳食，达到平衡膳食、合理营养、促进生长发育和健康的目的。见下表1：

表1 2~5岁儿童各类食物每天建议摄入量(g/d)

<table>
<tr><td>食物</td><td>2~3岁</td><td>4~5岁</td></tr>
<tr><td>谷类</td><td>80~100</td><td>100~150</td></tr>
<tr><td>薯类</td><td>适量</td><td>适量</td></tr>
<tr><td>蔬菜</td><td>200~250</td><td>250~300</td></tr>
<tr><td>水果</td><td>100~150</td><td>150</td></tr>
<tr><td>畜禽肉类</td><td rowspan="3">50~70</td><td rowspan="3">70~105</td></tr>
<tr><td>蛋类</td></tr>
<tr><td>水产品</td></tr>
<tr><td>大豆</td><td>5~15</td><td>15</td></tr>
<tr><td>坚果</td><td>–</td><td>适量</td></tr>
<tr><td>乳制品</td><td>500</td><td>350~500</td></tr>
<tr><td>食用油</td><td>15~20</td><td>20~25</td></tr>
<tr><td>食盐</td><td><2</td><td><3</td></tr>
</table>

注:(《中国居民膳食指南2016》中国营养学会,2016年)

同时为指导人们合理营养,中国营养学会还根据儿童膳食平衡的原则转化各类食物的分量图形化,用不同色彩的彩珠标志食物种类和多少,提出了中国儿童膳食平衡算盘。

在平衡膳食算盘中,橘色标志谷类食物,每天应吃得最多。绿色表示蔬菜,蓝色表示水果,这两种食物每天要吃得多一些。紫色表示动物性食物,黄色表示大豆和奶，每天要吃得适量。红色是油、盐和糖，每天要吃的量最少。给爸爸妈妈们附上儿童平衡膳食算盘，解锁宝宝每日所需营养，只要孩子每天各层食品搭配着吃，保证品种多样化，就可以达到平衡膳食的目的，从而得到生长必须的营养元素，助宝宝健康成长！

"早吃好，午吃饱，晚吃少"，相信很多人都听过这句话吧，那么儿童的三餐该怎么分配、怎么吃？①早餐的热能分配占全天总热量的20%～25%。可以提供含淀粉的食物，并适当增加一些含蛋白质丰富的食物，以容易消化又能刺激孩子的食欲为主，使儿童体内的血糖迅速升高到正常或超过正常标准，从而能精力充沛地参加活动。②午餐是儿童一天中最重要的一顿饭，午餐占总热量的35%。在保证合孩子口味的基础上，午餐要有充足的热量和各种营养元素，要多吃点肉类、鸡蛋等含热量较高的食品，多选用一些补脑的食物：鱼、蛋、豆制品、瘦肉、深颜色的蔬菜。使儿童体内血糖继续维持在高水平，以保证下午的活动。③儿童的晚餐占总热量的30%，应做一些易于消化、热量适中的食物，如豆制品、瘦肉、鱼类、菌类、蔬菜类等，晚餐不宜让孩子吃得过饱。在日常膳食安排中考虑到幼儿生长发育需要，可少食多餐，增加早点和午点，确保幼儿每日各种食物摄入达到一定量，保证营养摄入。因此，只有科学膳食，才能让幼儿吸收到足够的营养，保证幼儿的健康成长。

（二）万科私厨美食菜谱，助你成为超级大厨

由于家庭膳食受地域环境、家庭习惯等因素的影响较大，且现代生活节奏快，父母工作繁忙，因此家庭日常食谱较简单而单调，往往是孩子喜欢吃什么做什么；蛋白质摄入过高，食物纤维摄入偏少；主食精细，忽视了粗杂粮的摄入；零时过多，睡前吃得过量。怎样合理安排幼儿每日的膳食，才能达到科学、营养、均衡的要求，这里向爸爸妈妈们介绍一些营养全面、简单易做的家庭儿童美食食谱，爸爸妈妈们可以尝试着做一做。

★春、夏、秋、冬营养食谱

表2 春季幼儿一周营养食谱

日期 餐列	星期一	星期二	星期三	星期四	星期五	星期六	星期日
早餐	香油鹌鹑蛋、小米粥、豆沙包子	无核红枣粳米粥、乳汁肉包	花生芸海参粥、糠糠糯米球	血糯玉粥、土豆牛肉包	白粥、酱汁肉丁、黄豆松仁果酱卷	桂花山芋粥、海带鲜肉包	干贝萝卜肉丝、黑麻酥包子

日期 餐列	星期一	星期二	星期三	星期四	星期五	星期六	星期日
早点	牛奶、饼干	牛奶、饼干	牛奶、饼干	牛奶、饼干	牛奶、饼干	牛奶、饼干	牛奶、饼干
午餐	肉汁汤面、奶香鱼条、烩四色蔬菜（花菜、黑木耳、西兰花、蘑菇）	米饭、陈皮鸭块、香干丝炒茼蒿菜、枸杞山药土豆老鸭汤	三鲜水饺（鲜肉、小白菜、蘑菇）	米饭、葱烧鱼块、香菇炒小青菜、金针菇蛋羹	米饭、金钩炖蛋、什锦蔬菜片（莴笋片、香菇片、冬笋片、山药片）、油豆腐鸡鸭血汤	米饭、荷兰豆烩虾参、金针菇炒菜秸、白玉玉米羹	米饭、京汁小肉圆、开洋炒四季豆、山药片汤
水果	红葡萄	脐橙	猕猴桃	甜橙	芦柑	脐橙	番茄汁
午点	瓜仁芝麻糊、马蹄鸡茸酥饺	葱香蟹肉通心面	赤豆麦片粥、白煮鸡蛋	香菜瘦肉、小米露、吉士酥排	奶香枸杞子莲心粥	荠菜猪肝、小米羹、豆沙曲条酥	五彩小圆子羹
晚餐	四彩热拌饭（青菜、肉丁、香菇丁、胡萝卜丁）、生菜腐竹肉骨汤	米饭、沙司蛋酪、烩四丝（海带丝、绿豆芽、胡萝卜丝、青椒丝）、碧绿鱼圆汤	米饭、韭黄鳝粒、烩素片（荸荠片、胡萝卜片、蘑菇片、荷兰豆片）、菠菜粉丝肉骨汤	米饭、香油鸡肝、五味烩老豆腐（黑木耳、青豆、蘑菇、胡萝卜）、鲜肉番茄虾皮紫菜汤	三明治面包、蜜汁小肉、炒素双泥（青豆泥、胡萝卜泥）三丝肉汁汤（土豆丝、黑木耳丝、青椒丝）	米饭、洋葱牛肉饼、香菇炒卷心菜片胡萝卜片、毛菜素衣汤	米饭、南乳鸡丁、三丝炒芹菜（厚百叶丝、黑木耳丝、胡萝卜丝）、香菇双丝汤
水果	苹果	生梨	脐橙	生梨	香蕉	生梨	甜橙

表3 夏季幼儿一周营养食谱

餐列＼日期	星期一	星期二	星期三	星期四	星期五	星期六	星期日
早餐	麻芸枸杞粥、荸荠鲜肉烧卖	黄瓜肉糜小米粥、花生芸包子	百合米仁粥、金针菜鸡肉包	白粥、咸蛋、南瓜泥馒头	玉米双糯粥、芹菜牛肉包	凉瓜瘦肉粥、豆沙水晶包	桂花绿豆米仁粥、香菇青菜小肉包
早点	牛奶、饼干	牛奶、饼干	牛奶、饼干	牛奶、饼干	牛奶、饼干	牛奶、饼干	牛奶、饼干
午餐	葱油汤面、沙茶牛肉丁、蒜香煸紫角叶	米饭、醋溜带鱼片、蟹肉丝烩凉瓜丝绿豆芽胡萝卜丝、蛋茸鸡鸭血汤	四鲜馄饨（夹心肉、鸡毛菜、香菇、薄百叶）	米饭、糟香鸭肝、果蔬烩四鲜（山楂片、菠萝片、佛手瓜片、土豆片）、海参豆腐汤	米饭、酱爆肉丁、南乳炒蕹菜、白玉蛋汤	米饭、柠汁鸡柳、黑木耳炒鸡毛菜、枸杞萝卜肉骨汤	米饭、黄焖鳝段、鲜汁三色球（冬瓜球、莴笋球、胡萝卜球）、干贝粟米羹
水果	西瓜	西瓜	美国提子	花旗橙	西瓜	绿葡萄	猕猴桃
午点	生菜肉丝、玉米羹、绿豆沙酥排	莲香血糯粥	丝瓜咸蛋、麦片粥	冰糖番茄银耳羹、萝卜丝酥排	紫菜鱼茸小米粥	豌豆南瓜粥、葱油小肉松卷	芋头鸭粒煨面
晚餐	米饭、锦绣蛋丝（青椒丝、蛋白丝蛋黄丝、香菇丝胡萝卜丝）、油焖茄子、鸡汁黄瓜汤	米饭、椒香鸭肉、毛豆酥烩丝瓜丁香菇丁、金钩干丝汤	米饭、双色开片虾、醋溜莲花白（土豆丝、卷心菜丝、洋葱丝、胡萝卜丝、黑木耳丝菜丝）、肉汁海带汤	四味炒饭（黄瓜粒、土豆丁、香菇丁、肉丁）、三丝鲜汤（青椒丝、蛋白丝、胡萝卜丝）	儿童小面包、海参烩蛋条、奇妙碎菜粒（洋葱、卷心菜、胡萝卜）、节瓜木耳汤	米饭、枸杞百合鱼、三鲜烩白玉豆腐（番茄丁、青豆、肉丁）、竹荪蛋片汤	米饭、麻香肉排、油豆腐炒豇豆、番茄土豆汤
水果	伊丽莎白蜜瓜	西瓜	猕猴桃	香蕉	伊丽莎白蜜瓜	番茄汁	黄瓜汁

表4 秋季幼儿一周营养食谱

日期 餐列	星期一	星期二	星期三	星期四	星期五	星期六	星期日
早餐	干贝菜丝粥、瓜仁小蛋糕	银耳血糯粥、腐竹小肉包	葱香鸡蛋、黄小米粥、栗茸玉兔包	赤豆山芋粥、黄花菜黑木耳鸭肉包	白粥、肉丝炒百叶丝、甜芋头泥、秋叶包	莲心双糯粥、荸荠叉烧包	生菜肉糜米仁粥、花生核桃卷
早点	牛奶、饼干	牛奶、饼干	牛奶、饼干	牛奶、饼干	牛奶、饼干	牛奶、饼干	牛奶、饼干
午餐	双丝过桥面条 山药鳝片 上汤米苋	米饭、蚝油牛肉条土豆片炒荷兰豆片、红油土豆牛肉汤	五鲜水饺（青菜、开洋、鲜肉、黑木耳、鹌鹑蛋丝）	米饭、双色鱼丸、蒜味素三条（黄瓜条、香菇条、土豆条）、番茄海带蛋花汤	米饭、京都小肉排、烩五丁（青豆、松仁、枸杞、山药丁、玉米粒）、一品鱼圆汤	米饭、八宝鸭丁、毛豆煲芋头、糟香枸杞萝卜、鸭汁汤	米饭、碧绿凤尾虾、双菇烩双花（蘑菇、香菇、花菜、西兰花）、鸡鸭血豆腐汤
水果	脐橙	香蕉	苹果	生梨	香蕉	生梨	黄瓜汁
午点	莲藕百合西米露、蚝油牛肉酥角	山药海参煨面条	蜜汁小方干、冰糖鸭梨粳米粥	鸡丝白萝卜鲜汁、玉米羹、菠萝夹心酥饼	枣香米仁粥、白煮鹌鹑蛋	香菜皮蛋小米羹、胡萝卜泥酥饼	麻芸燕麦粥
晚餐	四色金秋饭（肉里、芋艿丁、金玉米、胡萝卜丁）、三鲜紫菜汤	米饭、瑶柱蛋饼、糖醋三片一（藕片、黄瓜片、胡萝卜片）、鸡茸豆腐羹	米饭、酱汁鸡肝、三味炒芹菜（鸡肉粒、芹菜粒、胡萝卜粒、腐竹粒）、雪花海鲜羹（目鱼丝、海参丝、虾仁）	米饭、凤梨肉片、烩什锦素丝（绿豆芽、胡萝卜丝、香菇丝、薄百叶丝）、紫角叶素衣汤	羊角小面包、沙司鸡翅、蟹粉土豆泥、鸡汁素菜汤（鸡毛菜、黑木耳）	米饭、荔味鱼块、油豆腐炒素三片（卷心菜片、香菇片、胡萝卜片）、山药腰片汤	米饭、番茄黑木耳烩双色蛋片、葱油开洋烩、白萝卜荠菜肉糜羹
水果	生梨	番茄汁	生梨	苹果	红橙	芦柑	香蕉

表5 冬季幼儿一周营养食谱

日期 餐列	星期一	星期二	星期三	星期四	星期五	星期六	星期日
早餐	赤豆玉米粥、开洋萝卜包	皮蛋瘦肉粥、荸荠枣泥糕	枸杞山药小米粥、卷心菜牛肉小包	肉糜白果麦片粥、奶黄水晶球	枣香米仁粥、蜜汁鸭肉包	白粥、肉松、莲芸松仁包	冰糖山芋血糯粥、蟹粉小肉包
早点	牛奶、饼干	牛奶、饼干	牛奶、饼干	牛奶、饼干	牛奶、饼干	牛奶、饼干	牛奶、饼干
午餐	鲜汁面条、菠萝肉圆、蒜蓉炒菠菜	米饭、椰味鱼丁、鲜百合炒西芹、三丝豆腐羹（土豆丝、黑木耳丝、番茄丝）	六合馄饨（青菜、荠菜、粉丝、鲜肉、胡萝卜、金针菇）	米饭、五香猪肝、生菜炒豆腐脑（香菇末、香葱末、胡萝卜末）、茼蒿菜蛋片汤	米饭、五彩蛋丁（香菇丁、蛋白丁、蛋黄丁、枸杞子、青椒丁）、金针菇炒菜心、山药黄豆肉骨汤	米饭、豉汁鱼块、冬笋片炒塌菜、鸡汁木耳胡萝卜素衣汤	米饭、栗子焖鸡翅、蘑菇炒青菜、三丝海参羹（青椒丝、胡萝卜丝、蛋皮丝）
水果	美国红提	甜橙	生梨	冰糖橙	苹果	香蕉	青苹果
午点	山药鱼米麦片羹、芝麻小方酥	红豆酥年糕羹	胡萝卜羊肉粥	栗芸花生糊、素三丝小酥饼	豆苗猪腰小米粥	奶香核桃枣泥羹、鲜菇糯米烧卖	香菜鸭血煨面
晚餐	米饭、鲜肉溜蛋、烩素丝（卷心菜丝、金针菇丝、胡萝卜丝、黑木耳丝）、土豆海参汤	四喜煨饭（黄芽菜丝、胡萝卜丝、黑木耳丝、肉丝）、生菜蘑菇肉骨汤	米饭、脆皮酥鸡、烩蔬菜四宝（土豆片、胡萝卜片、蘑菇片、黑木耳片）、菜丝香菇蛋茸鲜鸭汤	米饭、金玉虾球、荠菜炒笋条、三味蔬菜汤（卷心菜、黑木耳、金针菇）	切片面包、西汁牛排肉、虾籽香芋泥、洋葱胡萝卜牛肉浓汤	米饭、沙爹小肉粒、双韭炒银芽（韭菜、韭黄）、海带开洋蛋花汤	米饭、西芹鳝背、素炒三片（山药片、冬笋片、荸荠片）、枸杞玉米肉汁羹
水果	红心橙	猕猴桃	草莓	香蕉	生梨	芦柑	美国红提

★一周家庭儿童食谱参考(示例)

表6 一周家庭儿童食谱(示例)

日期 餐列	星期一	星期二	星期三	星期四	星期五	星期六	星期日
早餐	香油鹌鹑蛋小米粥、豆沙包子	无核红枣粳米粥、乳汁肉包	花生芸海参粥、糠糠糯米球	血糯玉米粥、土豆牛肉包	白粥、酱汁肉丁黄豆松仁果酱卷	桂花山芋粥、海带鲜肉包	干贝萝卜丝肉汁粥、黑麻酥包子
早点	牛奶、饼干	牛奶、饼干	牛奶、饼干	牛奶、饼干	牛奶、饼干	牛奶、饼干	牛奶、饼干
午餐	肉汁汤面、奶香鱼条、烩四色蔬菜(花菜、黑木耳、西兰花、蘑菇)	米饭、陈皮鸭块、香干丝炒茼蒿菜、枸杞山药土豆老鸭汤	三鲜水饺(鲜肉、小白菜、蘑菇)	米饭、葱烧鱼块、香菇炒小青菜、金针菇蛋羹	米饭、金钩炖蛋、什锦蔬菜片(莴笋片、香菇片、冬笋片、山药片)、油豆腐鸡鸭血汤	米饭、荷兰豆烩虾参、金针菇炒菜秸、白玉玉米羹	米饭、京汁小肉圆、开洋炒四季豆、山药药片汤
水果	红葡萄	脐橙	猕猴桃	甜橙	芦柑	脐橙	番茄汁
午点	瓜仁芝麻糊、马蹄鸡茸酥饺	葱香蟹肉通心面	赤豆麦片粥、白煮鸡蛋	香菜瘦肉小米露、吉士酥排	奶香枸杞子莲心粥	荠菜猪肝小米羹、豆沙曲条酥	五彩小圆子羹
晚餐	四彩热拌饭(青菜、肉丁、香菇丁、胡萝卜丁)、生菜腐竹肉骨汤	米饭、沙司蛋酪、烩四丝(海带丝、绿豆芽、胡萝卜丝、青椒丝)、碧绿鱼圆汤	米饭、韭黄鳝粒、烩素片(荸荠片、胡萝卜片、蘑菇片、荷兰豆片)、菠菜粉丝肉骨汤	米饭、香油鸡肝、五味烩老豆腐(黑木耳、青豆、蘑菇、胡萝卜、鲜肉)、番茄虾皮紫菜汤	三明治面包、蜜汁小肉、炒素双泥(青豆泥、胡萝卜泥)、三丝肉汁汤(土豆丝、黑木耳丝、青椒丝)	米饭、洋葱牛肉饼、香菇炒卷心菜胡萝卜片、毛菜素衣汤	米饭、南乳鸡丁、三丝炒芹菜(厚百叶丝、黑木耳丝、胡萝卜丝)、香菇双丝汤
水果	苹果	生梨	脐橙	生梨	香蕉	生梨	甜橙

“慧”阅读，从现在开始

——基于家庭陪伴培养幼儿“慧”阅读

陈丹美

阅读就像开启一场难忘的旅行，带你进入到一个美妙奇幻的世界，体验无穷无尽的美好。“慧”阅读的孩子喜欢阅读、会观察、会思考、会理解作品内涵，沉醉在丰富多彩的书海世界。孩子的“慧”阅读，不只是在学校，更多的是在家里。通过开展家庭陪伴培养幼儿“慧”阅读的探究，带领家长和孩子们走进书香世界，感受阅读的魅力，感受亲情的力量，让阅读陪伴每一个孩子，点亮多姿多彩的生活！同时对我园家长参与学校课程建设与实施——以“家长俱乐部”的建设与运行的课题研究具有推进与促进的作用。

一、幼儿“慧”阅读离不开家庭陪伴

家庭陪伴幼儿阅读，是以阅读为主要指导方式的一种家庭教育活动。有句话这样说：“你或许拥有无限的财富，但你永远不会比我富有，因为我有一位读书给我听的妈妈！”这句话充分说明在家庭中营造阅读氛围对孩子一生成长的重要性，也告诉了我们亲子阅读的重要作用，其实陪伴孩子阅读，益处多多。

（一）家庭陪伴，把阅读变为一种习惯

现实生活中常常会出现这样的现象，沉默寡言的父母，其孩子也不善交流；有暴力倾向的父母，其孩子也会动手打人，验证了“有怎样的父母就会有怎样的孩子”这句话。聪明睿智不是与生俱来的，需要后天的培养。孩子的阅读兴趣也不是一蹴而就的。在家庭陪伴的影响下，孩子从被动阅读转变为主动阅读。在亲子阅读

中,阅读兴趣也会循序渐进,自然而然便会爱上阅读。耐心的陪伴与付出,最终都会有所收获,共享阅读之美。

(二)家庭陪伴,让阅读打开智慧之门

鸟欲高飞先振翅,人求上进先读书。阅读是增加词汇量最好的方法,但孩子一个人的阅读能力有限,这就需要家庭陪伴孩子阅读。识字前,选择恰当的词汇连贯地将文中的意思表达出来较为困难。识字后,对一些词汇的理解有误,导致生活中运用时闹笑话。比如有一则笑话:我的爸爸是个超人,每天都在辛苦打拼。我的妈妈非常贴心,照顾着家里的生活起居。我每天也在努力学习,我们三个人加在一起,真的是三人成虎啊! 当幼儿在阅读中碰到困惑时,家庭陪伴就起到及时帮助孩子理解词义的作用了。阅读多了,词汇量也多了,就像小大人一样讲话头头是道,语言逻辑思维也更清晰了,智慧阅读,增添几分阅读之乐。

(三)家庭陪伴,以阅读凝聚亲子情

家庭陪伴幼儿阅读是引领孩子阅读,更是陪伴孩子一起分享阅读快乐的时光。在这过程中,父母的声音、举动、耐心,在孩子眼里,能看见并能感受到父母的关心与呵护。为阅读这同一目标,亲子间的交流更加积极,在阅读中更愿意与父母分享自己的想法,感受彼此的思维方式,体会彼此的爱。得到大人的理解,孩子的幸福感也会倍增。所以无论有多忙,也不能将此作为借口忽视与孩子的陪伴。陪孩子一起阅读吧,哪怕只有10分钟,日积月累也是一个惊人的数字。亲子阅读能让家长和孩子同时得到成长,增加互动,建立情感的链接。

二、你"慧"阅读吗? 寻找家庭陪伴阅读的缺失

怎样陪伴孩子阅读呢? 包括陪伴孩子观看儿童节目、影视及绘本等,我们通过与家长交流与访谈,了解当前家庭陪伴孩子阅读的开展现状,得知目前家庭陪伴阅读主要存在以下问题:

缺失一:家长疏忽陪伴。当今社会,随着经济的发展、家庭收入的增加,父母对孩子的教育投资也在不断提高,陪着孩子一起学英语、学艺术的家长很多,却很少有家长愿意投入时间陪着孩子一起阅读;也有很多家长由于工作繁忙,无暇陪伴孩子一起阅读,忽视了阅读的重要性;同时也有的家长认为,孩子渐渐长大了,就让他(她)自己阅读吧,以此来培养孩子的独立性。而家长则在一旁做自己的事情,办公、游戏、看手机,全然不知孩子在看什么,怎么看。

缺失二:幼儿阅读兴趣不高。在各种教育理念的冲击下,虽然也有家长已经认

识到亲子阅读的重要性，为孩子选择了阅读材料，然而有的家长以自己的兴趣和对孩子有用的标准来选择阅读材料，而忽略了孩子的兴趣点；有的家长认为，亲子阅读等同于识字教育。他们在和幼儿一起阅读时，总是把识字放在第一位，让孩子会讲故事、背古诗等，因此无法调动孩子的阅读兴趣；也有的家长每天设定阅读时间，时间一到，不管孩子正在做什么，就提醒他（她）阅读。家长成了督促者，把阅读当成了一项任务在完成，孩子已然失去了阅读的意义，也必然造成孩子对阅读产生反感和厌恶之心。

缺失三：家长阅读方式不恰当。家长在陪伴孩子阅读的过程中，只是把阅读当作给孩子念完一个故事，看完一本图画，或者让孩子自己看图复述一遍，直到能讲出这个故事为止。这种把阅读活动变成单调的文学知识传授和训练，而忽略了阅读思维框架和阅读技能。陪伴不仅仅存在于给孩子讲个故事这么简单。阅读也不是强调产物“输出”多少，更注重的是“输入”的过程。

三、“心”阅读·“慧”阅读，开启亲子阅读之旅

三到六岁是父母培养儿童阅读的最佳时期，这一时期儿童的语言能力开始慢慢形成，想让孩子爱上阅读，最好的方法就是爸爸妈妈的陪伴阅读，它不仅能开发幼儿阅读的潜能，满足幼儿情感需要，还能帮助幼儿养成良好的阅读习惯，对于幼儿的身心成长具有特殊的意义。针对目前家庭陪伴阅读的缺失，依据《指南》语言领域中阅读的学习与发展目标要求，推荐一些儿童故事视频和绘本故事的具体教案实例供家长参考，希望对家庭陪伴幼儿“慧”阅读有所帮助。亲爱的爸爸妈妈们，相信你和孩子收获的不仅仅是阅读的美好，还有珍贵的成长记忆！

教案1 小班动画故事——《大公鸡和漏嘴巴》

活动名称	大公鸡和漏嘴巴
活动目的	1.让孩子有次序地观察“大公鸡和漏嘴巴”故事的全过程，把自己看到的事物说出来。 2.让孩子借助问题观察事物、表述观察结果。 3.孩子感受看《大公鸡和漏嘴巴》视频的快乐。 4.让孩子养成自觉吃饭和良好的进餐习惯。
材料准备	1.视频《大公鸡和漏嘴巴》的故事内容。 2.熟悉活动目的、内容与过程。

活动名称	大公鸡和漏嘴巴
活动提问	1.故事的名字是什么? 2.小弟弟长得什么样?他在做什么? 3.大公鸡看见什么了这么高兴? 4.小弟弟是怎么吃饭的? 5.小弟弟到底是不是漏嘴巴?为什么大公鸡要叫他漏嘴巴? 6.你能帮助小弟弟想出一个不掉饭粒的好办法吗?
看图说话	
亲子互动原则	1.与幼儿回忆并交流平时吃饭的表现。 2.根据相关提问,帮助幼儿理解故事内容。 3.讨论养成良好吃饭习惯的好办法。

教案2 中班绘本故事——《谁是蛀虫的朋友》

活动名称	谁是蛀虫的朋友
活动目的	1.理解故事大概的内容,能大胆用语言表达出来。 2.懂得要保护自己的牙齿,养成早晚刷牙、饭后漱口的好习惯。
材料准备	1.《谁是蛀虫的朋友》的绘本故事。 2.教学目标与内容。

活动名称	谁是蛀虫的朋友
活动提问	1.蛀虫的工作是什么？ 2.它们藏在哪里？ 3.蛀虫最爱什么？ 4.如何消灭蛀虫？
看图说话	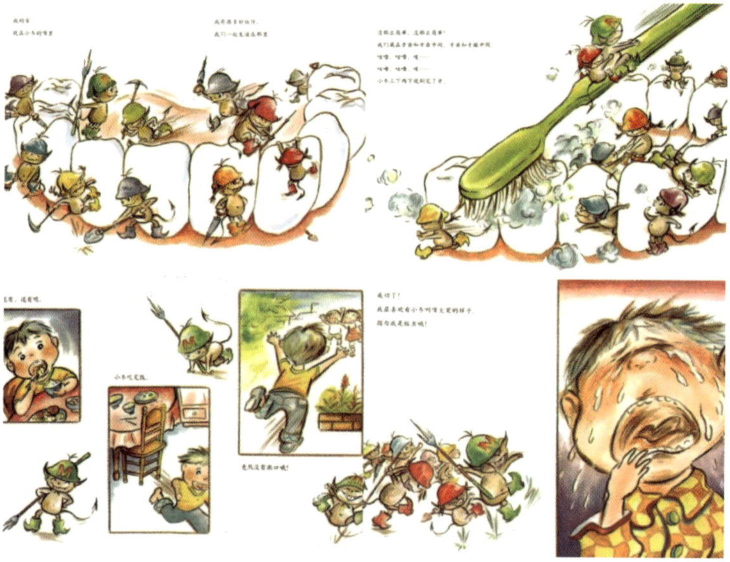
亲子互动要点	1.引导孩子在讲这个故事时语气要夸张得意，增加故事的喜剧效果。 2.拿出小镜子，和孩子一起观察自己的牙齿，说说自己一共有几颗牙齿，它们都是健康的吗？ 3.和孩子一同画一画，蛀牙和健康的牙齿，分别长什么样子？ 4.和孩子讨论不和蛀虫做朋友，我们应该怎么做？

教案3 大班动画故事——《猴子和鳄鱼》

活动名称	猴子和鳄鱼
活动目的	1.引导孩子有次序地观察《猴子和鳄鱼》故事的全过程，把自己看到的事情说出来。 2.让孩子体验借助问题观察事物、有序表述“观察结果”的快乐。 3.让孩子指导在遇到困难和问题时，要沉着冷静，发挥自己的聪明才智去解决问题。

活动名称	猴子和鳄鱼
材料准备	1.《猴子和鳄鱼》的故事内容。 2.教学目标与内容。
活动提问	1.故事的名字是什么? 2.故事里有谁? 3.一条小河边有什么?住着谁? 4.猴妈妈出去前对小猴说了什么? 5.猴妈妈出去后发生了什么事? 6.小猴想了什么办法才保护了自己? 7.你听了这个故事想说什么?
看图说话	
亲子互动要点	1.和孩子一起看动画《猴子和鳄鱼》的故事内容。 2.提出关键提问,让孩子回答。 3.听孩子讲故事。

教案4　大班绘本故事——《肚子里有个火车站》

活动名称	肚子里有个火车站
活动目的	1.引导幼儿通过图片猜想故事内容。 2.初步懂得人的心情变化与表情的关系，体验故事中角色的情感变化和感受体谅。 3.学会选择健康的食物，培养良好的饮食习惯。
材料准备	1.《肚子里有个火车站》的绘本故事。 2.教学目标与内容。
活动提问	1.茱莉亚听到的咕噜噜声是什么呀？ 2.肚子小精灵们的工作是什么？ 3.茱莉亚吃午餐的时候，发生了什么事？ 4.肚子小精灵们为什么会生气？如果是你，你会怎么做？
材料提供	
亲子互动要点	1.可以在吃饭前让孩子听《肚子里有个火车站》的故事内容。 2.让孩子说：(1)我们平时吃饭需要注意些什么？(2)什么东西对我们的身体好？什么东西对我们的健康无益呢？ 3.与孩子一同细嚼慢咽地共进一餐。

四、爱心陪伴，助力幼儿“慧”阅读

《指南》中明确提出：“为幼儿提供丰富、适宜的低幼读物，经常和幼儿一起看图书、讲故事，丰富其语言表达能力，培养阅读兴趣和良好的阅读习惯，进一步拓展学习经验。”因此，家庭中开展亲子阅读，帮助幼儿养成享受阅读的习惯，给孩子插上想象的翅膀，累积受益一生的财富！

（一）用爱心，轻松打造一个阅读环境

随着现代社会对于儿童早期阅读研究的深入，家长对于亲子阅读的关注也大幅度增加。在亲子阅读中，一个良好的阅读环境对于幼儿来说显得尤为重要。心理学家皮亚杰强调：“适宜的物质和心理环境能激发幼儿学习的欲望，增强幼儿主动活动的意识，从而促进幼儿语言的发展。”这就需要家长为幼儿创设一个良好的阅读环境，提高幼儿阅读的积极性，从而爱上阅读、享受阅读。

1.家庭物质环境的创设

家庭物质环境就是我们平常所说的吃穿住行所需要的一切。阅读的家庭物质环境的创设包括阅读材料种类和来源的选择、选择适合自己孩子的阅读内容、创设适合亲子阅读的空间环境和选择能够辅助亲子阅读的设施。

◆提供丰富多样的阅读材料

培养幼儿阅读的兴趣和能力，必须有相应的阅读材料去吸引他们，选择阅读材料是亲子阅读的一个重要组成部分。处于不同生长阶段的幼儿，对阅读材料有着不一样的要求，因此，家长可以根据孩子的年龄特点、阅读兴趣和认知水平，有的放矢地为幼儿准备以下几个方面的阅读种类：

①视觉类：绘本、图画、照片、影视等。

②听觉类：故事配套录音、儿歌、光盘、磁带等。

③操作类：图文配对游戏、自制故事书、你做我猜、故事表演等。

家长在选择阅读种类的同时，要注意阅读题材的多样性，从儿童生活话题到大环境的问题再到科学的奥秘，从亲情到友情再到生命教育，从激励自信到克服困难再到历经探险。还有不同种类的文本，如童谣、诗歌、

故事、散文等。孩子在丰富多样的阅读材料中，渐渐体验阅读的乐趣、积累知识信息、拓宽视野，通过阅读感受世界的精彩。

◆创设轻松安静的阅读环境

提供相对安静的地方，尽量减少干扰，能提高幼儿阅读的质量。选择阅读空间设施，空间的位置与大小，避免与玩具柜、电视机等地方相近。在安静的环境下更容易集中注意力进入阅读的状态。可以选在靠窗或安置一个落地灯，保证阅读时的舒适光源，保护眼睛视力。亲子阅读时，沙发上相拥而坐、地毯上促膝而就、床上肩并肩靠，都能让孩子感受到阅读的温暖，或者创设一个属于孩子的阅读"乐园"，从而爱上阅读。

2.家庭精神环境的创设

家庭精神环境指孩子意识、思维、心理、情感等精神活动发展所需要的精神要素。在此包括家长与孩子阅读互动形成的人际关系和心理氛围，以及家长的道德观念、价值取向等。家庭精神环境的创设中，家长运用科学的阅读指导方法，加强亲子阅读中的沟通交流，提升亲子阅读的效果，激发幼儿的阅读兴趣，读有所读，读有所乐。

首先，建立平等的家庭关系。尊重孩子，站在孩子的引导者、观察者的立场去指导孩子的阅读活动。当孩子在阅读过程中遇到困难时，给予孩子帮助；当孩子阅读过程中思维活跃、大胆表达时，给予孩子鼓励，保持孩子阅读的兴趣和热情。

其次，形成和谐互动的阅读氛围。在亲子阅读过程中，参与孩子的阅读。如和孩子一起选择合适的图书，共同阅读孩子感兴趣的图书，并就故事中的人物情节共同提问、讨论和思考。根据阅读种类用不同的方式与孩子共读互动。

①语言、故事类：可采取角色扮演的形式阅读，通过对话、表情和动作再现读物

中的情节，家长尽量使用夸张手法，变换语气语调，声情并茂地配合孩子阅读，从而提高孩子的表达表现能力。

②科学、认识类：引导孩子在观察图片中形、色、文字等基础上，结合孩子的生活经验开展讨论，用通俗易懂的讲解方式帮助孩子理解，从而提高孩子的观察理解能力。

③欣赏、感受类：通过朗读，引导孩子指指、认认、说说，不必关心孩子认识了多少字，注意引导孩子体会语言的美感与文字的奥秘，从而提高孩子的语言水平能力。

最后，适当地关注孩子阅读过程中的阅读方式。幼儿好动、好奇、缺少持久性，他们一般的阅读方式是翻翻这本，看看那本。对此，家长不要过多干涉，可以适当指引、观察和了解，指导孩子翻书的方法、观察图书的结构，学会与孩子沟通交流，使孩子对阅读更感兴趣，这样就会避免孩子出现乱翻书、无目的阅读的现象，形成爱读书、读好书、善读书的家庭阅读氛围。

通过创设丰富的多元环境阅读，用阅读引领孩子成长。拥有书香氛围的家庭，有良好阅读习惯的家庭，孩子的阅读能力必然有所提升。

（二）形式多样，天天阅读乐趣多

我国著名教育家陶行知先生说："播种行为，就收获习惯；播种习惯，就收获性格；播种性格，就收获命运。"坚持陪伴，才能在日积月累中教会孩子如何阅读。曾经组织亲子去图书馆进行实践活动，有个孩子对琳琅满目的书籍并不感兴趣，当他看到电子图书区域时，便挪不开脚步了，足足滞留了半个小时，直到妈妈催促着他回家为止。其实阅读的形式多样，不妨针对孩子的情况运用不同的阅读方式，从而提高他们的阅读兴趣。阅读除了大家比较熟悉的绘本、电子图书，还有很多阅读的形式：

①传唱式的儿歌、童谣、绕口令等琅琅上口，很受小朋友的喜爱。在家庭中，可以组织一些此类的表演活动。

②不要小看一张地图、一本说明书，这也是一种阅读类型，如乐高的操作步骤说明，非常考验孩子的观察、思考与理解的能力。而且孩子们为了拼搭出乐高，很乐意阅读说明书。

③相信大家的手机、电脑里都存有很多旅行的照片和视频，不妨将这些素材制作成影集，变成自己的故事。引导孩子将影集中的时间、人物、地点、事件进行简单讲述并进行联想。孩子在过程中自言自语，家长给予强化和鼓励。通过软件将孩

子的语音介绍与影集合成，从而共同制作出一份完整的影集故事作品。

④在现代信息技术应用下，还有一些App，如喜马拉雅、儿童故事在线音频阅读等。没有画面，全靠洗耳恭听。音频阅读能锻炼孩子的听力，学习标准的发音，提高孩子的专注力及想象力。

同时在2020年新冠病毒的疫情期间，我们通过微信平台开展了亲子共阅读的活动，如绘本故事《细菌不是用来分享的》《一个叫新型冠状病毒的坏家伙》《打败病毒我能行》等，既提高了孩子的阅读能力，又增进了亲子关系，还能使孩子对新冠病毒有全面的认识，提高防控能力，让孩子在这段特别的假期时光安全又不失乐趣。

⑤对每个孩子来说，电视、电影、动画片都很有诱惑力。这些类型也是和阅读有联系的，比如有的书籍翻拍成电影，有的动画片改编成漫画。当孩子遇到心仪的动画片，台词都能倒背如流，即使没有学过英文，也会唱冰雪奇缘的主题曲。这就是影视阅读的魅力。

⑥如今“打卡阅读”在亲子阅读中相当流行，家庭可利用打卡小程序（如小程序“家园联系栏”）进行亲子阅读打卡，养成每天坚持阅读的好习惯。行为心理学中表明：许多事情只需要坚持21天，就能养成习惯，阅读当然也是如此。打卡的形式有很多种，可以是孩子的一句阅读感言，可以是家长在亲子阅读时的感受，可以是一张亲子阅读的照片，可以是一段亲子阅读的音频，也可以是亲子阅读后的表演视频等等。

孩子愿意看、愿意思考、愿意理解，甚至是愿意记录，不管是什么形式的阅读，都能让孩子懂得更多，每天坚持阅读，“慧”阅读，从现在开始。

（三）理解阅读，收获阅读的美好

1.会观察画面，刺激幼儿丰富的想象力

阅读活动中引导孩子通过对画面的细致观察，不断引发孩子进行想象、联想，形成完整的故事情节。同时要根据孩子的不同年龄特点入手帮助他们学会观察画面。

◆3~4岁的孩子观察的无序性比较突出，很容易忽视对细节的观察。家长需要提出具体的观察任务，如《拔萝卜》的封面，可以直接指向老爷爷问“这是谁”，而不是“这里都有哪些人”。“老爷爷在干什么呢？”可通过肢体动作引导孩子观察图片中生活经验以外的事情，帮助孩子理解图画。如果孩子的注意力不是很集中，也可以先遮挡其他地方，引导孩子有序观察后逐步挪开遮挡的图画。

◆4~5岁的孩子喜欢观察细节了，他们有兴趣去猜测与推理细节背后的故事，但关键细节容易把握不住，与前后故事内容脱节。可通过故事主线引导其观察图画中的关键线索联想故事内容，如引导孩子观察图画中人物的表情与动作，使静止的画面在孩子的脑海中生动地展现出来，并通过上一页“老爷爷拔不出萝卜”为联结点，追问孩子：“谁来了？发生什么事情了？结果怎么样？”使得页与页产生联系，故事内容更具完整性。

◆5~6岁幼儿观察图画的有序性、细致性等已发展到一定水平，但完整概括绘本多页的能力较弱，运用词语的能力也不丰富，除了会用“然后”连贯词外，对其他连贯词语运用匮乏。根据故事内容的段落，可通过多页画面进行有目的的连续观察，如小女孩、小黄狗和小花猫这几个片段一起看，由单页过渡到多页完整叙述。可以提问孩子“老爷爷请了谁？又请了谁？再是谁？然后是谁？最后是谁来帮忙？”“他们成功了吗？”等引导性提问，让孩子根据观察画面的顺序回忆、分析、理清阅读的思路。

2.会思考主题，助力幼儿获得认知学习的经验

思考是一件高认知水平的活动，有的家长亲子阅读时，往往只注重培养孩子的阅读习惯，或注重“念书”，书念完了就OK了，却忽略了带着思考去阅读。你是否发现每一本书，都包含了值得孩子去思考的主题，比如友善、安全、责任、梦想……通过非常简单的一些事件和故事，把一些富含的哲理传达给孩子。

引导孩子在阅读中根据故事的六要素进行思考，通过家长的指导、与书籍对话，逐步形成独立思考的能力和认知的本领。如《拔萝卜》亲子阅读中，家长可从以下六要素引发孩子进行思考：

①时间：有一天。

②地点：在菜园里。

③人物:老爷爷、老婆婆、小姑娘、小黄狗、小花猫还有小老鼠。

④事件的起因:萝卜很大,老爷爷拔不动。

⑤经过:老婆婆、小姑娘、小黄狗、小花猫,还有小老鼠一起帮忙拔萝卜。

⑥结果:大萝卜拔出来了,他们高高兴兴地把萝卜抬回了家。

同时用提问的方式,引导孩子去思考,只有孩子经过思考了,才算是真正理解了,形成了自己的智慧。如:是谁?什么时间?什么地点?做了什么?最后怎么样了?如果你是老爷爷你会怎样?等。还可尝试和孩子探寻书中喜欢的细节、孩子觉得困惑不解的地方等,发挥孩子的思考能力,将阅读变成孩子思考的过程,这样孩子才更能收获阅读的快乐!

3.会理解作品,促进幼儿情感和社会化的发展

家长如何帮助孩子理解作品呢?很多家长都希望能够把自己的经验、道理和知识讲给孩子听,但直白的话语很难引起孩子的共鸣。与其苦口婆心地给孩子讲半天大道理,不如尽可能地增加孩子的阅读时间,对作品多看、多交流、多思考。还是以《拔萝卜》亲子阅读为例,在阅读前、阅读中和阅读后,边阅读边提问帮助幼儿理解作品。

◆阅读前,先观察封面,想想这会是一个什么样的故事?故事里有几个角色?

◆阅读中,根据故事情节的发展进行提问:老公公一个人有没有把萝卜拔出来啊?他请谁来帮忙了?它们是怎么回答的?

◆阅读后,一起交流故事的内容:①可以用提问的方式组织孩子进行讨论:"大萝卜是怎么拔出来的?"(人多力量大的道理)②引导孩子将注意力投向阅读过程中的理解与思考:"老爷爷请大家帮忙时,它们都愿意帮忙吗?"(助人为乐的道

理）③注意用联系孩子生活经验的问题或假设性的问题引导孩子深入思考和想象："如果大家因为拔不动就放弃了，会怎么样？你遇到困难会放弃吗？"（坚持不懈的道理）

最后，家长还可和孩子进行故事表演，一起分配角色，模仿人物的声音以及走路的姿态，表演故事的主要情节。这样带着问题去阅读，有针对性地找寻答案，不仅能提高孩子的专注力，还能加深对作品的理解。并通过故事表演，进一步帮助孩子理解故事内涵，提高口语表达能力，体会团结的意义以及与家人游戏的快乐，情感和社会化得到发展，领略了阅读之美。

"慧"阅读，陪伴最重要，"慧"阅读是父母在长期的陪伴中给孩子最大的收获。一个孩子从不会阅读，到爱阅读、能思考、善表达，会经历怎样的一个过程呢？家长们一起试一试吧，希望每一个家长都能享受亲子阅读之乐，让每一个孩子爱上阅读！

拓展人际交往，助力幼儿心灵成长

——在家庭中渗透幼儿人际交往启蒙教育

汤雨婷

3~6岁是幼儿个性和自我意识形成的关键时期，在此阶段积极实施人际交往启蒙教育，有意识地培养孩子交往行为，有助于孩子社会性发展。家庭作为幼儿成长的重要场所，要充分发挥家庭教育的主导作用，通过渗透人际交往教育，能够满足幼儿的生存和发展需要。因此在家庭中渗透幼儿人际交往的启蒙教育，能够培养优秀、健全的人际交往能力，让幼儿的身心和谐健康发展，慢慢成为一个有魅力的人。

一、人际交往是幼儿成功的关键

人际交往，是由于共同活动的需要而在人们之间所产生的建立和发展相互接触的复杂和多方面的过程，是实现合作与沟通的前提。人无法离群索居，每个人在其成长过程中，无时不在与人进行交往，都需要从他人那里获得信息，学习他人的经验和智能，以及沟通。幼儿期是人生社会化的起始阶段，良好的人际交往，不仅能使幼儿将来更好地适应社会，对其健康成长也非常重要。学会正确的社会交往技能，将是孩子迈向成功关键的一步，关系到他一生的发展，因而丰富幼儿的社会经验，发展幼儿人际交往能力是至关重要的。当前，幼儿交往发展水平不容乐观：任性，自我中心，不能理解他人，缺乏交往技巧；或者见人就脸红、害羞腼腆等表现在幼儿园经常可见，这些不良的习性将阻碍着他们今后的社会活动。《3~6岁儿童学习与发展指南》中指出："幼儿阶段是社会性发展的关键时期，良好的人际关系和人际交往能力对幼儿身心发展以及知识、能力和智慧作用的发挥具有重要影响。”因此，从幼儿起就开始进行人际交往启蒙教育是十分必要的。幼儿早期的人际交往技能、交往状况会深深影响其未来的人际关系、自尊，甚至幸福生活。

美国心理学家哈吐普认为，幼儿成长过程中会出现两种社会关系，即垂直关系和水平关系。垂直关系是幼儿与成人之间的关系，主要是与父母和教师之间的关系。水平关系是指与幼儿具有相同认知水平的同龄人之间的关系。随着年龄的增长，垂直关系逐渐弱化，水平关系逐渐占据主导作用，对人成长过程中价值观的形成非常重要。基于此，在幼儿早期，培养健全的人际交往能力，对幼儿的成长具有重要的积极意义。

二、良好的人际交往，从家庭开始

黄川芹在《浅议幼儿人际交往能力影响因素、现状及对策》一文中系统研究了当前国内幼儿人际交往能力的现状、影响因素和对策，指出幼儿人际交往能力受环境因素、家庭因素、个人因素等诸多影响，幼儿人际交往能力缺乏主要体现在必备技能缺乏、文明礼仪缺乏等方面，提高人际交往能力还需从幼儿园、家庭多方面来解决。

人的社会交往能力的培养、形成和发展，是一个潜移默化、循序渐进的过程。0~6岁时期，家庭是孩子成长过程中最重要的场所，父母是幼儿接触最多的人，是孩子的第一任老师。孩子来到世界上，首先是从父母那里学会认识世界，父母的一言一行、家庭环境的氛围都在为孩子的个性、情感、行为、道德等各方面起到潜移默化的作用。如果说孩子是一张白纸，父母就是拿起笔描绘这张白纸的人，家庭环境则是这幅作品的主要基调。因此，家庭生活对于幼儿人际交往的作用是至关重要的。家长在家庭教育中渗透幼儿人际交往启蒙教育，从而使孩子交往能力得到发展和提高，成为顺应时代发展的人，让孩子人见人爱。

三、值得反思的家庭中孩子人际交往能力培养的问题

由于家长所受的教育和身处的环境不同，文化修养、职业不同，所以在教育观念上也存在着差异。以下这四种家庭教出的孩子，人际交往能力较差，你家不是其中之一吧。希望引起家长的关注，通过后天的培养来提高孩子的交往能力。

第一，家长重视孩子的智力开发，对孩子的学习情况非常重视，常常会询问孩子在幼儿园学会了几首儿歌和歌曲，同时还会为孩子报名各种补习班和兴趣班，大

量挤占了幼儿的娱乐时间，忽略了良好的人际交往启蒙教育的培养。

第二，父母工作繁忙，没有时间陪伴孩子。而孩子在日常娱乐的过程中，主要使用手机和平板电脑等电子产品，观看电视时毫无节制，这些娱乐媒介大量占据了孩子的时间和精力，从而使孩子缺少了与父母的交流，缺少与大自然的交流，缺少社会元素的融入，孩子成长过程中社会成分的缺失，与家人之间的亲情碰撞和思想沟通的严重缺位，最终导致孩子的心理健康成长受阻。

第三，当代幼儿多为独生子女，其在家庭中缺少可以共同交流和玩耍的成长玩伴，同时部分家长担心幼儿在与同伴玩耍中出现冲突等问题，直接限制幼儿与外界的接触，从而导致幼儿处理人际关系的能力不强。

第四，家长教育方式的不同，影响幼儿人际交往能力的发展。如溺爱型家长对于孩子的要求常常毫无原则性的满足，为孩子包办代替过多，导致孩子依赖性增强，并逐渐形成以自我为中心的个性，不懂得与他人交往时的礼仪、态度；专制型的家长，要求孩子无论在什么方面都要绝对服从自己，甚至限制孩子的自由，必须按照父母的规划成长，对孩子各方面的行为都加以保护甚至监督，从而导致孩子缺少自己独立思考的能力；不善交际的家长，带孩子出去会自动远离人群，导致孩子接触不到各种各样的人，就会变得内向，不爱说话；素质较差的家长，潜移默化的影响使孩子为人处事方面也欠缺。

诸如以上问题，值得家长的反思。培养孩子人际交往能力，并不是一蹴而就的事，它更需要父母对孩子的陪伴、支持、理解和爱。通过父母和孩子的共同努力，人际交往会对孩子各个方面乃至一生都起到积极的意义和重要的价值。相信在爸爸妈妈爱的陪伴和滋养下，每个宝贝日后都将拥有出色的交往能力。

四、赋予孩子创造幸福的能力

你家宝贝的人际交往能力强吗？只要爸爸妈妈正确引导，每一个孩子都可以成为小小社交高手。在这里给宝爸宝妈们支招，分享一些日常生活中交往能力培养的精彩活动，家长在家里可以带着孩子一起玩哦，相信孩子一定能具备积极、快乐、健康的人际交往能力，成就幸福人生。（见表1）

通过亲子阅读、亲子游戏、文明礼仪、同伴交往等活动，让幼儿在与成人以及与同伴的交往中获得不同的交往体验，并且从中获得基本的交往能力、交往礼仪，从而培养良好的交往习惯，愿意与人交往，能与同伴友好相处，具有自尊、自信、自主的表现，关心尊重他人等。例如，幼儿在走亲访友活动中，通过做客以及接待客人

表1　家庭中渗透幼儿人际交往启蒙教育的活动(案例节选)

活动内容	活动价值	活动操作指南	活动建议
走亲访友	1.懂得待人接物的基本礼仪,知道与人交往时需要注意的言行举止。 2.建立孩子的自信心、交往能力,从而促进孩子的社会性发展。	1.做客前的准备:①家长向孩子介绍去做客的对象。②怎样和别人问好;做客时应注意哪些礼节?(说话轻、未得到允许不随便碰任何东西。别人家有小朋友时,要友好相处,不乱发脾气等)③做客前和孩子穿戴整洁,也可以准备一件小礼物,以表示对主人的尊重。 2.走亲访友去做客:①见到主人主动问好,指导孩子正确地使用称呼。如:叔叔、阿姨、爷爷、奶奶、哥哥等等。②能与主人家的孩子友好相处,不抢玩具,玩具一起玩。③未经允许不随便碰任何东西,父母同意方可接受别人的食物,并且要礼貌致谢。④遇到事情不能随便发脾气,可告诉父母,一起解决。⑤在朋友家用餐,要注意用餐礼仪:不抢先入座、不先动食物;不用筷子翻抄碗里的菜;不挑食、不浪费、不发出吃东西的声音,在用餐中间不随便离开座位到处乱跑。⑥当离开回家时,能向主人礼貌告别,说"谢谢"和"再见"等。 3.做客后的评价:每次做客归来,家长都应对孩子的表现进行交流,对他礼貌、得体的行为给予肯定和鼓励,并随时纠正他不正确的言行,久而久之,你的孩子定会成为人人称赞和疼爱的好孩子。	1.开展走亲访友的活动,家长要明确每次活动的目的和意义,尽量创设宽松的环境,不要吝惜自己的时间,节假日时,多带孩子串串门,让孩子多与人交往,使孩子能大方地机敏地待人接物。 2.开展此项活动要循序渐进,注重实践性原则,以表扬鼓励为主,让孩子在创造性活动中真正学会待人接物的正确方法。

活动内容	活动价值	活动操作指南	活动建议
小小采访员	1.通过采访，获取自己想要的信息，锻炼孩子的大胆表达能力。 2.让孩子体验到采访活动带来的快乐，以及成功获取信息的自信心。	1.采访前制订计划，和幼儿一起梳理采访内容：①马上要过年了，这次派你做小记者，去采访亲戚朋友，你知道小记者是怎么采访的？②(播放记者采访的视频)你看看记者是怎么采访别人的？(拿着话筒，问一些问题)。③关于新年，你会想提问一些什么呢？我们一起来做一张采访记录表吧(家长幼儿一起设计并制作)。鼓励孩子采访时，要大胆并礼貌地提问，说清楚自己的问题，认真倾听对方的回答。 2.进行采访：①叔叔新年好，我想采访你几个问题可以吗？②请问您对过去的一年，最开心的事情是什么？③您最喜欢的年夜饭里的哪道菜？为什么？④您对新的一年，有什么最想要做的事情吗？ 3.亲身体验后交流：①今天你很厉害，能大胆地采访亲戚朋友，你的感受是什么？②下一次，我们可以采访一下陌生人。	本次活动能够培养孩子的语言表达能力、与人沟通能力、沟通技能技巧，锻炼孩子的胆量和自信。让孩子在交往活动中能根据被采访对象，采取相应的采访方式，提出自己的要求，关键在于幼儿大胆交往，灵活应变，获得成功体验。
朋友的约定	1.知道小鸟和大树之间的约定，理解约定的意思。 2.懂得与朋友相处时要信守承诺，珍惜朋友间的深厚情谊。	1.绘本故事导入：①今天妈妈准备了一个有意义的故事，故事的名字叫《朋友的约定》，我们一起来看一看、猜一猜发生了什么？②猜一猜，图片上的小鸟在干什么？它怎么了？为什么对着火光唱歌呢？它为什么会哭呢？发生什么事情了？ 2.故事基本部分：①大树和小鸟之间发生了一件什么事吗？②他们说了些什么？这是他们之间的约定。(讲述约定的含义)③让孩子模仿对话。④继续讲故事：春天来了，小鸟遵守它和大树的约定，飞回来了，但是，小鸟看见大树了吗？它看见了什么？小鸟还一直记得它和大树的约定，什么约定？⑤小鸟为什么要对着灯火唱去年唱的歌？ 3.情感迁移：①宝宝，你答应过别人事情吗？做到了吗？②相信你是个遵守约定的好孩子，如果以前你有些没做到，没关系，请你以后做一个遵守约定的好孩子。③找一个自己的好朋友，和他一起商量一个属于你们俩的约定。	通过故事内容让孩子学会理解故事的深层内涵。学会遵守约定，信守承诺，珍惜朋友间的深厚情谊。让孩子理解故事的基础上，去试着和朋友建立约定培养友谊。

活动内容	活动价值	活动操作指南	活动建议
西餐初体验	1.体验西餐中各种餐具的用法，知道吃西餐的基本礼仪。 2.感受吃西餐的雅致与快乐。	1.视频导入：①今天我给宝宝带来了一个好看的小电影，我们一起来看一看他们在干什么呢？②他们在干吗？他们吃饭的吃法有什么特别(这些叔叔阿姨在吃西餐)?吃西餐要注意些什么? 2.出示餐具，认识几种常见的中西餐的餐具(刀、叉、筷、汤匙、盘子等)。提问：你们认识它们吗？它们是怎么用的？(使用刀叉时，应右手用刀，左手用叉，只用叉时，可用右手拿。使用刀时，不要将刀刃向外，更不要用刀送食物入口，切肉应避免刀切在瓷盘上发出响声；吃面条时，可以用叉卷起来吃，不要挑，中途放下刀叉，应将刀叉呈“八”字形分别放在盘子上，如果把刀叉放在一起，表示用餐完毕)。 3.提问：餐巾怎么使用？(餐巾应铺在膝上；如果餐巾较大，应双叠放在腿上；如果较小，可以全部打开，餐巾虽然也可以围在颈上或系在胸前，但显得不大方，所以最好不这样做。可用餐巾的一角擦去嘴上或手指上的油渍，但绝不可用餐巾擦餐具) 4.吃西餐体验：带孩子去餐厅吃西餐，感受西餐与中餐的不同。孩子入座用餐过程中，针对孩子的用餐情况进行视频或拍照记录。 5.餐后观看孩子用餐的视频或照片记录：一起来看看孩子用餐情况，说说这样用西餐对不对，对的给予鼓掌，不对的话指出，告诉孩子正确吃西餐地方法。 6.带孩子再次吃西餐：巩固吃西餐的基本礼仪。	在吃西餐的过程中，了解一些简单的西餐文化，并学着遵守，从而给孩子创造愉快的用餐体验。以积极动手大胆尝试学习正确的进餐方法为主，让孩子在体验吃西餐的过程中学会用餐礼仪、进餐的方式方法。关键在于引导孩子多练、多用进餐用语，获得成功体验。

活动内容	活动价值	活动操作指南	活动建议
土拨鼠逃生 (桌游视频)	1.通过绘本和桌面游戏,学会乐于抑制自己的愿望,遵守游戏规则。在按角色要求行动的"社会行为准则"的基础上,提高积极与同伴协商沟通,齐心协力解决在游戏中遇到的问题的能力,培养团队的合作能力。 2.体会有好朋友真好。喜欢结交朋友。	1.绘本故事《土拨鼠逃生》 提问:①克来辛环球旅行时,为什么想和伙伴一起旅行?②克莱辛在农场是怎样和小动物们打招呼的?③你是怎样结识新朋友的呢?④克莱辛在快乐农场里经历了哪些有趣的事?⑤土拨鼠调进灌水的地窖里,克莱辛想到什么好办法救地窖里的土拨鼠?⑥如果你是克莱辛,你有什么办法营救土拨鼠? 2.桌面游戏体验:一只土拨鼠被困在了洞穴中,让我们帮助它找到线索逃脱吧! ①家长和孩子一起分工扮演角色,进行桌面游戏。②当积木倒塌后,家长带着孩子一起分析倒塌的原因。③当孩子害怕不敢再继续时,家长可以智慧地用一些"我们能否一起再努力往上搭一层呢?"这样建议性的语言。 3.邀请4个伙伴一起合作游戏,让孩子们自主商量游戏规则,在一次次的逃脱失败中,孩子可能出现相互指责的现象。家长及时调整孩子负面情绪,鼓励孩子,增强孩子的抗压能力,体验合作的力量。	1.孩子和好伙伴都想当克莱辛时,家长引导孩子协商解决,如可轮流当。 2.鼓励孩子尝试新的游戏方法。 3.使交往行为不自觉地迁移到实际生活中,从而强化交往意识。

活动内容	活动价值	活动操作指南	活动建议
过生日	1.了解生日的含义,学会在活动中正确与同伴交往,促进与同伴分享等优良品质的形成。 2.学会感恩,学会说一些简单的生日祝福语。	1.讨论:宝贝快要过生日了,你知道生日是怎么来的吗?(我们从妈妈的肚子里出来的那一天,就是我们的生日,所以我们要好好爱妈妈) 2.和孩子商量过生日的形式、邀请哪些好朋友、需要准备什么? 3.确定时间后可以和孩子一起制作邀请卡,并给她想要邀请的朋友;和孩子一起去购买物品(蛋糕、生日帽、一些布置气氛的物品等);一起进行生日气氛的布置(拉花、气球等)。 4.播放生日歌,孩子们一起过生日。送生日祝福:生日的这一天,我们要向过生日的人表达祝福。 5.赠送生日礼物,礼物可以是精心挑选的,也可以自己动手制作。 6.小游戏助兴:如萝卜蹲,击鼓传花,脑筋急转弯…… 胜者发小礼物。 7.分享生日蛋糕:①吃蛋糕之前,先要点蜡烛、许愿、吹蜡烛,再一起唱生日快乐歌。②最后一起分享美味的生日蛋糕。	1.建议生日不需要过于复杂,孩子需要的是一个和大家一起玩的机会。生日形式要多样:派对、参加公益活动、拓展野营等,让孩子生日过得更有意义。 2.活动过程中,建议家长事先给孩子准备一些简单的生日祝福语、生日礼物等,让孩子能够自信、大胆地赠送礼物和祝福,体会过生日的快乐。
过家家	1.游戏中模仿成人炒菜、喂娃娃吃饭等动作。 2.在游戏中感受父母对自己的关爱,尝试将爱转化为游戏行为。	1.角色互换:孩子和家长的角色进行互换,孩子做家长,家长做孩子。 2.商量:平时爸爸妈妈在家是怎样照顾自己的? 3.说说:在游戏中你准备做些什么? 4.进行游戏①孩子扮演爸爸或妈妈,照顾"宝宝"。②爸爸妈妈要配合孩子扮演好"孩子"。③游戏过程中家长可以适当给孩子一些语言、动作等提示。 5.分享交流:①你是怎样扮演爸爸或妈妈的?②你在游戏中做了些什么?③如果你去孩子园玩过家家的游戏,你会怎么做? 6.让孩子邀请好朋友到家一起做游戏。	培养孩子喜欢和同伴一起游戏、学会分享、等待,体验与同伴一起游戏的快乐,理解并愿意遵守日常生活中基本的社会行为。游戏中,孩子通过模仿成人的言行举止,体会照顾宝宝的辛苦,并且愿意学着爸爸妈妈的样子,在同伴间进行交往,学习简单的交往技巧,体会交往的快乐。

活动内容	活动价值	活动操作指南	活动建议
小书包	1.学习整理书包，培养有序整理文具、书本的好习惯。体验自己长大了，要更懂事了。 2.自己的事情自己做,不依赖别人,从而树立自尊和自信。	1.和孩子一起讨论：宝贝快上一年级了，幼儿园和小学有什么不同呢？(小学生要背书包，买文具盒；上学要戴绿领巾或红领巾；每天要做作业……) 2.帮助孩子了解上小学所需的书包。①出示文具盒及各种文具及大小不一的书籍。②引导孩子认识它们，并了解其各自的用途。③引导孩子们讨论各种东西如何存放才是最科学的。 3.让孩子学会整理书包。 4.和孩子一起检查整理的方法是否恰当：我们来看看都是怎样整理的，都把东西放到哪儿了。放对的表扬，分类不够合理的，提问：为什么文具要分类存放？书本要分大小整理，要求说清楚把什么东西放到什么地方。 5.再次让孩子整理书包。	1.要让孩子意识到收拾自己的物品。父母可以为孩子的玩具和物品准备一个专门的放置地方，让孩子知道玩好都要送回“家”，能对自己的玩具和学习用品进行分类整理和保管。 2.父母要尽可能地用游戏的方式吸引孩子参与收拾整理，并坚持不断强化，最后形成习惯。 3.鼓励孩子做一些力所能及的家务，如：在饭前摆放碗筷、擦桌椅、倒垃圾等。

的过程，实现在幼儿园所不能获取到的真实交往体验。又如幼儿在过生日、吃西餐等活动中，体验不同的交往礼仪，感受礼仪对于交往过程中产生的重要作用。这些幼儿人际交往方面的启蒙教育，对幼儿的成长发展起着至关重要的作用。让我们和孩子一同体验、一同享受、一同收获美好的心灵。

五、五个小建议，让孩子妙变社交小能手

幼儿人际交往启蒙教育的培养、形成和发展，是一个潜移默化、循序渐进的过程，而幼儿期主要的空间是家庭，家庭教育的方式直接影响幼儿的行为，因此家庭中有意识地、积极主动地去创造条件，精心培养，使幼儿的人际交往能力得到发展和提高，扩大幼儿的交往圈，建立和谐的人际交往，让孩子更受欢迎。

(一)改变方式，重视幼儿交往能力的培养

幼儿的交往能力和家长的重视程度、教育态度和方式密切相关。通常，在一些较为民主的家庭氛围中，幼儿更容易培养出良好的性格。如果一味溺爱孩子，容易形成孩子自私、过分依赖、缺乏自信、面对困难时退缩、更缺乏克服困难的勇气，在与他人交往时往往也不能形成平等和谐的相处方式；如果家长长期忽视孩子的人际交往启蒙教育，更容易造成孩子自卑、挫折感、攻击行为等不良的个性因素；孩子在家庭中感受不到温暖，容易对他人和社会产生敌对情绪，这些消极负面的影响会导致孩子成长过程中更为严重的问题。

家长和孩子的关系不仅是父母，更是朋友，如果家长能够民主地对待孩子，愿意和孩子共同商量，尊重孩子的意愿和想法，并且经常给予孩子鼓励，肯定他们的行为，善于发现并表扬他们的闪光点，对于孩子不恰当的行为能够耐心进行分析，加以适当的引导，并在孩子成长过程中采取积极的方法帮助孩子形成良好的个性品质，注重与孩子之间平等的沟通交往，营造和谐的家庭氛围，从而使孩子感受到良好的人际交往关系，耳濡目染，潜移默化，这就是家人对孩子的影响。因此在日常生活中，家长要为孩子树立喜欢、善于与人交往的榜样，要注意自己的言行，为孩子提供良好的榜样。如与邻里和睦相处，在家中保持良好的夫妻、亲子关系，主动为父母做家务；同时，家长应该尊重、关心长辈和其他人，在公交车站主动给老人让座，看到别人有困难能主动关心并给予一定的帮助等，孩子通过观看、模仿成人交往过程的良好行为而受到潜移默化的学习。这样的家庭教育，往往能够促使幼儿得到自信、自尊、自爱，并且学会分享和谦让，从而形成幼儿良好的人际交往能力。

（二）适时引导，养成幼儿友善语言的习惯

幼儿处于语言习惯养成的重要阶段，而合理的语言表达和语言礼仪能够体现出幼儿的思想道德修养、交际能力等，是幼儿人际交往的重要方面。“良言一句三冬暖，恶语伤人六月寒”，礼貌的语言表达能够让别人感觉到温暖，从而心情愉悦，因此礼貌的语言教育应该贯穿于幼儿成长培养的全过程。

孩子要懂礼貌，遵守社交礼仪，这是现在绝大部分父母的共识，如何和别人说话、互动，餐桌礼仪有哪些，说话的艺术等等，这些可以奠定孩子成功的人际关系、社交活动，也有助于幼儿未来的工作表现，形成良好的友善语言习惯，让孩子轻松拥有好人缘。父母应该让幼儿懂得礼貌礼仪的重要性，明白言语礼貌是一件令人心情愉悦的事情，例如：鼓励幼儿在见到老师、邻居、亲戚等熟人时主动见面问好，大方地打招呼，让对方感受到自己的礼貌，让幼儿体会到主动打招呼是一件非常有礼貌的事，这样的行为也会受人欢迎。在这一过程中，父母应该起到言传身教的作用，通过示范的方式来引导孩子形成礼貌的语言习惯，学会在不同的场合使用不同的礼貌用语，比如“您好”“谢谢”“对不起”“没关系”等正确用词；此外，教会孩子用表情“说话”，面带微笑，热情地与别人讲话更容易获得别人的好感，比如说“叔叔，您好”“吃饭了吗”“最近身体好吗”等问话方式，都容易获得别人的好感，树立一个亲和懂礼貌的形象。当孩子想和其他陌生幼儿玩耍时，也要引导幼儿使用恰当的语言去邀请，如“你好，我能和你一起玩吗”“你好，我这里有玩具，我们能一起玩吗”“你好，我叫XX，很高兴认识你”等，通过这样礼貌的邀请来让孩子自己去找到朋友，提高孩子的人际交往能力。家长朋友们，教孩子掌握基本礼貌用语，就可以培养出文明的小绅士、小淑女了，赶快在适宜的情景中引导孩子学会使用礼貌用语吧！

（三）扩大空间，形成幼儿善于分享的品质

快乐因分享而加倍，悲伤因分享而减半。演说家马克·吐温也曾说：“悲伤可以自行料理，然而欢乐的滋味如果要充分体会，就需要有人分享才行。”分享是无私的一种体现，善于分享的幼儿便能够在人际交往中获得机会，才能够有更好的人际圈子。首先家长在家主动与孩子分享快乐，切忌因忙而无暇顾及孩子，要多鼓励孩子和家长分享自己开心的事情、分享令自己感到悲伤的事情、分享自己刚买的新玩具、分享自己喜欢的小零食等；同时给孩子更多的自由发展空间和天真快乐的童年，扩大他们交往的空间，给孩子创造与人交往的机会，只有通过与人交往才能学会交往的技能，懂得分享的快乐。所以孩子的生活空间不应该局限于家里，家长要鼓励孩子走出家门，广交朋友，让孩子得到更多交往机会。比如让孩子去找邻居的小伙伴玩，邀请小伙伴来家里做客、在小区和邻居家孩子玩耍等，在交往中培养孩子善于分享的待人方式，通过分享，幼儿更容易找到知心朋友，在分享中获得快乐。

例如：四岁的豆豆刚上幼儿园的时候与家长的分离焦虑十分严重，在幼儿园自己带的玩具也从来不愿和其他孩子一起分享。有一次妈妈带豆豆在小区玩，遇到邻居家的孩子，便一起玩了起来。豆豆想要玩对方手里的小恐龙玩具，但他又不愿意将自己的玩具和对方分享。于是拉着妈妈的手，让妈妈帮他开口把玩具借来玩一会儿。妈妈抓住机会引导他说：“如果你想玩其他小朋友的玩具，你要先把你自己的玩具给她玩，一起玩才会更快乐。”在妈妈的鼓励下，豆豆终于愿意跟对方交换玩具，两个孩子玩得十分愉快。通过这样一次经历，让豆豆感受到与同伴分享玩具是一件身心愉悦的事情。豆豆与人交往的能力就在这一次次的实践中得到了提高。因此，家长要适当为幼儿扩大交往范围，如利用双休日、节假日等闲暇时光，带孩子外出游玩，去公园、游乐场、商场等地，鼓励孩子与其他孩子一起玩耍，在玩耍的过程中加强交流，给孩子创造更多的机会共同分享玩具、分享食物等。还应让孩子懂得在分享过程中要做到宽厚待人，这样能使幼儿在人际交往中获得更多的社会支持，孩子在与人相处的过程中也会积累更多的知识经验，获得提高各种能力发展的机会。分享是人际交往的润滑剂，懂得分享是快乐的，教会孩子分享也是快乐的，就让每一个孩子都快乐、开心地长大!

（四）积极鼓励，树立幼儿自信心的意识

幼儿期是性格养成的关键期，鼓励是培养孩子自信心最有效的方法。适当的鼓励和表扬能够让幼儿更加有信心，在生活中能够表现得更加自信；相反，如果一味地贬低幼儿、讽刺幼儿，则会让幼儿在人际交往中表现得怯弱，不敢与人交往，不善言辞表达。在现实生活中，我们可以看到成功者的身上都会有着一种相同的自信心。基于此，培养幼儿人际交往的自信心也非常重要。在培养自信心的过程中，关键在于要让孩子认识到自身的价值，接受自己，才能够更好地与别人进行沟通。家长应该通过恰当的方式，如多与孩子进行交流，让孩子认识到自己在人际交往中的优点和缺点，并且在交流过程中扬长避短，时常以积极的态度关注孩子，对孩子多进行鼓励，尤其是一些性格较为内向的孩子，鼓励他们大胆表达，要善于发现他们的优点,并给予恰如其分的表扬，经常以肯定的口吻对孩子说“真能干”“你肯定行”等，从而逐渐增强自信心。

例如：妞妞是个性格较为内向的小女孩，平时怕见生人，每次家长让她和长辈打招呼，她都会害羞地把头低下去。这天，有个阿姨来家做客，妈妈让妞妞跟阿姨打招呼，妞妞一溜烟跑回了自己的房间。可当阿姨拿出给妞妞带的玩具礼物时，妞妞可想要了，却不敢开口。于是，妈妈以此为契机跟妞妞说：“如果你愿意大声地和阿姨打招呼，阿姨一定会十分高兴的。如果你想玩阿姨带来的新玩具，你可以询问一下：‘我可以玩这个玩具吗？’”妞妞起初不太愿意，但在新玩具的诱惑下，最终在妈妈的鼓励下鼓足勇气有礼貌地和阿姨打招呼了。在大家的赞许声中，妞妞体会到与人打招呼并不是一件很难的事。妈妈用鼓励的方式让妞妞勇敢地迈出一步，并且在妞妞打招呼后适时地进行表扬，肯定孩子打招呼的行为，从而树立了妞妞的自信心。孩子的自信心并不是天生的，而是需要家长和老师在后天的日常生活中，或者是学习中慢慢培养起来的。积极鼓励孩子，为的是树立他们的自信心，促使孩子产生积极主动的活动愿望，乐于与人交往，成为交往小能手。

（五）利用游戏，教会幼儿正确交往的行为

现在的幼儿大多数都是独生子女，生活环境相对比较独立，与外界陌生人接触交往的机会不多。除此之外，当代幼儿往往是集万千宠爱于一身，父母、祖父母、外祖父母都会万般宠爱，导致幼儿出现孤僻、任性、偏激等行为，而这些不好的行为都会影响幼儿的人际交往能力，并且不及时加以纠正，这些问题将根深蒂固伴随孩子一生。为教会幼儿正确交往的行为，家长可利用多种方式进行引导，助力孩子快速成长。

游戏是孩子最喜欢的活动，是伴随每个儿童成长不可或缺的伙伴，在儿童的成长过程中发挥着极其重要的作用。游戏活动在幼儿期也是最好的培养幼儿人际交往的方法，将教育与游戏相结合，寓教于乐。所以家长可以适当开展形式多样的游戏活动让孩子了解交往中的良好行为。在家中家长和孩子可互相扮演客人和主人，在言传身教的游戏氛围中，潜移默化地让孩子学会正确的交往行为，形成良好的个性更好地适应社会生活。

例如：西西从小由祖辈带大，家里人对他十分宠爱，以至于他养成了以自我为中心的不良习惯，家里任何东西都要由他说了算，上幼儿园和其他孩子也经常会发生争吵、抢夺玩具等行为，让家长十分头疼。在老师的建议下，西西的父母在家和西西一起玩起了“过家家”的游戏，爸爸妈妈来扮演孩子，由西西扮演家长。在身份互换的游戏过程中，爸爸妈妈表现出的争吵、抢夺玩具等种种自私行为，让西西头疼不已。于是他主动告诉爸爸妈妈：“不能抢玩具，如果你想玩别人的玩具，一定要学会商量，等对方同意才能玩。小朋友一定要听大人的话，大人说了不可以就不可以。”西西的爸爸妈妈非常高兴。通过几次这样互换角色的游戏之后，西西在人际交往能力方面明显有了进步，学会了如何用正确的方法与人沟通。

家长可以将在游戏中学到的这些良好交往行为运用到实际生活中，如邀请孩子的同伴来家做客，让孩子当小主人，或是带着孩子去同伴家中做客。家长要腾出空间让孩子游戏，给孩子营造宽松和谐的氛围。孩子们在游戏时，家长不能过多参与，只能在适当的时候给予引导。爸爸妈妈会发现，跟玩伴在一起，孩子们不仅互动的频率较多，笑声也更多。游戏让孩子在切身体会的过程中收获积极的交往体验，提升孩子人际交往能力。爸爸妈妈们赶紧和孩子一起，在有趣的游戏中，让他们去体会与人相处的点点滴滴。

幼儿早期的人际交往技能、交往状况会深深影响其未来的人际关系，甚至幸福一生的生活。因此家长一定要重视幼儿的人际交往能力的培养，家庭中渗透幼儿人际交往启蒙教育，在幼儿与人交往的过程中悉心指导，使幼儿能够获得积极的交往体验，让他有一种喜欢与人交往的态度，助力幼儿心灵成长，你会发现良好的人际交往可为幼儿带来更大的惊喜！

让孩子成为行为规范的小天使

——在家庭生活中渗透幼儿行为规范启蒙教育

华 纯

“行为规范”是社会群体或个人在参与社会活动中所遵循的规则、准则的总称，是社会认可和人们普遍接受的具有一般约束力的行为标准。

“幼儿行为规范”是幼儿在社会性发展过程中，遵守游戏规则、活动规则和公共场所的基本规则，初步形成尊老爱幼、文明有礼、诚实守信、爱护环境等规则意识与行为。

行为规范教育是德育教育中一个重要的组成部分，是一个人道德修养的外在体现，是国家、社会文明进步的象征。然而，在幼儿成长过程中，不断受到来自社会、幼儿园、家庭多元文化的冲击，有的幼儿是非观、价值观的形成可能会出现偏颇。因此，为了更好地在幼儿的黄金期开展行为规范启蒙教育，我们以“家长参与学校课程建设与实施——以‘家长俱乐部’的建设与运行为例”课题研究为契机，首先从探究家庭生活中如何渗透幼儿行为规范启蒙教育的家园融合课程入手，通过“家长俱乐部”活动的开展，充分利用家庭、社会资源，以丰富的活动内容，多样的活动形式，激发幼儿良好行为的意识，形成良好的行为习惯，促进幼儿的全面发展。

一、规范孩子行为，让TA受益一生

美国心理学家威廉詹姆士曾经说过：“播种一种行为，收获一种习惯；播种一种习惯，收获一种性格；播种一种性格，收获一种命运。”简短的一句话深刻阐明了行为规范是一个人独立于社会的基础，养成良好的行为规范使人受益终身。

儿童心理学研究表明:3~6岁是幼儿各种能力与素质发展的最佳养成期。幼儿身心发展非常迅速,可塑性极大,学习模仿能力非常强,在此期间实施行为规范的启蒙教育不仅有利于幼儿价值判断、价值辨析能力以及“知、情、意、行”等素质的提高,而且能为其个性形成打下良好的基础,影响孩子的一生。因此,幼儿行为规范的启蒙教育对幼儿的成长至关重要,有意识地在这一阶段对幼儿进行行为规范启蒙教育,不仅能使幼儿形成宽容、大方、合群、有爱的良好性格,而且还能帮助幼儿学习、掌握最基本的社会道德规范和行为准则,发展调节其社会行为能力,对幼儿心理健康发展及社会化顺利实现,都有十分重要的意义。因为一个人只有形成了正确的是非观念,学会自律,将来才能在一个物质充裕、精神生活丰富的和谐社会中塑造自身高贵的品行。

二、“智慧”家庭,成就孩子幸福人生

行为规范的形成是一个循序渐进、潜移默化的过程,需要一个学习、巩固、习惯的过程,才能逐步积累良好的规范意识与行为。而这一过程除了学校教育的培养,更需要在家庭教育中开展落实。

现在的孩子大多是独生子女,由于家庭的教养方法不当,导致有些幼儿形成了诸多不良的行为习惯,如骄横、任性、不遵守规则、不爱护物品等,不良行为习惯一旦形成,日后再矫正或者补救,往往难以奏效。2020年新冠肺炎疫情期间,头条热搜榜突然被一个陌生的名字“许可馨”霸屏了。当武汉疫情爆发,全国人民都在为武汉加油时、当医院在全力抢救李文亮时、当国外疫情爆发引起留学生的回国潮时,她竟然在微博上发文直接辱骂,肆无忌惮地把祖国和国人骂得一无是处,竟然直接称国人是贱骨头,而且自称是“恨国党”。她的言行激起了广大网友强烈的愤慨。没想到这个家世优越、长相漂亮的女留学生,竟然能说出如此丧尽天良的话,有一颗不知感恩的心。这是一个什么品行的留学生?让人不禁反思:她的父母,她的学校,究竟怎么会培养出这样一个学生?一个人的思想和理念不是一朝一夕就可以改变的,从小到大的教育环境和教育理念在她的身上形成了偏差,导致长大以后三观不正。因此家长和学校对幼儿进行良好行为规范的启蒙教育尤其重要。家庭是幼儿受教育的第一场所,也是促进幼儿社会化的重要场所,家庭中包含着一定的社会性规则,与幼儿园和同伴群体相比较,对幼儿养成良好的行为习惯,良好个性发展等都起着不可替代的重要作用。且家庭教育融于家庭日常生活之中,其教育资源丰富、广泛,教育时间充分、持续,在此教育过程中,家庭教育又具有个性化的

特点，家长可以根据孩子的个性和身心发展特征，更加有针对性和有效地培养。做“智慧”家长，在家庭生活中渗透幼儿行为规范启蒙教育，让孩子成为最好的自己，成就孩子的幸福人生。

三、轻松规范孩子行为，快来行动吧！

为了规范幼儿的日常行为，养成幼儿良好的行为习惯，依据国家《3~6岁幼儿学习与发展指南》中“社会”部分“社会适应”目标2遵守基本的行为规范中的具体目标，根据幼儿的年龄特点，设计了家庭生活中渗透幼儿行为规范启蒙教育的活动，供家长参考。家长可多角度、全方位地开展幼儿行为规范启蒙教育的活动，促进幼儿个性健康发展。爸爸妈妈行动起来，生活中一同体验，和孩子共成长，一起享受无限美好！

表1 家庭生活中渗透幼儿行为规范启蒙教育的活动(示例)

活动内容	活动价值	活动操作指南	活动建议
文明观影	1.了解观影时需要遵守的规则。 2.体验做个文明观影小公民的快乐	1.提问：①看电影前，我们要做好什么准备？②看电影时应该注意什么？③如果中间你想上厕所，应该怎么做？④看完电影，我们的垃圾怎么办？ 2.到达电影院和孩子一起阅读观影须知，让孩子了解文明观影的具体要求。  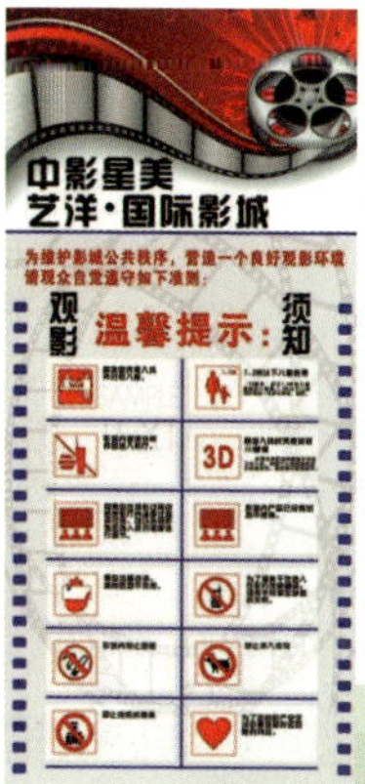	1.家长要自觉做到有序购票、排队进场、垃圾带走。 2.观察孩子观影中的表现，对孩子观影中聊天、用脚踢前椅背、吃零食发出声响、垃圾随地扔等不文明行为及时用肢体语言先进行提示。对孩子观影中遵守文明观影规则的表现，在观影结束后给予肯定和表扬。

活动内容	活动价值	活动操作指南	活动建议
快乐的游乐场	1.了解在公共场合需要遵守排队的规则。 2.体验遵守排队规则带来的方便和快乐。	1.在进入游乐场后，和孩子一起阅读游乐场游玩规则等提示。 2.提问：①游乐场游玩规则里有哪些要求？②如果游玩的项目人很多，我们该怎么办？（耐心等待、不吵不闹、有序排队等）	1.家长要自觉遵守游乐场规则，排队购票、不高声喧哗、垃圾不乱扔等。 2.带幼儿游玩期间，积极引导幼儿在公共场合遵守秩序、安静等待等规则。 3.观察到幼儿好的行为规范和表现，及时给予称赞与表扬，并正面引导幼儿。
让座	1.培养幼儿关爱他人，并体验互敬互爱给人们带来的温暖和快乐。 2.引导幼儿尊敬、关爱老人，使幼儿在游戏中体验文明礼貌带来的愉快心情。	1.利用双休日绿色出行，带孩子乘坐地铁、公交等交通工具，并在上车后提醒幼儿关注“爱心专座”，提问：①这个座位和其他座位有什么不一样？（颜色不同）②它是给谁坐的？（老弱病残孕）③为什么要安排“爱心专座”？（为老弱病残孕这些需要帮助的人提供帮助） 2.和孩子一起观察地铁或公交上需要关心帮助的人，看到老年人、孕妇等，主动搀扶，并和孩子一起让座。  	1.家长自己主动做到不占“爱心专座”，看到需要帮助的人，主动让座。 2.对幼儿的文明讲礼、愿意让座等表现和行为及时表扬。

活动内容	活动价值	活动操作指南	活动建议
文明乘地铁	1.了解乘坐地铁的基本流程。 2.会看地铁里的相关标志，知道乘地铁的基本规则及礼仪。 3.了解地铁是绿色出行的方法之一，感受地铁的方便与快捷。	利用双休日带孩子乘地铁绿色出行。提问： ①这么多人过安检，我们该怎么办？（耐心排队、不拥挤） ②你的小包需要安检吗？（每个人的包都要根据规定进行安检） ③站台上这些黄线是什么意思？（先下后上、不能超越、安全提示） ④这么多人乘地铁，我们该注意些什么？（不拥挤、不抢座、安全有序上车）	1.家长自己主动做排队购票、先下后上、文明乘坐等基本的社会规则。 2.引导幼儿关注列车上的“行驶提示”，让幼儿遵守乘坐要求与规则的同时，感受城市交通便捷。
垃圾分类小达人	1.认识几种垃圾分类标记，尝试根据标记给垃圾进行分类。 2.懂得垃圾分类的方法，树立初步的环保意识。	1.提前准备一些垃圾，如：菜叶、香蕉皮、旧报纸、废电池、牛奶罐、擦手的纸巾等。 提问：①这么多垃圾，我们是不是全部扔进一个垃圾桶？②那该怎么分呢？③我们小区里有4种垃圾桶，这些垃圾桶有什么不一样？ 2.用4个废旧纸盒，贴上四类垃圾图示，和孩子一起玩垃圾分类游戏：我们来比赛，看谁分得快。 上海市生活垃圾分类标识 有害垃圾 HAZARDOUS WASTE 红色 PANTONG RED C 可回收物 RECYCLABLE WASTE 蓝色 PANTONG 514 C 湿垃圾 HOUSEHOLD FOOD WASTE 棕色 PANTONG 4715 C 干垃圾 RESIDUAL WASTE 黑色 PANTONG BLACK C	1.用4个废旧纸盒，贴上四类垃圾图示放在家中，作为家中分类投放垃圾的简易垃圾桶，并定期对应扔到小区大垃圾桶。 2.可在家制作“垃圾分类达人星星榜”，以积分形式开展全家垃圾分类行动。

活动内容	活动价值	活动操作指南	活动建议
公共设施我爱护	1.了解公共设施的重要性，知道爱护它们的方法。 2.感受公共设施给人们带来的帮助，萌发保护公共设施的情感。	和幼儿一起到小区逛一逛、找一找，提问：①找到我们小区的公共设施了吗？②这些公共设施有什么用？③我们该怎么保护这些公共设施？（不踩、不踢、不损坏；擦拭清洁，保持干净；用完归位等）   	1.家长注意平时使用小区公共设施时的榜样示范。 2.家长可参加小区公共设施维护志愿者队伍，切实了解公共设施维护情况。 
我会过马路	1.知道过马路要走斑马线、听从红绿灯的指挥。 2.体验游戏扮演的乐趣，养成自觉遵守交通规则的好品质。	和幼儿一起到十字路口过马路，提问： ①现在可以过马路吗？为什么？（红灯停、绿灯行）②除了看红绿灯，过马路时还要注意些什么？（走斑马线、左右观望、注意自行车等非机动车、拉好成人的手等）	家长自己以身作则，遵守交通规则给幼儿一个良好的示范作用。

活动内容	活动价值	活动操作指南	活动建议
亲亲玩具	1.知道玩玩具时不能乱扔，玩具玩好以后要放回原处。 2.能区分“对、错”，萌发对玩具的爱护之情。	1.和幼儿讲述一个关于不爱惜玩具的故事，如《玩具丢了》《露露的拯救玩具大作战》《流浪的玩具熊》等，提问：我们应该怎样爱护自己的玩具？ 2.和幼儿一起整理家里的玩具，提问：①这么多玩具，我们该怎么整理呢？(引导幼儿思考如何分类整理，如：按种类、材质) ②怎么样让下次整理更快更方便？(引导幼儿思考制作分类标志)	1.帮助幼儿一起整理家里的玩具，并和幼儿一起制作玩具框上的整理标志，并让孩子根据标志自己整理玩具。 2.日常生活中，对幼儿根据标志自己整理的表现加以表扬和鼓励。
我错了	1.知道说谎是不对的，做了错事敢于承认。 2. 有初步的是非观念。	和幼儿讲述经典故事《狼来了》《匹诺曹》等，提问：①你觉得他们做得对吗？②如果你做错事情了，你会怎么办?(引导幼儿主动承认，并表示只要知错能改，都能获得别人的谅解)	1.家长在做错事情后要主动承认，敢于承担，为幼儿做好榜样示范。 2.日常生活中，对幼儿犯错后主动承认的行为给予肯定和表扬。
《节水我先行》	1.了解水与人类的密切关系，萌发保护水资源的情感。 2.知道一些节约用水的方法，进一步增强节约用水的意识,养成节约用水的良好习惯。	1.和孩子一起观看目前各地干旱状况的视频、图片等资料，提问：①这些地方都发生了什么事情？②为什么会那么干旱、缺水？③如果没有水，我们会怎么样?(帮助幼儿了解水对生命的重要)④那么多地方缺水，我们该做些什么?(引导幼儿思考日常生活中要节约用水)⑤有什么好办法可以节约用水?(水龙头开小一点；水的循环利用：淘米水洗菜、洗菜的水浇花、洗衣服的水冲马桶等) 2.并和孩子玩“节水达人”的比赛：我们来比一比，谁会是节水达人。	1.日常生活中，家长自己做到节约用水的榜样示范。 2.制作“节水达人明星榜”，评选出家里“节约用水之星”，并对节约用水的好方法进行家庭分享。

四、巧用三大妙招，别让宝宝成为他人眼中的熊孩子

宝宝的坏习惯会影响他的一生，为了不让宝宝成为他人眼中的熊孩子，在家长俱乐部活动开展过程中，我们遵循《指南》精神，通过讲座、研讨、沙龙等家园互动形式，帮助家长了解幼儿身心发展规律及年龄特点，同时让家长明确幼儿基本行为规范的具体目标，懂得良好的行为习惯教育对幼儿健康成长的重要作用，家长不妨试试一些教育小妙招，帮助孩子在家庭生活中规范自我行为，形成良好的行为习惯。

妙招一：共同制定家规，规矩成就人生

孟子说“不以规矩，不能成方圆”。幼儿园有《幼儿园幼儿日常行为规范》，对规范幼儿在园的行为起到积极作用。为规范幼儿家庭日常行为，养成幼儿良好的行为习惯，家长可以与孩子共同制定家规，这样也会提高孩子的归属感和成就感，更加愿意遵守和履行。一开始就明确制定家规，能提前引导孩子形成良好的行为规范，这比纠正孩子的错误行为要容易得多。家规内容可以是很简单的小事，越具体越好，比如“会使用礼貌用语”“尽力帮爸爸妈妈做些力所能及的事”等，明白应该做什么，不应该做什么。与此同时，还可设定奖惩制度，调动孩子规范自我行为的积极性，成为人见人爱的好宝宝。

案例一：共同制定，共同遵守

艾琳是个可爱聪明的小女孩，但看到大人没有礼貌，不愿开口叫人。于是家长为帮助孩子建立良好的行为规范，根据孩子日常行为的现状，和孩子一起制定了一份专属于“温馨之家，爱心之约”的家规，分享给大家。在制定家规时，一家围坐在一起，共同商量艾琳应该遵守的一些日常基本行为规范，并在全家达成共识后作为家规内容。同时，根据艾琳的日常喜好，制定了针对性的奖惩，以此来帮助孩子养成良好的行为规范，逐步使艾琳在遵守家规中形成自律的行为。

从他们制定的家规内容来看，目标内容虽是很简单的小事，但指向性非常明确，有指向孩子比较薄弱的礼貌言行、有结合家庭生活中的基本常规、有根据社会规范的行为准则，针对孩子行为规范发展的需要与不足，如“会使用礼貌用语”“爱护公共财物”“尽力帮爸爸妈妈做些力所能及的事”等等，制定具体可行的家规内容，让孩子明白应该怎么做，不应该怎么做，切实为提高幼儿良好行为规范的养成奠定基石。同时，根据完成情况配有相应的奖励与惩罚，使得家规的遵守与执行体现公平与公正。奖惩的制定有效促进了孩子执行的能动性与积极性，帮助孩子建立自信心，可以达到事半功倍的效果。在日积月累、循序渐进中，相信艾琳会越来越懂事，能大胆地开口叫人，成为人见人爱的好宝宝。

温馨之家，爱心之约
——好孩子家规表

<table>
<tr><th colspan="2">内 容</th><th>满分</th><th>得分</th><th>奖惩</th></tr>
<tr><td>爱护玩具，自己的玩具自己收拾，玩好一样收一样。</td><td> </td><td>1</td><td></td><td rowspan="5">奖励：
1.每做到一条得1分，每天满分为10分。
2.每天积满8分，可以家里找一样玩具，画一个蝴蝶贺卡。
3.一周积满50分，妈妈画一个蛋糕，兑换一颗弹珠；一周积满60分，兑换艾莎裙子；一周积满70分（满分），兑换艾莎裙套装。
惩罚：
1.每天做不到 项扣1分。
2.每天积分少于6分，第二天不能看动画片。
3.一周积分少于50分，下周周末不能玩小猫咪。一周积分少于40分，下周白天和周末都不能玩小猫咪。</td></tr>
<tr><td>吃饭时安静就餐，勺子不离手，屁股不离凳。</td><td> </td><td>1</td><td></td></tr>
<tr><td>家里来客人时，有礼貌地主动打招呼，招待客人。</td><td> </td><td>1</td><td></td></tr>
<tr><td>遇到问题不乱发脾气，好好说话。</td><td> </td><td>1</td><td></td></tr>
<tr><td>不说谎、不耍赖，能诚实、守信。</td><td> </td><td>1</td><td></td></tr>
</table>

内容		满分	得分	奖惩
知道一些节约用水的方法，在家能做到节约用水。		1		奖励： 1.每做到一条得1分，每天满分为10分。 2.每天积满8分，可以家里找一样玩具，画一个蝴蝶贺卡。 3.一周积满50分，妈妈画一个蛋糕，兑换一颗弹珠；一周积满60分，兑换艾莎裙子；一周积满70分（满分），兑换艾莎裙套装。 惩罚： 1.每天做不到一项扣1分。 2.每天积分少于6分，第二天不能看动画片。 3.一周积分少于50分，下周周末不能玩小猫咪。一周积分少于40分，下周白天和周末都不能玩小猫咪。
每天帮妈妈、奶奶做一样家务，分担家务劳动。		1		
爱护小区、公园的公共设施，文明游玩。		1		
做个文明小观众，看电视、看电影院时不影响别人。		1		
过马路看信号灯，走斑马线，遵守交通规则。		1		

案例二:具体可行,坚持规则

制定好具体可行的家规内容,必须严格执行。在日常生活中,艾琳家以每天记分制的形式开展家规执行,针对艾琳遵守家规的情况,爸爸妈妈及时给予记分,并通过一周后的统计分,按照预设的奖惩及时给予奖励或惩罚。

比如:刚开始执行家规的第一周,孩子兴趣很高,对照家规表内容严格遵守。吃饭时安静、专注地吃完自己的一份饭菜,爸爸妈妈都甚感惊叹,让倍感自豪的艾琳立即给自己记上1分。收拾完自己的玩具,艾琳赶紧找妈妈记上1分;帮奶奶倒了垃圾,立刻让爸爸记上1分;用妈妈淘米的水给花草浇水,马上再给自己加上1分。一周的执行情况非常可喜,艾琳最终积满65分,兑换到了她非常喜欢的艾莎裙子。第一次的成功体验不仅增强了孩子执行家规的积极性,更让孩子潜移默化地逐步养成这些良好的行为规则。

又如:有一次,妈妈让艾琳吃完晚饭马上练琴,而艾琳却执意要先看完动画片再练琴,并又哭又闹,大发脾气。妈妈先采用冷处理的方式让艾琳冷静下来,然后拿出一起制定的家规表,指出其中"遇到问题不乱发脾气,好好说话"这一项和艾琳交流,艾琳意识到自己违反了家规约定,诚恳地跟妈妈道歉,并主动要求在这一栏里扣1分,妈妈也毫不犹豫地进行扣分。通过相互交流、坚守原则,既让艾琳明白了遇到问题好好进行沟通交流才是最恰当的处理方式,又让孩子充分感受到家规约定需严格遵守。

这样的故事和插曲相信不止发生在艾琳家,其他家庭也会时有发生吧。但欣喜的是不管是孩子还是家长,都能勇敢地跨出这一步,坚守共同的约定。在亲子间的相互沟通、共同执行过程中,切实有效地利用好家庭资源、社区资源,帮助孩子逐步习得了良好的行为规范。

妙招二:有效拓展渠道,习惯伴我成长

有效拓展渠道就是根据幼儿在不同活动中的特点,利用多种方法,以达到教育的目的。《指南》中提出:要理解幼儿的学习方式和特点。幼儿的学习是以直接经验为基础,在游戏和日常生活中进行的。因此,家庭中可有效拓展渠道,通过亲子游戏互动、真实情境体验等活动,逐渐引导幼儿形成良好的行为习惯,促进幼儿个性全面发展,让良好的行为成为习惯,伴随孩子成长。

1. 亲子游戏互动,加强规则意识

游戏是所有孩子都很喜欢的,它是孩子的主导活动。而亲子游戏是家长和孩子一起玩游戏的一种形式。著名儿童教育专家陈帼眉教授说过:家长对孩子的教育，第一是培养良好的生活习惯，第二就是跟孩子做亲子游戏。由此可见，亲子游戏作为家庭教育的一种重要活动形式，在幼儿成长与发展过程中占有重要地位，对促进幼儿的各方面发展有着极其重要的价值。

你的孩子有规则意识吗？儿童教育专家孙瑞雪说：规则可以使孩子拥有心理的力量，使孩子拥有安全感，使孩子有序地和环境及他人相处。因此家长们可以根据孩子的年龄特点，设计有趣的行为规范启蒙教育的亲子游戏，融规则于游戏中，亲子游戏过程中相互交流，共同体验和感知各种规则。

如亲子棋类游戏，家长可以利用孩子熟悉的一些棋，如：飞行棋、斗兽棋等，共同开展棋类游戏。亲子一起解读各种棋类游戏的规则，并在下棋过程中与孩子达成共识，不耍赖、不悔棋，愿赌服输，规则面前人人平等、人人遵守。还可以亲子共同自制棋谱，共同制定游戏规则，通过游戏规则的制定与遵守，帮助孩子养成守信、守则的意识和行为。从游戏规则意识的培养，逐渐延伸到集体规则、社会规则的理解与遵守，循序渐进，逐步拓展，积累形成。

又如亲子认知类游戏。垃圾分类已成为新时尚，为了增强孩子环保意识，“大手拉小手”，将垃圾分类走入家庭，使孩子们在日常生活中主动、自觉地进行垃圾分类，爱护我们共同的家园，家长设计“垃圾分类”亲子游戏，陪伴孩子们进行互动式“垃圾分类”活动，比赛要求说出垃圾的种类、投入对应的垃圾桶，答对得分，看谁得分高，得分低者负责倒垃圾。这样的游戏充分运用了家庭生活中的垃圾资源，以环保教育为主题，让孩子在生动活泼、形象有趣的游戏中自然而然地获取有关垃圾分类的环保知识，如垃圾分类的标志、分辨垃圾的种类等，从而在潜意识中培养环境保护的意识，激发他们从小做好垃圾分类的责任意识和环境保护的社会态度，在“垃圾分类”的亲子活动中收获知识与喜悦。

2. 真实情境体验，强化行为规范

情境体验是指根据幼儿的认知特点和规律，通过创造真实的或重复经历的情境和机会，使幼儿在亲历的过程中理解并建构知识、发展能力、产生情感、生成意义的方法。真实情境体验能让幼儿自愿地全身心地投入学习过程，在亲身体验过程中幼儿自然而然地掌握良好的行为规范，乃至形成正确的情感、态度、观念。

然而，在幼儿园教育培养中，很多真实情境的体验如观看电影、游乐场游玩等活动是教师无法带领孩子完成的，但却能通过家庭资源进行开展。因此，家长可利用各种真实情境，开展孩子行为规范的体验式教育活动，让孩子在真实的情境、真切的感悟中理解行为规范的重要性，让孩子体验遵守规则的乐趣，养成日常良好的行为规范。

看电影已经成为人们休闲娱乐的首选，但越来越多的不文明行为在观影中出现，开场后进出影厅不弯腰、孩子看电影哭闹、抖腿并踢前椅背、零食垃圾随地扔等。借此家长以孩子外出观影为契机，对孩子进行遵守观影规则意识的培养。如观影前，引导孩子阅读观影提示，让孩子了解文明观影的要求；观影中，观察孩子的行为表现，对孩子观影中聊天、用脚踢前椅背、吃零食发出声响、垃圾随地扔等不文明行为及时用肢体语言进行提示；观影后，主动和孩子一起做到“我的垃圾我带走”“观影用具我归还”，并对孩子刚才观影中的不文明行为进行引导，让孩子理解自己不文明行为对他人造成的影响。同时，家长可以在一次次的亲子观影活动中，反复给予幼儿引导和提醒，让幼儿习惯成自然，帮助他们养成文明观影的良好行为习惯。

又如“过马路”，是孩子和家长每天都要经历的场景，车来车往的马路、拥挤的交通、匆忙的行人、变化的信号灯，真实的情境为开展行为规范启蒙教育提供了非常好的教育素材和课堂。所以，家长利用带孩子上、下学路上行走时，提醒孩子徒步靠右，要走斑马线，绿灯才能过马路。也可特意尝试带孩子靠左逆向走路，让孩子发现逆向行走中，会与对面正向行走的人相碰撞，让孩子在真实体验中真切感悟到靠右正向行走的重要和必要。红灯停，绿灯行，十字路口最重要，家长带着孩子在十字路口，先让孩子观察十字路口的车水马龙，及时提醒孩子过十字路口一定要集中注意力，应顾盼左右是否有相向急驶的高速车辆，并关注信号灯过马路，遵守交通规则。让孩子观察马路上哪些行为是不文明和危险的，如不走人行道，在马路上玩滑板车、踢球等，让孩子充分认识不遵守交通规则会产生严重的后果，提高孩子安全意识的同时，帮助其养成遵守交通规则行为。

妙招三：巧用策略技巧，轻松育出好孩子

策略是指为达到一定的目标而采取的手段和行为措施。我们以策略为载体，为确保家庭生活中渗透幼儿行为规范启蒙教育的有效性，运用了如下的策略与方法，从而规范孩子的行为习惯，让孩子成为行为规范的好榜样。

1. 榜样示范作用

榜样示范是促进幼儿行为规范提高的一种重要方法。《指南》提出：幼儿的社会性主要是在日常生活和游戏中通过观察和模仿潜移默化地发展起来的，成人应注重自己言行的榜样作用，避免简单生硬的说教。

家长作为孩子日常生活中最亲近的人，从心理上和生活上幼儿对父母有极大的依赖性，家长的言行都会对幼儿人格塑造、个性发展形成潜移默化的作用。所以家长要为幼儿树立言行的榜样，用好的思想、品质、作风、行为去熏陶和感染孩子，帮助幼儿树立规则意识，明确是非观念，引导幼儿约束和规范自己的行为。

如家长出门、回家都能先跟家人打招呼，说一声：我上班去了；我回来了；平时在家主动承担家里的家务，让爷爷奶奶休息；给爷爷奶奶端茶倒水、切水果；为爷爷奶奶敲背、按摩。家里来客人时，迎送客人，礼貌招呼客人，和客人友好交谈，与客人分享美食等等。家长的一言一行留在孩子的心中，使孩子懂得了要尊重他人、关心长辈、礼貌待客。

又如家长利用带孩子乘地铁外出游玩的机会，做到在地铁站自主有序地购票，主动接受箱包安检，并能在人多拥挤时做到先下后上、排队上车，而非拉着孩子争前恐后、争抢座位。在地铁上，家长将擦过的纸巾放在自己的口袋或扔进车厢的垃圾桶，看到需要让座的人主动让座等。家长的一举一动，孩子看在眼中，记在心里，在父母的熏陶下学会了遵守规则，知道如何文明乘车和遵守公共场所的基本秩序。榜样力量是无穷大的，做一个言传身教的好家长，就能成就孩子一生的好习惯。

2. 鼓励表扬效应

鼓励表扬是对人的思想、行为做出积极肯定的评价，对促进幼儿健康心理发展、良好行为品质形成具有积极的作用，直接影响幼儿遵守规则的积极性。不论是大人还是孩子都钟爱受到表扬和鼓励，尤其是孩子。幼儿园里有老师的鼓励表扬，家庭生活中当然不可或缺家长的鼓励表扬。家长在幼儿一日生活的各环节，可以多注意观察幼儿的行为，及时捕捉教育契机，对幼儿良好的行为规范的表现辅之以鼓励表扬的评价手段，巩固孩子良好行为规范的养成。

★针对内容，具体鼓励。鼓励是一种面向幼儿未来行为的激励策略，鼓励的目的在于为幼儿将来的行为指明方向，使幼儿得到鼓励而更加进步。因此，家长要针对幼儿良好行为规范的具体行为进行鼓励，而非用一句“你真棒”“太厉害了”等敷衍了事。如在公园野餐时，孩子和小伙伴们一起吃零食，孩子能主动一次又一次地将小伙伴们的垃圾扔到一旁的垃圾桶里，家长可以针对孩子的具体行为进行表扬：“虽然垃圾桶离我们挺远，你还是一次次跑过去扔垃圾，真像个环保小卫士！如果能让你的小伙伴们跟你一起做环保小卫士，那就更好了。”家长在表扬孩子具体行为的同时，提出了改进的方向，这样的引导能收到良好的效果，对幼儿的良好行为规范养成来说，非常有价值，能强化幼儿的规则意识，从而有效调节幼儿的行为表现，构成自我肯定与自我欣赏的良好心态。从心理学的角度，每一个人心灵深处最渴望的就是获得别人的欣赏，而运用鼓励的教育方法学会欣赏自己，欣赏身边的人。

★善于观察，及时表扬。鼓励是鼓劲而支持，表扬则是对一件事或品行的显扬、宣扬。表扬需要对幼儿表现出的适宜行为进行具体描述。谁都有值得称赞的地方，在日常生活中，家长要善于观察，对幼儿表现出的遵守规则的行为要给予肯定，及时表扬。如在游乐场游玩时，孩子喜欢的游乐项目处人多拥挤，需要很长时间才能轮到玩。孩子自觉地主动排队，安静等待，不吵闹、不插队，家长对于孩子即时的行为表现应及时肯定和表扬，让孩子知道这样的行为表现是非常棒的。在以后遇到同样需要遵守秩序、有序排队的情况，孩子就会养成良好的习惯，文明排队、安静等待。得到足够的肯定和表扬，孩子往往会表现得更加自信，更有效促进良好行为规范养成的积极性和持续性。

巧妙地结合表扬和鼓励，把鼓励和表扬相结合，交替使用，家长一方面可以提醒自己要时刻关注孩子的努力，避免走入评价和控制的误区；另一方面又表达了对孩子行为表现的肯定，满足其渴望获得大家认可的需要。

当然，家庭生活中的教育资源非常丰富，对幼儿进行良好行为规范教育的方法和途径还有很多。总之，善于挖掘家庭中的教育资源，为孩子良好行为规范的认知与形成创造机会，孩子收获的将是正能量的价值观、良好的行为习惯以及适应社会的本领，孩子将终身受益，让孩子更加优秀！

你，可以做孩子的魔“力”师

——指导家长利用家庭资源促进幼儿观察力的发展

薛晓霞

观察是一种有目的、有计划、有步骤、比较持久的过程；观察力是孩子认识世界的重要途径，更是日后走向成功的关键，在其成长过程中起着不可替代的作用。幼儿期是观察力初步形成的时期，幼儿观察能力的强弱，关系着幼儿获取知识的多少和深浅。对幼儿园来说，家庭蕴藏丰富的资源，家庭资源的开发运用不仅对孩子的成长起着举足轻重的作用，而且关系到孩子一生的发展。因此，依靠“科学大揭秘”家长俱乐部活动，延伸教育内涵，推进家园合育，指导家长充分利用家庭、社区及周边环境的教育资源，让孩子去认识世界、探索世界。同时提升家长参与活动的兴趣和意识，以及提高家庭教育的能力，让孩子拥有较好的观察力，让你的孩子成为小观察家。

一、早期智力开发之——观察力

苏联著名教育家苏霍姆林斯基曾经说：“观察对于儿童之必不可少，正如阳光空气水分对于植物之必不可少一样。观察是智慧最重要的能源。”

5岁前是儿童智力发展最为迅速的时期，而观察力是形成智力的重要因素，观察力的高低将直接影响幼儿的想象力和思维能力发展的程度，没有观察，幼儿就不可能对客观世界有真正的理解，就不能获取完整的知识；有了好的观察力，幼儿就等于有了一把认识世界的“金钥匙”，它可以使幼儿获得感性知识，为理性认识打下基础，从而促进智力的发展。所以要想培养孩子的智力发展，首先要关注培养孩子观察力。孩子从出生起就对这个世界充满好奇，他们主动地去看、去听、去触摸，在观察中思索，在思索中成长。好的观察力，可以帮助孩子在生活中学会许多有用的东西。

2012 年教育部颁布的《3~6 岁儿童学习与发展指南》在“科学”领域中有 15 处提到“观察”，突出“观察”在科学探究中的重要性，并明确了各阶段幼儿在观察方面需要达到的要求。由此可见，良好的观察能力对幼儿来说是非常重要的。让幼儿做生活的有心人，养成“乐于观察、善于观察、勤于观察”的好习惯。

二、开启观察大门，浇灌智慧的花朵

《幼儿园教育指导纲要（试行）》中指出：家庭是幼儿园重要的合作伙伴。应本着尊重、平等、合作的原则，争取家长的理解、支持和主动参与，并积极支持、帮助家长提高教育能力。”因此幼儿园要指导家长充分利用家庭资源，实现家园互动合作共育。

《幼儿园教育指导纲要（试行）》总则第三条也指出：“幼儿园应与家庭、社区密切合作，综合利用各种教育资源，共同为幼儿的发展创造良好的条件。”因此，把幼儿从“学校教育围墙内的学习”引领到“社会实践情景中学习”，给幼儿充分的自由空间，发挥家庭、社区教育的作用，对幼儿的观察力培养教育的效果会更好。

幼儿园和家庭是幼儿成长的主要环境，他们各自有着自己的优势，这都是另外一方所不能够代替的。家庭作为社会最基本的组成单位，对孩子来说，更有着超乎寻常的吸引力。家庭中蕴藏着十分丰富的资源：有形资源和无形资源。有形资源包括人力资源、物质资源、信息资源等，如人力资源的多样性，每个家庭里基本有爸爸、妈妈、爷爷、奶奶等组成，有的还有其他成员组成，人员结构复杂，就带来资源的多样性；随着社会的发展，生活水平的提高，家庭里的资源愈来愈多，形成了物质资源的广泛性；互联网的普及、多媒体的兴起扩大了家庭教育的资源。无形资源可概括为家庭成员的生活背景、文化程度、习惯爱好、家人之间的和谐友爱，以及每个成员的个性品质、社会人际关系等。所以家庭资源能够有效拓展和丰富幼儿园的教育资源，使幼儿将来自幼儿园教育与家庭教育的学习经验更具连续性、互补性，实现家园互惠。在幼儿园教育中，教师对幼儿的指导主要面向全体幼儿，难以时时做到一对一个别指导，而家庭教育能充分利用其优势针对幼儿的个体差异进行一对一，甚至多对一的教育指导。家长能够通过可观察、可操作的家庭资源，与幼儿共同参与有目的、有计划、有步骤、并持久的对某一事或物进行观察探究。因此，对幼儿园来说，促进幼儿观察力的发展、家庭资源的利用更有着非比寻常的意义。

幼儿观察力的培养是一个长期而漫长的过程，家长要开启观察大门，创造更多的观察场所和机会，培养出具有敏锐细致观察力和感知力的孩子，他的成长背后一定有重视家庭教育的爸爸妈妈。

三、帮你了解幼儿一些观察力特点的小贴士

对孩子来说，观察是他们认识世界、增长知识的重要途径，尤其是在幼儿时期，此时是孩子智力发展非常迅速的时期，而观察则是发展幼儿智力的主要途径。大约从两岁起，孩子就具备了初步的观察力，随着年龄的增长和知识的增加，观察能力也会得到逐步提高，但就整个发展来说，幼儿观察力的发展还是不够的，现在就让我们一起来了解孩子一些观察力特点的小贴士吧！

1.兴趣性不够，缺乏持久性

激发幼儿的观察兴趣是培养幼儿观察力的重要手段。学龄前幼儿在选择观察事物时容易对自己感兴趣的事物产生观察的欲望，并且他们集中观察的时间较短，容易转移注意的对象，这种现象到了中班后会逐渐好转，到了中大班幼儿持续观察的时间会逐渐增长。由于孩子的注意不稳定，加上容易受周围环境的干扰、影响，导致他们观察的持久性与稳定性比较差。

2.细致性不够，缺乏概括性

因为幼儿的身心特点原因，他们在观察事物时一般都不够细心、认真，他们能看见颜色鲜艳、位置突出、新鲜、有变化的物体，看不见不显眼和不突出的部分。同时他们观察时往往只注意事物表面的、明显的、有趣的特征，常常不能把事物的各个方面联系起来考察，也不能发现各事物或事物组成部分之间的相互联系。导致他们不容易深入观察，不善于从观察中找出规律，对观察到的现象，难以做出概括性的描述，也无法提出问题。

3.目的性不明确，缺乏系统性

由于神经系统还不够发达，幼儿对事物的观察大多凭借着自己的兴趣，会随心所欲地观察，常常没有计划地、没有组织地进行观察，这种观察容易被无关事物或细节的吸引所干扰。3~4岁儿童一般会在观察过程之中忘掉观察任务，4~6岁儿童观察的目的性有所提高。其次，幼儿在观察时注意力往往集中于其一个或两个主要特征，忽略其他的特征，导致观察的内容没有系统性。

4.观察随意性，缺乏记录的过程

幼儿在观察中比较随性，一会儿看东，一会儿看西，常常不能按照一定的顺序，从左到右、从上到下、从整体到部分再到整体地、有组织、有条理地进行观察。中、

大班的幼儿较小班幼儿有较大的进步，但即使是到了大班，也仍然不是多数的孩子都能按照一定的顺序有条理地观察事物。而且幼儿在主动观察事物的过程中，或许能够通过回忆对过程进行描述，但是我们观察到幼儿在没有操作或记录的强化记忆下，容易忘记对事物观察的过程和结果。例如在大班的自然角中，幼儿喜欢对各种植物进行观察，虽然在自然角中投放了观察记录本，但幼儿没有及时记录，因此也就无法观察到种子的变化，达不到植物角的真正意义。

了解了孩子一些观察力特点的小贴士，希望对孩子观察力培养有疑惑的我们有所助益。我们就能针对不同的情况引导孩子不同的观察方法，学会有目的、自主全面、细致地观察事物，使孩子能事半功倍，获得成就感。

四、启迪智慧，玩出"超能力"

陶行知在生活教育中指出：解放儿童的眼睛，让儿童自己观察自然，观察社会，培养自己的观察力。观察并不是就这样随便看看，而是有目的、有计划的，通过这一过程去了解和认识观察对象的内在。而在我们的日常家庭生活中，通过哪些小实验可以帮助我们的孩子提升观察力呢？这里就为大家简单介绍几款容易操作的观察力小实验，能够有效地帮助孩子提升观察力。家长们行动起来，和孩子一起进行这样的智慧互动，让孩子拥有超强的观察力，赶快来体验吧！

表1 利用家庭资源开展的科学活动（实例）

资源	活动名称称	活动价值	观察活动指导	活动建议
水、碗、冰棍模具等	会变的水	1.通过亲子小实验引导孩子了解水的特性，感知冰和水的变化过程。 2.发展幼儿的观察力、想象力。	1.水变成冰 (1)家长利用制作冰棍的方法，引导孩子了解水从液态变成固态。 (2)家长可以问孩子想不想制作冰棍呢？我们可以怎么做冰棍呢？(通过提问、了解制作冰棍的方法来引发孩子的兴趣。) (3)家长和孩子一起把水放在冰棍磨具中，然后放进冰箱冷冻一晚，到第二天拿出来观察，模具中的水发生了什么变化。	1.活动中的冰棍模具可以多种多样，引发幼儿观察、操作的兴趣。 2.家长可以鼓励孩子用水变成冰的现象，制作更多冰花。

资源	活动名称称	活动价值	观察活动指导	活动建议
			2.冰变成水 家长可以将制作出的冰棍放在碗中静置,在常温或阳光充足的地方让孩子观察冰慢慢融化,变成水的状态。 3.水变成水蒸气 (1)家长可以将盛有水的碗遮一层保鲜膜,并将其静置在阳光下,引导孩子观察保鲜膜上出现的水蒸气,由此来了解水变成水蒸气飞散在空中后蒸发的状态。 (2)家长可以在玻璃锅中放入一碗水,然后进行不断加热,引导孩子观察锅盖上出现的水蒸气,由此来了解水变成水蒸气飞散在空中后蒸发的状态。	
玩具	小小设计师	引导孩子按玩具的不同特征进行排序的活动,使孩子初步掌握有规律排序的知识及简单运用,并尝试运用排序这一方法解决生活中的排序问题。初步培养幼儿的观察能力和想象能力。	1.引导幼儿观察活动区有什么 家长可以让孩子们一起观察孩子平时游戏的区域,说说玩具是怎么摆放的。 2.看看各区是怎么划分的 家长引导孩子体验有规律的排序,如:小玩具在前面,大玩具在后面;高玩具在前面,矮玩具在后面等。 3.引导孩子为玩具重新排序并说出排序的方法。 家长可以引导孩子在活动区根据自己的喜好为玩具重新排序,还要鼓励孩子在排序后讲述排序的方法。	1.为孩子提供多种排序用的教学具,供幼儿反复练习排序,从而得到多种有规则排序方法的体验。 2.利用家中的教育资源进行亲子活动,如碗筷、书本、蔬菜等进行操作。

资源	活动名称称	活动价值	观察活动指导	活动建议
螺母、塑料半球	不倒翁	引导孩子观察生活中常见的物体，并感知重心平衡现象。	1.认识不倒翁 家长和孩子一起通过视频、图片、实物，认识不倒翁，知道不倒翁不会倒下来。 2.了解不倒翁的原理 家长可以打开不倒翁鼓励孩子看看里面的构造，引导孩子观察不倒翁，为什么不倒翁的底部是圆弧形的?它里面的球是放在哪里的?（发现一个个的小零件可以组装成另一个物体） 3.亲子制作不倒翁 家长可以和孩子收集螺母、双面胶、老翁图纸、塑料半球，然后利用这些工具制作一个简易的不倒翁。	1.与孩子一起收集不倒翁，感受不倒翁的现象。 2.在与孩子制作不倒翁的时候，寻找不倒翁的重心，观察发现其中一个或两个物品的主要特征，感受重心平衡现象。
每日天气	小小统计员力	引导孩子运用分类思想将天气按不同的符号分类，并运用分类方法在生活中进行数量上的统计。	1.运用分类思想，与孩子讨论并确立记录天气的方法 家长可以和孩子讨论一下怎么记录天气，如晴天用什么图示符号表示，阴天用什么符号表示等；然后根据讨论出的符号记录每天的天气预报。 2.观察最近一个月的天气后，用语言概括自己所记录的一个月中出现的几种天气情况。 家长可以和孩子一起数一数一个月有几天？晴天、阴天、雨天分别有几天？看一看，一个月中哪几天是自己记的，都是星期几？ 3.通过填报记录表和统计表，学习记录统计的方法 家长可以出示“天气记录表”，先让孩子了解其中的符号；也可以出示“天气统计表”，让孩子了解其中的符号，再进行记录。（让孩子在观察、记录天气变化时，可以引导孩子养成每天收听天气预报，主动关心天气变化的良好习惯，还能根据天气变化安排自己的生活，比如增减衣服等，增强孩子适应环境变化、气候变化的能力）	1.孩子先要有一定的分类统计经验，而且分类统计对象的属性要明显，并是可以用具体的数量来表示的。 2.可以将统计的内容多样化，除了统计天气，还可以统计家里来了几个客人。

从幼儿出发让科学探究活动走进家庭，回归生活，更好地发挥教育的合力作用。家庭培养出色孩子观察力的小实验，愿能帮到你，让你的孩子在提升观察力、想象力的同时，获得经验、感受快乐。

五、“三部曲”助你成为魔“力”师

《指南》提出了关于观察的教育建议：有意识地引导幼儿观察周围事物，学习观察的基本方法，培养观察与分类能力。孩子们“与生俱来”的观察能力是有强弱之分的，所以良好的观察能力，需要经过后天的培养和锻炼。那么，家长应该如何培养孩子的观察力呢？如何有效地利用家庭资源促进孩子的观察力呢？为了提升家长家庭教育指导的意识和兴趣、提高家长家庭教育指导的技能和方法，我们通过多种形式开展家庭教育指导活动，巧用“三部曲”助力家长成为孩子的魔“力”师，让孩子变身观察小达人。

（一）线上培训，提升家长指导的意识和兴趣

线上培训就是通过网络平台和手机平台进行学习新知识的一种途径。线上活动被家长广泛接受，他们能够通过这种便捷的方式实现与幼儿园的紧密互动，时刻关注幼儿园的各种教育资源及线上培训内容，达到幼儿园、家庭与社会三位一体的紧密合作，为幼儿的健康发展提供保障。为此，我们创建微信群、腾讯会议与家长进行互动与交流，定期向家长宣传幼儿观察力的发展特点、培养幼儿观察力的重要性，以及家长利用家庭资源指导幼儿观察力的技巧与方法等内容，实现家长与老师之间高效、便捷的交流互动。此外，我们还开设了幼儿园公众号，定期向家长推荐各类有趣的家庭亲子活动，提倡家长多关注发布内容，并带着孩子一起尝试玩一玩，还可以发评论。同时通过公众号鼓励家长寻找家庭中便捷、有趣的教育资源，给予孩子合适的观察指导。

2020年在抗击新冠肺炎疫情的特殊时期，线上培训成了家园合力的主旋律，培训的内容非常的丰富，由理论到实践，整个过程收获颇丰。如在“做阳光‘宅’童，迎春暖花开——VEK与你同在”第六期的幼儿园公众号中，采用小视频的方式向家长推荐了“接纸片”的亲子游戏，利用家庭中随手可得的材料培养幼儿观察的能力。

游戏名称：接纸片

游戏价值：

1.学习观察比较物体下落的现象，对物体的下落现象感兴趣。

2.培养幼儿观察能力，体验成功的快乐。

材料准备：一个桶或篮子、纸箱、纸盒等；家长和幼儿一起剪出小块、长条、各种形状的纸片（游戏材料也可以根据家庭中的资源进行调整：羽毛、布条、纸巾等）。

游戏玩法：

家长和孩子面对面站立，家长向空中慢慢扔出已经提前剪好的纸片，孩子用手中的桶或篮子将纸片接住。因为纸片很轻，下落的轨迹不确定，所以需要孩子持续、专注地观察纸片下落的方向。在游戏过程中，家长可以通过语言引导孩子观察纸片下落的现象："宝贝，你看，我将纸片抛向空中后它是怎么落下来的？""纸片很轻，所以它会在空中飘动，怎样才能准确接住纸片？"游戏的难易程度可以由幼儿的个体差异不断变化，家长可以根据各家庭中的资源进行调整，选用重量较轻的材料进行，如：羽毛、布条、纸巾、塑料瓶等。

活动建议：

1.宝贝们和家长也可以互换游戏角色哦！比比看看谁接住更多的纸片。

2.鼓励孩子在生活中随时观察物体落下的现象。

线上培训指导的方式深受家长的喜爱，无形的网络，一头连着老师，一头连着家长和孩子。在这里，家长通过视频、图片、文字等方式尝试利用家庭中随手可及的材料培养幼儿的观察力。线上培训让家长、孩子们和老师一起遨游在知识的海洋，沉浸在收获的喜悦之中，合作默契，乐此不疲。

（二）现场观摩，提高家长指导的技能和方法

现场观摩是指借助"科学大揭秘"家长俱乐部活动，组织家长观摩幼儿园的科学活动，家长通过走进幼儿园或班级观看科学探究的区域活动、集体教学活动和微型课堂等，学习和吸取引导孩子培养观察力的技巧及方法。家庭教育指导的对象是家长，他们虽有着较高的文化水平，但对于3~6岁儿童观察力发展的特点并不了解，他们虽然能通过网络、书籍等形式自主学习，但她们获得的知识是碎片式的，没有系统性，在针对幼儿观察力的发展方面还是较为薄弱的。因此我们通过现场观摩的形式，和家长面对面互动交流，帮助家长将这些碎片式的知识经验进行整合。同时在观摩活动中我们还邀请专家现场点评与指导，提高家长利用家庭资源培养幼儿的观察力的能力，让孩子拥有一双善于观察的眼睛。

1.提高观察兴趣，培养孩子乐于观察

兴趣是最好的老师。当孩子有浓厚的兴趣，乐于去观察和发现，他才会认真仔细地去从事观察这项活动，才能提高观察能力，发现生活中美好的事物。如在蚕宝宝养殖记中，为了鼓励幼儿科学照顾蚕宝宝，我们在班级科学区域投放了录像、书籍等，还存放了桑叶供孩子们喂养蚕宝宝。但是活动进行了一周之久，我发现围绕在蚕宝宝周围的孩子，总是这么几个，换言之班级中只有这么几个孩子一直在观察蚕宝宝的生长情况。为了让每个孩子都能近距离观察蚕宝宝，我们将班级中的蚕宝宝分发给了每个孩子，让其带回家。这一举措使孩子们对蚕宝宝的观察时间比幼儿园更多了，也满足了每位幼儿都能近距离观察的愿望。在家庭养殖蚕宝宝的活动前，我们邀请家长来园观摩区域活动，现场感受教师与幼儿在饲养蚕宝宝的交流互动，以及变化过程的记录等。区域活动后我们和家长共同探讨，如何指导孩子观察蚕宝宝：了解其生活习性、关注其生长过程并可以用视频、照片、图画等方式进行记录。家长和孩子在共同照顾蚕宝宝长达2个月的过程中，家园保持联系。通过家长的陪伴引导，再也不是几个孩子围着观察，而是每个孩子都能积极参与关于养殖蚕宝宝的话题，从蚕宝宝原来黑黑的子变成了一条黑黑小小的虫子，到蚕宝宝变成了白白的小虫，在后来蚕宝宝变成了白白胖胖的虫子，慢慢地蚕宝宝开始吐丝、结茧了，最后蚕破茧而出，变成了飞蛾。整个发展的过程孩子们都用自己的方式记录下来。由此可见，父母的陪伴并把握时机，正确引导孩子去观察，去发现，能激发他们观察兴趣，乐于观察，发现和体味更多的生活乐趣和美好。

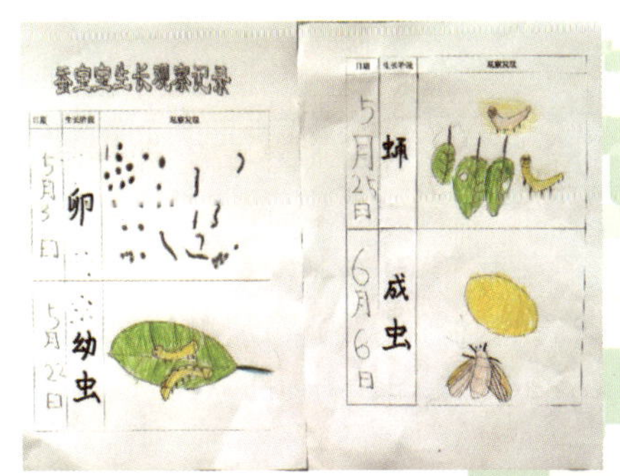

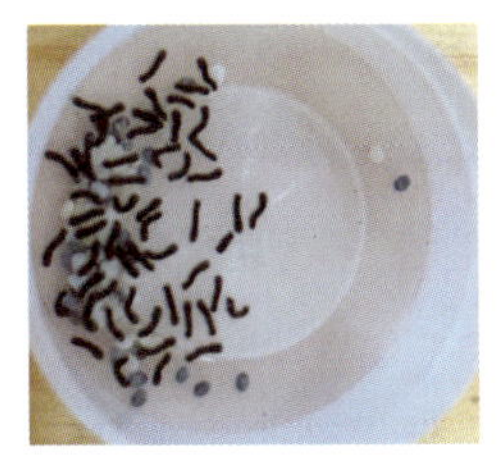

2.学会观察方法，培养孩子善于观察

有了观察兴趣，还必须善于观察，教给孩子正确的观察方法。平时我们会发现有的孩子在接触一些新事物时，总是东看看西瞧瞧，没有正确的观察方法，就很容易把观察事物的重要特点漏掉，不仅达不到观察的目的，还会形成不良观察习惯。通过现场观摩，家长能有意识地引导孩子观察周围事物，学习观察的基本方法。如：比较观察、连续观察等，让孩子有目的、能细致地去观察。

●比较观察：是对两个或两个以上的事物或现象的不同点和相同点进行观察，让孩子分析、比较、思考，从而正确、完整地认识事物。可以同一事物比较、不同事物比较、同一事物不同部分的比较、不同事物的相近部分的比较，比较其相同点和不同点。如家长利用家中的碗筷引导孩子观察，找出它们有哪些不同，感知物体的大小、长短。也可以用长短、粗细等不同特征的筷子进行比较它们的相同点和不同点。通过比较观察，可提高孩子的辨别、分析和概括的能力。

●连续观察：是家长让幼儿在不同时段连续观察事物变化的发展。比如乐乐家庭中，乐乐妈妈在家里开辟了蔬菜园，让孩子学会管理，浇水施肥，并完整地观察一棵植物播种—发芽—开花—结果的过程，鼓励和引导孩子学习做简单的记录，愿意与家人交流分享。连续观察不仅能够全面认识植物生长变化和发展的全过程，还能锻炼孩子的耐心、细心，可谓是一举多得。

●顺序观察：以一定顺序来进行观察，比如由远及近、从整体到部分、从上到下、明显特征到不明显特征等等。如朗朗小朋友特别喜欢机器人，于是爸爸引导朗朗观察玩具机器人时，让孩子从机器人的头部开始观察，然后是躯体四肢，依次进行观察，让他掌握机器人形体的特征，再仔细观察机器人的构造和用途。又如观察树的活动中，有的孩子从上到下观察，是树叶、树枝、树干、树根；有的孩子从远到近地看，是大和小。因此，顺序观察时不强调孩子掌握哪种顺序，只要孩子有顺序地细致观察就行了。顺序观察是基础的观察法，需要幼儿人人掌握，这样可以为他今后的一系列观察打好基础。

当孩子掌握了一定的观察方法，他们对于周围事物的认识无需成人在身边指导，而是自己主动地去接触大自然，对周围的很多事物和现象感兴趣，如此也就提升了观察能力。因此，家长要给予孩子足够的时间和空间让幼儿尽情地去探索观察，去发现大千世界的奥秘。

3.创造观察机会，培养孩子勤于观察

观察力的培养不是一蹴而就的事情，而是需要日积月累。如果孩子的活动范围非常有限，接触新鲜事物的机会也相对较少，观察的机会也就更少，但如果家长经常带孩子去一些新的地方，比如博物馆、海边等，孩子接触到新鲜事物的机会多了，可供观察的素材也就多了。因此，日常生活中父母要创造机会，培养孩子勤于观察，养成良好的观察习惯。比如，①开设各种观察角：饲养角、种植角等，让幼儿在轻松自由的氛围下快乐地观察；②大自然的一切是培养孩子观察力的最佳课堂，家长可经常带孩子到大自然中去，观察山、水、花草树木、虫等自然景象及其变化，这些观察能大大提高孩子的感知能力和观察力。在观察事物时，在引导孩子观察一件事物时，要调动他的多种感官，视觉、听觉、触觉、嗅觉等参与进来，既使大脑从多方面进行分析综合活动，又使孩子的兴奋中心能够不断地转移，保持观察的持久性；③从做家务事中训练孩子的观察力，比如，请孩子将家中的鞋子分类整理后放入鞋柜，通过比较观察，发现哪双是谁的？哪双鞋子最新或最旧？谁的最大？谁的最小？等。让孩子也能在家务活动中提升观察能力；④从绘本阅读中培养孩子的观察力，例如《谁藏起来了》绘本，狗、老虎、河马……孩子们喜欢的18个动物朋友逐个登场亮相，每次翻页都让孩子们来猜猜："谁藏起来了？""谁哭了？""谁转过身去了？"巧妙的艺术构思和精致的手工剪贴，让动物们轮流躲藏。通过快乐的亲子阅读，孩子们初步认识了可爱的动物，并且在一次次的猜谜中不知不觉地增强了他们的观察力、记忆力以及对动物特征的理解；⑤游戏是孩子的天性，是幼儿的主要学习方式，因此，家长可多陪孩子玩一些观察类小游戏，比如走迷宫、拼图、找不同等等，透过游戏，陪着孩子一起锻炼观察力，主动参与这个世界。

俄国生物学家巴甫洛夫说："观察，观察，再观察。"观察力不是生来就有的，而是需要家长在各种活动中有机渗透观察，才能慢慢地提高孩子的观察兴趣和对周围事物的探知欲望，观察力自然而然地就提高了，当孩子的观察力越来越好，不但生活变得有趣，久而久之孩子会更聪明。

（三）家长沙龙，分享家长指导的经验和快乐

家长沙龙是指老师或幼儿园为家长定期提供交流的场所，搭建平台，使不同的家庭在宽松、自主的氛围中交流、分享利用家庭资源促进幼儿观察力发展的经验，探讨、解决困惑。通过家园互动、家长互动等方式学习交流、经验互补，获得更科学、专业的教育理念。随着家园共育理念的不断深入，我们改变了常规式的家园互动模式：如家长学校、家长会，或家园联系栏等，因这些活动多以幼儿园、教师为主导，一站式地策划、组织，家长只是被动地参与。为此我们以"家长沙龙"为载体，强调家长和教师的双主导地位，重视家长在活动中的主动学习和交流意识。

如在“水”主题的科学活动中，家长们发挥创意，利用家庭、社区资源带领幼儿动手动脑进行科学小实验。在家长沙龙反馈活动中，家长们踊跃向大家介绍、分享自己在活动中的收获。其中同同爸爸边操作边向大家分享了他的收获。他从事的工作涉及到水处理相关行业，因此他充分运用自己的职业优势，和同同展开了一次河水净化的科学小实验。他向大家介绍了实验的过程，同时在活动前他考虑到了实验过程的安全性，于是将实验所需要用到的化学品改为功能接近但无毒无害的化学品，让小朋友可以安全地操作。实验前要先将实验材料准备好，并到河边取水样。实验过程中同同爸爸和宝贝一起分别用小水桶和烧杯为容器模拟自来水厂工艺进行操作，并用pH试纸检测处理过程中pH值的变化。通过这样的科学亲子活动，同同爸爸发现家庭亲子科学活动能发展孩子对自然、对环境、对物质性质的观察力，让孩子知道很多现象是处于变化中的；以家庭科学实验为载体，采用亲子参与的方式，能够让孩子有一定的仪式感，有利于推动后续学习的积极性。此外琳儿妈妈也在家长沙龙活动中向大家分享了在家庭亲子科学活动中的收获。她提到利用家庭资源和孩子开展科学亲子活动能够帮助家长激发孩子的探索欲望，当孩子带着强烈的好奇心，主动观察科学现象的时候，她的专注力是非常高的，目的性也非常强，慢慢地会养成善于观察的习惯；同时还能让孩子积累观察方法：顺序观察、连续观察等。

家长沙龙活动，为家长们创设了互动交流的良好平台，形成家长与家长、老师与家长间的良性互动，反思、分享在家庭教育指导中的不足与经验，使个体家庭教育指导方法得到充分发挥，有效拓展和丰富幼儿园的教育资源，并辐射到每个家庭中，家园合作共同促进幼儿健康、快乐地成长！

欣赏，让你不经意间展示美
——基于家庭艺术欣赏培养幼儿审美能力

顾亚君

幼儿审美能力发展是美育的重要任务，良好的审美能力是孩子一生幸福的基石。苏联著名教育家赞科夫说："审美发展与道德发展的联系巨大，对于美的欣赏可以让一个人变得更加高尚。"一个全面素质发展的人才，不仅仅品学兼优、体魄健康，还应该具有不错的审美情趣及一定的审美能力，而这些都是从小就不能忽略的。因此通过"家长俱乐部"活动，引领家长用科学的方法和孩子一起去追寻美、感知美和创造美，家长给孩子最好的礼物，就是培养他们的审美能力。

一、健康人格的培养离不开审美

据研究，孩子在2~5岁之间有一个"审美敏感期"，最需要了解艺术的敏感时期，往往是教育的关键期。因此幼儿期培养幼儿的审美能力尤其重要，它可以陶冶孩子的情操，增进孩子的身心健康，唤起孩子的创造力和对美好生活的向往，在成长的过程中不断热爱生活，心态乐观积极向上，幼儿审美能力的培养还能够使得幼儿养成良好的行为习惯，对于其一生都产生深远的影响。《3~6岁儿童学习与发展指南》明确指出："幼儿艺术领域学习的关键在于充分创造条件和机会，在大自然和社会文化生活中萌发幼儿对美的感受和体验，丰富其想象力和创造力，引导幼儿学会用心灵去感受和发现美，用自己的方式去表现和创造美。"所以学龄前幼儿艺术教育的关键点在于审美能力和创造力的培养，教会幼儿去感知美丽的瞬间，只有感受力提高了，无论在什么样的环境下，幼儿都会因为发现美而感到快乐。审美情趣,不仅决定了一个人的人生品质,更决定了未来的格局,让幼儿通过审美释放自然天性,健全人格。

二、学会欣赏生活中的美,让你的人生更精彩

瑞吉欧教育主张:儿童的学习不是独立建构的,而是在诸多条件下,主要是在与家长和教师、同伴的相互作用过程中建构的。实践证明,"家长是最好的老师",争取和善用家长资源,才可能带给儿童最好的审美经验。美育始于家庭,也永远伴随着家庭,它不仅是对人们审美趣味、审美观念的形成、审美能力的培养影响最早,而且影响的时间也最长,从而体现出时间的持续性与教育的终身性。

家庭生活中时时处处都存在审美,如家庭住宅设计的美、服装饰品及食物之美、大自然环境的美等等,因此,家庭艺术欣赏是培养幼儿审美能力的重要途径。当今教育讲究的是家园合作,只有保持审美教育的有效衔接和延续性才能够实现家庭与幼儿园美育的有机整合,让幼儿能够在幼儿园和家庭之间的学习衔接得更好,为幼儿构建一个良好的艺术欣赏平台,力求体现家园共育同步实施幼儿艺术欣赏启蒙教育的本意,丰富幼儿审美经验,提高审美情趣,使其具有感受美、鉴赏美、表现美和创造美的能力及健康审美态度。但愿所有的孩子能在美好的事物中成长,在未来中遇见最美好的生活,让人生变得更精彩。

三、世界丰富多彩,美就在我们的身边

《纲要》中提到:家园配合,使幼儿在园获得的学习经验能够在家庭中得到延续、巩固和发展。因此,我们以亲子艺术活动为切入点,如亲子欣赏、亲子游戏、亲子创作等,让孩子、家长一起走进形式多元、内容多样的亲子艺术活动,帮助幼儿提高审美感知,激发幼儿审美想象,促进幼儿审美创造等,挖掘家庭中开展亲子艺术活动对于培养幼儿审美能力所存在的价值。爸爸妈妈们请牵着孩子的小手开始一段精彩的审美之旅!

表1 家庭艺术欣赏培养幼儿审美能力的活动(示例)

活动内容		活动目标	活动建议
自然美	春天的景色	欣赏春天里的花草树木,关注其色彩、形态等特征。	1.家长带孩子去公园踏青,欣赏公园中的景物,和孩子交流讨论对美的感受。 2.孩子可以把美的景色用相机、视频、画笔等形式记录下来。

活动内容		活动目标	活动建议
自然美	夏天的声音	感受夏天雨珠敲打在不同物体上的声音，激发幼儿对大自然中声音的探索兴趣。	1.家长可以让孩子穿着雨衣、雨鞋，在雨中感受雨声、踩水声等。 2.夏日中家长可以带孩子去花鸟市场，寻找和听辨不同虫鸟的鸣叫声，感受声音的强弱。
	秋天的落叶	观察常见的树木、树叶等，用自己的语言来描述树叶的颜色和形状等。通过各种游戏，引导幼儿认识各种形状和颜色的树叶，培养孩子的审美能力和观察力。	1.家长带孩子在自然环境中，一起收集秋天的落叶。观察对比落叶的不同，如：颜色、形状等。借形象想象制作树叶贴画。 2.家长可以和孩子一起在家的附近找一个有很多落叶的公园或者大树下，将落叶撒在地上堆成各种迷宫，请孩子从入口进去，找出出口，可根据幼儿年龄调整难易程度。
	冬天的冰雪	欣赏冬天的雪景、冰雕等，用自己的语言描述冬天的美。	1.下雪时家长可以带孩子外出赏雪、打雪仗、堆雪人。 2.家长可以利用玻璃窗上的雾气，引导孩子在玻璃上作画。
生活美	服饰美	尝试不同季节服装穿搭的、颜色搭配的体验，能大胆讲述各种服饰的特点及美的表现。	1.家长尝试让孩子自己选择外出的衣服，说说搭配的理由。 2.家长可以让孩子观看有关儿童走秀的视频、杂志等，让孩子说说他喜欢的衣服配饰等。
	我的家	欣赏自己家的设计风格，发现生活中的美。	1.全家共同讨论家中有几间房间？每间房间的家具有几件？家具造型是什么样的？摆放方向等。 2.家长可以带孩子参观宜家、红星美凯龙等大型家具店。
作品美	美术作品	欣赏绘画、纸雕、泥塑等作品。发展孩子的观察力和想象力，提高孩子的审美能力。	1.家长可以带孩子或共同参与传统民间艺术和地方民俗文化活动，如皮影戏、剪纸和粘面人等。 2.有条件的情况下带孩子去美术馆、博物馆等欣赏艺术作品。
	音乐作品	欣赏音乐或观看舞蹈、戏剧等表演，激发孩子模仿和参与的愿望。	1.家长在家可以播放各种形式的音乐作品，丰富孩子对音乐的感受和体验。 2.家长应尊重孩子的兴趣和独特的感受，理解他们欣赏时的手舞足蹈、即兴模仿等行为。

在家庭亲子艺术活动中，为全面提高孩子的审美能力，我们将美的事物用多元的形式呈现给孩子和家长，让孩子和家长一起，用发现美的眼睛去看世界，用体验美的心去感受世界，用创造美的手去勾画世界。

四、寻找美的踪迹，创造美的欣赏

俗话说“爱美之心，人人有之”，就连刚出生的婴儿也无法抗拒可爱的玩具及美妙的音乐，儿童也如此，从小就喜欢美的事物，比如：她们喜欢颜色鲜艳的东西；爱穿漂亮的衣服；喜欢听悦耳的歌曲等。世界多美好，爸爸妈妈应该把孩子放在一个美的环境中，善于利用家庭生活环境、自然环境和艺术作品等中美好的东西来满足幼儿的欣赏需求，充分创造条件和机会，引导他们学会用心灵去感受和发现美，并用自己的方式去表现和创造美，因发现美而感到快乐，因感知美而创造幸福、因创造美而愈加美丽！

（一）生活中美的发现与欣赏

从“艺术”与“生活”的发展关系来说，“艺术”源于生活，却又高于生活，只有幼儿亲身体验过的，才能引发他们的共鸣。法国雕塑家罗丹曾说过：“生活中不缺少美，缺少的是发现美的眼睛。”孩子由于太小而不懂得自身周围美的事物，所以家长要多引导孩子从生活中的细微之处来感受美的所在，帮助孩子去发现、欣赏生活中的美，如家庭中的家居设计、工艺品造型等，可带孩子观察颜色亮丽的水果蔬菜、色彩斑斓的鲜花、姿态各异的小动物……同时还可以从日常生活习惯入手引导孩子如保持衣服的整洁，图书、文具、摆放的整齐和美观，这些日常家庭生活中的环境和物品无不具有美感，从而发展孩子的审美意识。

孩子在2岁半开始进入审美敏感期,开始有些“臭美”的行为,他们已关注自己的外貌衣着。如有的女孩爱穿裙子来幼儿园,而有的孩子每天来园前为穿衣服挑这挑那的无理哭闹,作为家长可以对孩子的爱美行为予以重视鼓励和正确引导,从穿衣打扮开始,尝试和孩子一起观看儿童走秀视频、翻阅服饰杂志等,交流的过程中让幼儿说说她喜欢的服饰搭配和喜欢的理由,在每天睡前可以让孩子自主选择第二天外出的衣服,尝试自己搭配,从颜色、款式和外出的场所来考虑如何穿搭,共同讨论、选择合适的出行服装,慢慢地,孩子对穿搭的审美会潜移默化影响到对生活中各种事物的美。俗话说“生活即教育”,把艺术欣赏融入幼儿的日常生活,这样不但能激发幼儿主动去发现美,更能让幼儿在潜移默化中感受和欣赏美,使艺术欣赏成为幼儿美好生活的一部分,还可以提升孩子的自信。

(二)自然界中美的感受与欣赏

大自然是人类艺术之源,自然界中的许多物体生动形象、绚丽多姿,嫩绿的小草、美丽的鲜花等给人在视觉和心理上带来愉悦感,这对幼儿审美能力的培养是极为有益的。孩子们平时在幼儿园接触大自然的机会有限,如仅限于在幼儿园寻找春夏秋冬的美景,通过春秋游、亲子活动去发现美等;或从多媒体和故事绘本等中获得美的感受,对于自然环境欣赏的缺失,就可以在家庭中得以弥补。家长可以利用亲子的踏青活动与幼儿的审美培养结合起来,赋予寻常家庭活动更重要的意义。带领孩子走进大自然,接触大自然,去公园以及郊外的风景点,和孩子一起观赏蓝天白云、湖光山色、彩霞鲜花珍禽异草……让孩子能够身临其境地感受和欣赏美丽景色,以及聆听自然界中的各种美妙声音,从而发展孩子的观察力、想象力和语言表达能力。如:暑假期间正值夏季,是自然界声音最为丰富的季节,自然界中的鸟鸣、风声、雨声等好听的声音吸引着孩子。家长可让孩子穿着雨衣、雨鞋,在雨中感受雨声、踩水声和雨水敲打在不同物体上的声音，激发幼儿对大自然中声音的探索兴趣；家长还可以带着孩子去公园、花鸟市场等环境中寻找和听辨不同虫鸟的鸣叫声，感受声音的强弱。

一年四季，风景轮番变幻，其中秋天是最绚丽多姿的季节，金色的稻田、黄得耀眼的银杏叶、火红的枫叶等五彩缤纷的景象，无一不吸引着孩子的目光，激发他们的想象……因此，爸爸妈妈们可以趁着秋季多带孩子到周边的森林、公园等亲近自然的地方走走，让孩子亲眼观察花草树木神奇的色彩变化，陪孩子在五颜六色、形状各异的落叶中收集最感兴趣的，让孩子在看一看、摸一摸，说一说，欣赏不同落叶所带来的美感的同时，还可以与孩子一起将收集到的各类树叶带回家中，共同进行创意游戏。用树叶画画的亲子小游戏，只需要几片树叶，就能轻易点燃孩子的想象力和创造力。赶快带孩子一起试试吧，也让我们用这样的方式留住秋天的美丽，感受秋的五彩斑斓，获得全方位美的享受，从而丰富孩子的审美体验。走进大自然，观察和欣赏大自然中的无限情趣，让大自然之美在孩子的心中得以融化和沉淀，热爱大自然，热爱生活。

(三)艺术作品中美的欣赏与体验

《指南》艺术领域的教育建议中提到:“要创造条件让幼儿接触多种艺术形式和作品”,艺术作品体现出来的美比生活中的自然美更集中、更强烈,幼儿的艺术感受是通过对艺术作品中美的欣赏与体验获得的,我们在强调幼儿教育的儿童化、整体化、生活化的同时,更应该注重幼儿“体验”感,要始终尊重幼儿,把幼儿的个性和情感体验放在首位,从而在艺术品中欣赏美和体验美。家长可带孩子看看演唱会,听听歌曲演奏,丰富内在美。在幼儿欣赏音乐艺术作品时,家长可以运用多种形式,如夸张的肢体、手势、动作等,丰富幼儿的表象经验,增强体验感受,引导幼儿自主表达、表现,让幼儿进行想象创造。例如:在欣赏古典音乐《动物狂欢节》中,让孩子对音乐中的无形形象进行充分想象,欣赏前,提出关键问题,引导孩子带着问题去思考,做到有目的地欣赏。第一次欣赏的时候家长进行提问:你觉得这段音乐适合哪个森林动物出场呢?孩子在首次欣赏后大胆猜测,说说猜测的理由是什么,再进行第二次欣赏;第二次欣赏时,家长和孩子一起跟着音乐猜测并模仿动物的形态动作等。由于《动物狂欢节》分为春夏秋冬四个篇章,适合多次欣赏,家长可以利用不同篇章的动物出场进行深入欣赏和对比,在慢慢积累了各种音乐作品欣赏后,再带孩子一起走进剧院,让孩子身临其境地进行多感官体验,从而使审美能力得到更深层的挖掘。

好的艺术作品能激发幼儿的情绪,产生共鸣,让他们的心灵感到轻松愉快,给人一种美的体验,通过艺术欣赏活动,能让幼儿认识到什么是真、善、美。如:家长可以带孩子去美术馆、书画展、艺术馆、博物馆等,丰富幼儿的直接经验,从幼儿最喜欢的作品、喜欢的理由是什么等方面向幼儿提问,用知识启迪孩子发现美、感受

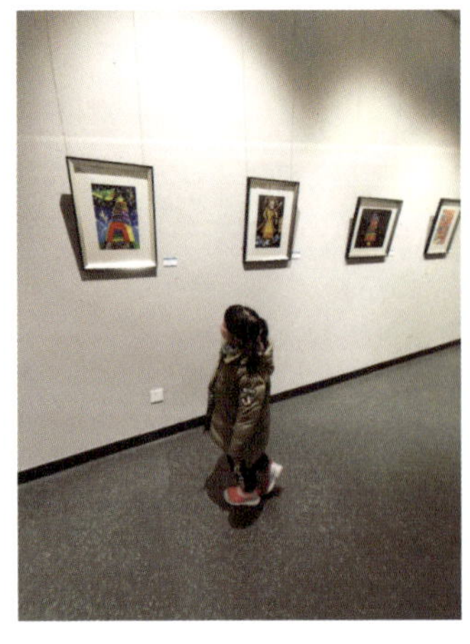

美、欣赏美。所以在艺术作品欣赏的过程中，家长的积极参与很重要，家长应该以平等对话的方式参与，与幼儿一起欣赏艺术作品，互相交流，倾听幼儿对艺术内容的情感表达表现，同时家长要支持和鼓励幼儿大胆表达自己的理解和联想，还有对幼儿进行适当的引导，让幼儿对艺术作品中美的欣赏不只停留在表面，可以深入挖掘作者当时在创作时的情感和想法，从而促进幼儿的审美感知经验从零散、分离向整合的方向聚拢，孩子会因发现美、欣赏美和体验美而感到快乐。

（四）艺术美的表现与创造

幼儿在发现美、感受美的基础上，可让孩子把感受到的美表现出来。德国哲学家莱布尼茨在《相异律》中又提出："世界上找不到两片相同的树叶。"正如世界上也没有两个完全相同的孩子，孩子有一百种语言，一百双手，一百个想法……所以他们对美的表达表现、呈现出的作品肯定也是各不相同的。但是家长们往往受传统教育观念的影响，对于孩子的涂鸦、创作、表演等很多时候都过分注重艺术表现的结果，而忽视了艺术创造的过程，家长应该转变观念，学会放手，尝试把表现与创造的主动权交给幼儿，要相信每个儿童都是艺术家。

1. 创设自主表现表达的机会和条件

我们的世界是如此的缤纷，就是源自于每个人善于创造美，而我们孩子是最善于表现和创造美的，所以家长要有意识地为幼儿创造机会和条件，支持幼儿自发的艺术表现和创造。如经常和孩子一起唱歌，学习歌舞表演和童话剧等，绘画、小制作等；还可以和幼儿共同打造一个专属的"艺术角"，空间的大小不重要，最重要是专属，专属于孩子，专属于艺术。在艺术角中，他们可以收集各类他们认为好看的、美的事物，家长不应过多干涉，条件允许的前提下家长还可以为幼儿准备一辆可以

移动的小推车，提供丰富的便于幼儿取放的材料、工具或物品，变身为"移动的艺术角"，支持幼儿进行自主绘画、手工、歌唱、表演等艺术活动。幼儿的心中都有一颗美的种子，用自己的方式去表现和创造，去舞动人生。

2.尊重和满足幼儿的表现和表达

《纲要》指出：要让幼儿"能用自己喜欢的方式进行艺术表现活动"，要"尊重、每个幼儿的想法和创造，肯定和接纳他们独特的审美感受和表现方式，分享他们创造的快乐。"因此家长提供丰富的材料，如图书、照片、绘画或音乐作品等，让幼儿自主选择，用自己喜欢的方式去模仿或创作，不做过多要求。如：当孩子在对自己家的家具风格有一定了解和欣赏以后，就可以为家人的房间设计家具，家长要学会倾听孩子的声音，学会从孩子的角度来欣赏作品，做出支持性的评价，激发其他孩子的思维，不随意给孩子的作品打分。同时利用"移动的艺术角"满足孩子的需求，就可到每个房间进行实地考察，而拍照和绘画就是最好的记录方式，有思考，有想法后，再对其进行创造。为了满足幼儿创造的成功感，家长还可以引导幼儿给自己的作品起名字，通过给作品起名字能够引发幼儿对作品内容的概括，促进幼儿的想象力和审美能力。其实最好的家庭艺术教育，就是把生活与艺术相互融合，幼儿的艺术审美能力和创造能力是在日常学习过程中逐渐建立起来的，只有把艺术真正地融于幼儿的生活，才能在与家长、环境、材料的互动中不断提高对美的表达和创造。让我们拥有一份理解和尊重的心态、一双火眼金睛去欣赏孩子们一幅幅、一件件充满创意的作品。

3. 营造敢于表现表达的心理环境

幼儿敢于表现表达受很多因素影响，心理环境是其中的一个重要因素。心理环境作为一种隐性的教育因素，对幼儿影响很大。幼儿心理尚未成熟，缺乏自主意识，感情也稚嫩脆弱，因此需要成人的保护和关爱。家长的一句话、一个动作、一种表情、一个眼神都会对孩子产生暗示作用。要培养幼儿创新意识，需要家长经常、及时地给予孩子鼓励和支持，能够让孩子大胆、自主地表达和创造，让"美"走进每一位孩子的心灵。

总之，家庭艺术欣赏对于培养幼儿审美能力有着极其重要的意义，不仅能补充幼儿园艺术教育课程的缺失和不足，还能提升幼儿艺术欣赏和审美能力，丰富儿童的精神生活，从而培养一颗颗纯清、美好的心灵。

第二篇 实践——行动之路

时常感恩着时光里的每一份实践，像枝头永不凋零的春天，如心中永远不老的白莲。实践如诗，一弦清音，满怀缱绻。无须多言，那悠远的清韵便已媚了眉弯，醉了心田，拓了道路。

“生入人心”家长俱乐部活动实施方案

汤帼姣

一、基本情况

健康是指人在身体、心理和社会适应方面的良好状态。幼儿阶段是儿童身体发育和机能发展极为迅速的时期，也是形成安全感和乐观态度的重要阶段。发育良好的身体、愉快的情绪、强健的体质、协调的动作是幼儿身心健康的重要标志，也是其他领域学习与发展的基础。《3~6岁儿童学习与发展指南》中指出，为有效促进幼儿身心健康发展，成人应为幼儿提供合理均衡的营养，保证充足的睡眠和适宜的锻炼，满足幼儿生长发育的需要，帮助幼儿养成良好的饮食和运动习惯。

“生入人心”家长俱乐部的教师和家长顺应幼儿的发展规律和年龄特点及认知需要，围绕幼儿健康发展，共同制定家长俱乐部活动方案。教师针对学校集体活动中无法开展的活动内容，积极引导家长充分利用家庭资源和优势，在家庭生活中渗透健康膳食和家庭快乐运动的实践，培养幼儿养成良好的饮食、运动习惯，达到拾遗补缺的目的。

“生入人心”家长俱乐部由膳食组和运动组两个组组成，由后勤主任引领，共有4名教师和58名家长组成，其中膳食组有23名家长（妈妈21名、爸爸2名），运动组有35名家长（全部由爸爸组成），家长学历本科率达100%。膳食组的家长平时都喜欢自己制作一些美食，经常利用网络、美食APP平台和一些书籍学习美食制作方法和幼儿膳食的搭配，利用休息时间，在家和孩子一起制作美食，让孩子体验制作食物的快乐。运动组的爸爸有的是足球爱好者，工作之余经常参与一些足球练习和业余足球比赛，有的经常参与健身锻炼，会带着孩子一起做一些运动，为健康组活动的开展奠定了一定的基础。

二、俱乐部目标

1.帮助家长了解正确的生活育儿观念，提高家长开展家庭生活膳食和亲子运动的意识。

2.指导家长利用家庭、社区资源开展孩子健康膳食和快乐运动的实践活动，培养幼儿逐步养成良好的饮食、运动习惯。

3.搭建良好的家园共育平台，聚焦幼儿身心健康发展，丰富家庭生活育儿的内涵。

三、各阶段活动内容

第一阶段——准备阶段（2018年11月–2019年2月）

1.招募“生入人心”家长俱乐部成员

2.建立“生入人心”家长俱乐部，确立组长与成员

3.研讨、制定“生入人心”家长俱乐部活动实施方案

4. 研讨“生入人心”家长俱乐部实施活动主题内容与运行方法

5. 收集与梳理家长培训内容的资料

6.收集与整理利用家庭资源开展的健康活动

第二阶段——实践研讨（2019年2月–2020年4月）

1. 形成“生入人心”家长俱乐部活动实施方案

2. 开展多种形式（线上培训、现场观摩、家长沙龙等）的家庭教育指导活动

3. 推荐利用家庭资源开展的健康活动

4. 收集、梳理“生入人心”家长俱乐部家长反馈信息

第三阶段——总结整理阶段（2020年4月–2020年6月）

1. 展示会评选：每月一次的家庭教育经验分享

2. 撰写指导家长利用家庭资源促进幼儿健康发展的论文

3. 收集与汇总亲子利用家庭资源开展的生活活动的实例

4. 形成亲子活动案例及经验分享案例。

四、活动安排(示例)

2018学年第二学期俱乐部活动安排

时间	活动形式	预设研讨话题/关键提问	人员安排（主要负责人）
2019年3月	研讨活动	1.“生入人心”家长俱乐部培训目标。 2.“生入人心”家长俱乐部培训内容。	教师：杨月、蔡琼仪、汤帼姣、张雷
	收集与整理	1.哪些活动适合在家庭中开展健康活动？ 2.家庭或社区中的哪些材料可以开展健康活动？	教师：杨月、蔡琼仪、汤帼姣、张雷
	家长进课堂	汤圆的制作方法	家长：俊俊妈妈
	家长讲座	幼儿园开展足球游戏的价值	教师：蔡琼仪
2019年4月	互动研讨	近阶段健康组开展活动的安排布置	教师：蔡琼仪
	讲座	小班幼儿良好卫生习惯的培养	教师：杨月
	家长经验分享	运动陪护	家长：果果爸爸
2019年5月	互动研讨	运动组活动实施情况，家长反馈效果	教师：汤帼姣
	讲座	KT足球课程	教师：汤帼姣
	家长进课堂	我会跳绳	家长：波波爸爸
2019年6月	研讨	怎样培养幼儿良好进餐习惯	教师：汤帼姣
	讲座	培养幼儿良好的进餐习惯	教师：杨月
	家长经验分享	家庭饮食习惯培养的方法	家长：菲菲爸爸

“生入人心”亲子运动活动指导案例

活动名称:过山洞

活动目标:

1.锻炼幼儿上肢力量,刺激幼儿前庭觉发展,培养空间认知能力。

2.家长作为幼儿的运动器械配合游戏,从中锻炼腿部、腰腹部力量以及身体控制能力。

活动准备:轻快的音乐、较柔软的地方(床上)。

一、热身运动:幼儿和家庭成员用身体一起探讨不同洞的造型。

关键提问:

1.你看到山洞是怎样?

2.如果用身体来表现山洞,你想用身体的哪一个部分来表现?

3.根据不同山洞的造型请起个名字。

二、亲子游戏

玩法:

1.家长呈俯卧撑姿势,幼儿从家长的身体下方爬过去,再从背部进行翻越,反复循环。2.家长先坐在地上,伸直双脚,请幼儿跳过双腿,之后,将腰部抬高,让幼儿从家长腰部底下钻过去。

3.家长俯撑身体,将腰部抬高并移动一段距离,请幼儿连续爬行过去。

关键提问:

1.碰到这种高高的山洞,你想用什么方式过去?

2.碰到这种低低的山洞,你想用什么方式过去?

3.哇,山洞移动起来了,你想用什么方式过去?

4.山洞一个接着一个,你可以用什么方式过去?

三、放松运动:播放音乐从头到脚做放松运动,特别注意腰部和腿部的放松。

互动要点

1.提醒幼儿在翻越家长背部时,脚先着地,以免头朝下造成伤害。

2.当幼儿能够熟练地翻越家长背部后,家长可以适当地抬高背部,增加难度。

3.游戏不仅可以锻炼幼儿的耐力、爆发力、平衡力及灵敏度,还可以帮助家长锻炼腹肌。

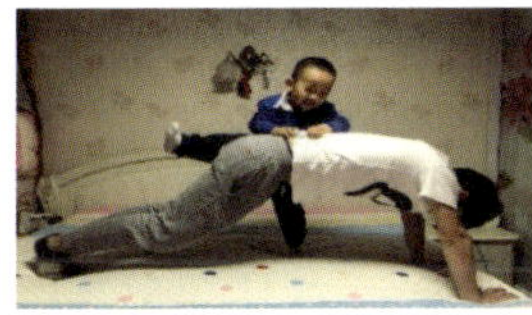
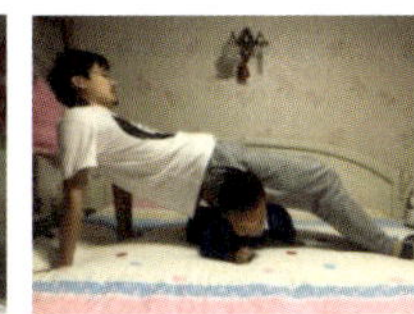

活动名称:我和爸爸看足球赛

活动目标:

1.通过观赏球赛,引导幼儿初步学习观赏足球比赛,了解足球赛事。

2.开展亲子足球比赛,激发幼儿对足球比赛的兴趣。

活动准备:电视观赏、收集有关比赛球队的情况和球员的情况,并提供相应的资料、观赏足球比赛的小道具、音乐。

一、热身运动:跟随世界杯主题曲《生命之杯》自由歌唱舞蹈

关键提问:

1.听了这首1998世界杯主题曲《生命之杯》有什么感觉?

2.你喜欢的足球明星听到这首歌曲可能会做哪些动作呢?

二、电视观赏(或录像观赏)

关键提问:

1.你刚才看到了什么比赛?

2.你了解哪些比赛中的信息?(规则、比赛情况怎么样)

3.足球比赛中,每一队有几位球员在场上进行比赛?

4.红牌和黄牌分别代表什么意思?

5.什么是越位?什么是犯规?射门都可以得分吗?为什么?

6.怎样才能在足球比赛中获得胜利？

7.和爸爸一起进行超级足球赛有什么规则呢？

三、亲子游戏：超级球赛

玩法：

1.家长和幼儿间隔一定距离，面对面用脚踢球，设法使球进对方“球门”。

2.接球的时候，可以用身体的各个部位来挡住球(包括侧卧、用手接球不让球进入“球门”)。

3.在规定的时间内，谁的球进入对方“球门”次数多就获胜。

四、放松运动：播放1998年世界杯主题曲《生命之杯》音乐，亲子自由歌唱舞蹈。

互动要点：

1.运用不同的方式观赏足球，现场观赏（感受足球氛围，为球员呐喊助威）、电视观赏（倾听足球讲解员的讲解）、录像观赏（对某一画面进行重播、定格，适时拓宽足球经验比如红黄牌警告、罚点球、精彩射门等）

2. 对于比赛中出现的情况，运用恰当的语言，简单明了地向孩子讲解有关知识，促进孩子积极参与观赏活动。

3.家长应注意自身的行为举止，引导孩子文明、理智地观赏足球比赛，可提供一些辅助材料（如小喇叭、小红旗等）。

4.创设适宜的家庭“超级足球赛”的氛围，在充分的体验中激发幼儿对足球比赛的兴趣。

活动名称：蜘蛛网

活动目标：

1.在投掷中发展幼儿的上肢力量和视觉运动能力。

2.家长在共同游戏中锻炼上肢和腰背等部的肌肉力量，给予榜样示范。

活动准备:粗细不一的胶带、门框、海洋球、纸球、乒乓球等。

活动过程:

1.热身运动:家长用胶带在门框上布置出蜘蛛网的大致形态。

关键提问:你看到过的蜘蛛网是怎样的?

利用这些胶带和门框怎样才能变成一个蜘蛛网?

2.亲子游戏:幼儿和家长可以一起投掷海洋球到蜘蛛网上。

关键提问:1.你是怎样投掷成功的? 高高的蜘蛛网你用什么方法投掷成功的?

2.在不同距离起点投掷,发现什么小秘密?

3.在有人干扰的情况下,你是怎么投高投准的?

玩法推荐:

可以在地上标记不同的场景作为投掷点,如:树林里、老建筑物里。让幼儿在情境中感受蜘蛛网的高低和远近的不同,需要的力气和角度也不一样。

根据不同的场景提供不同的投掷材料,如纸球、乒乓球、小石子等。

可以设定时间引导孩子和不同的家庭成员之间合作投掷,提高投掷的乐趣。

互动要点:

1.布置场景过程中,对门框较高处家长可以抱起或让幼儿骑坐在肩膀上粘贴,并提示幼儿“这边的蜘蛛网有点高,一会儿可要扔得高高哦”等。

2.游戏过程中,形式可以多样,如家长和幼儿的轮流,家长在投掷点和门框中间摆手做干扰障碍鼓励幼儿投高投准等,注意期间的互动,提高幼儿动作的准确性和协调性。

活动名称:螃蟹运西瓜

活动目标:

尝试和家长一起侧着行走,发展动作的协调性,在合作中调节个人的步伐、步频。

活动准备:气球、皮球、抱枕、娃娃等。

活动过程:

1.热身活动:模仿螃蟹的动作,活动身体。

跟着音乐为侧身向前行走做重要部位专项热身,包括头部、颈部、手腕脚腕、膝关节、腿部运动等。

2.亲子运动：

关键提问：你知道螃蟹是怎么走的吗？我们一起学着螃蟹侧身行走。

这里有一个“西瓜”，请“螃蟹宝宝”把它运到指定一个地方，运的时候不能用你的“大钳子”。

你有哪些不同的方法可以运“西瓜”？

玩法推荐：

(1)一只螃蟹不用“大钳子”，侧身行走单独将“大西瓜”运到指定的地方。

(2)两只螃蟹不用“大钳子”，合作将“大西瓜”运到指定的地方(鼓励幼儿发挥想象，尝试不同的运“西瓜”方法)。

(3)刚刚沙滩上掀起大浪，很多贝壳被打上了岸，该如何合作将“大西瓜”运到指定的地方(尝试绕过家中家具运“西瓜”)。

互动要点：

1.开始尝试运“西瓜”时，提供较为安全没有障碍的场地，让幼儿练习掌握侧身直线走。

2.初次运“西瓜”时，“西瓜”掉地没关系，随着活动的进行可以强调，“西瓜”落地就要重新开始。

3.家庭中在人数允许的条件下，可以进行运“西瓜”比赛。

活动名称：一起去郊游

活动目标：

1.家长利用节假日时间，有计划地选择郊游的地点，带上简便的活动用品，和孩子一起去郊游。

2.通过亲子郊游活动，增进亲子间感情，促进幼儿动作和体能的发展。

活动准备：选择合适的郊游地点，利用身边所携带的物品，创设走与跳的区域。

游戏内容：

游戏一

兔子与狼——利用草地与树的自然资源，爸爸扮演“大灰狼”，躲在大树的后面，妈妈扮成“兔妈妈”，幼儿扮成“小兔”，选一棵大树当成兔子的“家”，妈妈带幼儿跳到草地吃青草，边跳边念儿歌：“小白兔，跳呀跳，跳到草地吃青草，东跳跳西跳跳，大家心里乐陶陶。大灰狼，真真坏，躲在树后偷偷瞧。小兔!小兔!快快逃！”当念到儿歌中的“快快逃”时，“大灰狼”从树后跑出来去捉“小兔和小兔妈妈”，

“小兔和小兔妈妈”赶紧跳回“家”。通过此游戏可以发展幼儿行进跳的能力和反应的敏捷性。

游戏二

大大小小的脚——利用海滩，三人按爸爸、妈妈、幼儿排好队，爸爸排在最前面走，妈妈沿着爸爸的脚印走，幼儿沿着妈妈的脚印走(排队顺序可自由调节)。家长走路的跨度，根据孩子的跨度适时调节。

游戏三

穿越封锁线——利用公园的大树，将一根系有铃铛的绳索绕在一棵棵大树上变成“电网”，家长和孩子一起用钻、爬、跨等不同的动作使自己顺利穿过封锁线，如身体触碰到绳索上的铃铛则重新开始，直到安全到达绳索另一端。(游戏可重复进行，也可随时调整“电网”的高度来增加难度)。

互动要点：

1.通过生活化、游戏化的自然情景，激发幼儿运动的兴趣。

2.引导幼儿尝试不同形式的走与跳，发展幼儿动作的协调性和敏捷性。

3.小土墩、小沟、小路、草地都是幼儿活动时可利用的情景，因此父母多带领幼儿去郊游，并因地制宜，因材施教，发展幼儿走、跳、跑、平衡等动作。

活动名称：三浴锻炼

活动目标：

利用自然资源开展三浴锻炼，发展孩子的各种动作技能，增强其体育锻炼的能力。

活动准备：

1.在田野、公园、社区广场等场所，挖掘一切能够有助三浴锻炼的自然资源、场地、踩水池或游泳池，设置走、跑、跳、爬乃至游泳等安全运动区域。

2.在各活动场所寻找有趣的自然"镜头"拍成录像。

一、热身运动

亲子远足,让幼儿运用各种感官感受新鲜的空气、充裕的阳光、清澈的水池。

关键提问:

你觉得这个地方美吗?为什么这么美?

二、亲子活动

关键提问:

1.我们可以在阳光下做什么游戏?

感受阳光——引导幼儿在阳光下的草地上爬、走、跑、翻滚、追逐等,体验阳光浴。注意不能让幼儿在烈日下暴晒,可以戴顶遮阳帽。

踩影子游戏——在阳光明媚的节假日,家长带领孩子到公园草地或者社区空地上。在阳光照射下,会出现父母孩子的身影,引导孩子去踩爸爸、妈妈的影子,还可以三人互相躲闪踩,发展孩子躲闪跑及眼脚协调的能力。

2.我们可以和空气做什么游戏?

感受空气——做一段有氧操,学习做深呼吸的动作,体验空气浴。

放风筝游戏——用一定长度的线扎住马夹袋开口的一端(爸爸、妈妈、孩子各一个),各人用手拉住绳子的另一端,然后在逆风向跑、走(如果有风筝则更好)。三人可以比赛谁的"风筝"飞得快,飞得高,发展孩子快速走和跑的能力。

3.我们可以和水做什么游戏?

感受水——大胆探索多种玩水方法。比如踩水、泼水、打水枪或躲避喷水等游戏,体验玩水游戏的乐趣。活动宜在夏季进行,并为孩子准备好换洗的衣服。

捕小鱼游戏——父母用薄薄的泡沫板(硬纸板、树叶等)做成小鱼,投入水池里,在一定长度竹竿上扎个网兜,父母与孩子用网兜共同捕捞河中的"小鱼"。

互动要点:

1.引导孩子开展各类利用阳光、空气和水的体育游戏,充分感受阳光、空气和水,初步认识三浴锻炼的重要意义。

2.引导孩子熟悉大自然的环境,利用各种自然资源,随时开展亲子三浴游戏。

3.鼓励孩子大胆参与各类游戏,如游泳、踏青、远足、在阳光下开展民间游戏等。

看了这些有趣的亲子运动小游戏,宝贝们想不想试一试呢?爸爸妈妈们快来和宝贝们一起玩一玩、乐一乐吧!

活动名称:收玩具

活动目标:

1.充分利用家庭的有利环境,促进孩子手臂、腿部动作发展。

2.亲子运动,促进幼儿动作发展,增强孩子的成功感。

活动准备:

玩具若干、垫子一块、收纳盒一个。

活动过程:

1.热身运动:运用喜欢的方式送玩具回家

关键提问:你想帮助谁回家?

你还想运用什么方式运动呢?

2.亲子游戏:

关键提问:你喜欢用哪一种方式来送玩具回家?为什么?

玩法推荐:

(1)"送玩具回家"——家长将玩具放在垫子和收纳盒周围,并且保持一定的距离,宝宝将拿到的玩具放入收纳盒中。

(2)"大吊车运玩具"——宝宝双脚不离开垫子,伸展身体去拿玩具,宝宝将拿到的玩具一一放入收纳盒中。

互动要点:

1.选择安全、适宜爬行的活动区域,使孩子在轻松愉快的氛围里练习爬行中取物。

2.根据孩子的年龄阶段及动作发展水平设计各种不同难度的爬行和伸展游戏,膝盖不碰到地面,利用小手和小脚的支撑去完成任务,更有挑战性,让孩子体验游戏的快乐。

3.培养孩子大胆勇敢、坚持不懈的良好品质。

活动名称:接纸片

活动目标:

1.充分利用家庭环境,促进孩子手眼协调能力的发展。

2.亲子运动,促进幼儿动作发展,增强孩子的成功感。

活动准备:

一个桶或篮子、纸箱、纸盒等。家长和宝贝一起剪出小块、长条、各种形状的纸片。

活动过程:

1.热身运动:运用喜欢的方式接纸片。

关键提问:你会选择怎样的姿势接住纸片?

你还想运用什么方式快速接到纸片呢?

2.亲子游戏:

关键提问:你喜欢用哪一种方式来接纸片?为什么?

玩法推荐:

(1)"正面接纸片"——家长和孩子面对面站立,家长向空中慢慢扔已经提前剪好的纸片,孩子拿着小桶去接纸片。

(2)"升级版接纸片"——家长围着孩子走,随机向空中慢慢扔已经提前剪好的纸片,孩子根据观察,立即拿着小桶去接纸片,因为纸片很轻,下落轨迹不确定,需要孩子提前去判断哦!

互动要点:

1.选择家中安全、适宜活动的空旷区域,使孩子在轻松愉快的氛围中练习手眼协调能力。

2.游戏中可根据幼儿掌握的经验提升游戏难度，激发幼儿的兴趣。

3.幼儿和家长也可以互换游戏角色哦！比比看谁接住更多的纸片。

活动名称：手推大力士

活动目标：

1.充分利用家庭环境，促进孩子上肢爬行的动作发展。

2.亲子运动，促进幼儿动作发展，增强亲子情感。

活动准备：

轻快的音乐、地垫、较空旷的场地、障碍物（玩偶）。

活动过程：

1.热身运动：穿越隧道

关键提问：你会选择怎样的动作通过桌椅隧道呢？

你还想运用什么方式快速出隧道口呢？

2.亲子游戏：

关键提问：你喜欢用哪一种方式迅速到达终点？为什么？

玩法推荐：

1.“前进大力士”——先让幼儿保持伏地挺身的动作，家长再抬高幼儿的脚踝。

2.“前进、后退大力士”——让幼儿往前、往后移动，或是在步行时拉高或放低幼儿的脚踝。

3.“升级版大力士”——家长抬高幼儿的脚踝，绕过障碍物，走向终点。

互动要点：

1.游戏中，家长可以帮助幼儿培养支撑身体的感觉。

2.根据幼儿的能力，有规律地慢慢移动幼儿的身体向前向后地移动。

活动名称:泡泡纸跳房子

活动目标:

1.在游戏中,发展幼儿单、双脚跳跃的动作能力。

2.在亲子共同游戏中,感受下肢跳跃动作时的重心把控以及游戏带来的快乐。

活动准备:

轻快的音乐、拆快递废旧的泡泡纸或其他材质的纸

活动过程:

1.热身运动:小白兔吃青菜

关键提问:小白兔是怎么前进的?

小白兔还可以怎么跳?

2.亲子游戏:

关键提问:你会哪些跳跃的方式? 双脚怎么跳?(双脚并拢向前跳)

玩法推荐:

(1)"猜拳跳跳跳"——幼儿与家长通过剪刀石头布的游戏,赢者向前跨跳一步,先到终点者胜。

(2)"骰子跳跳跳"——幼儿与家长轮流掷骰子,根据数字跳对应步数,先到终点者胜利。(单数单脚跳,双数双脚并拢向前跳)

互动要点:

1.选着家中长方形的活动场地,关注并排除环境中的安全因素。

2.可以让幼儿参与运动场景的创设,并注意幼儿穿好防滑鞋袜。

活动名称:社区探秘

活动目标:

1.充分发挥社区环境的运动优势,因地制宜地开展探索性亲子游戏。

2.鼓励孩子大胆探索,体验社区亲子运动的乐趣。

活动准备:

在社区花园、小树林、健身场所等地设置各类障碍("小河""山洞""独木桥"等),准备各类运动器械(皮球等)和半成品材料(塑料瓶、气球、纸等)。

体育运动:

1."骑越野车"——利用塑料瓶、橡皮筋、小树林、社区小园等材料和设施,鼓励孩子探索多种骑车过障碍的方法,培养机智勇敢和克服困难的精神。

2.玩大草地——利用小区花园里的草地,鼓励孩子大胆探索多种玩法。比如"摇船"、"小乌龟"爬、"小猴"蹬车、"青蛙"跳、"小狗"打滚等。游戏中,可以让孩子探索利用废旧材料制作玩具,也可以让孩子扩大游戏合作者的范围。

3.逛大超市——傍晚、双休日等时间,带孩子去逛超市。在超市里可以丰富孩子对货物的认识,培养孩子与营业员、顾客大胆交往的能力。

互动要点:

1.创设一定的问题情境,给予孩子自由探索的机会与条件,鼓励孩子大胆与他人交往、合作。

2.结合社区的自然、人文环境,因地制宜,因人而异地选择投放材料。

3.注意环境的安全性,确保活动安全,万无一失。

"生入人心"家庭儿童食谱推荐

早餐

菜谱名称:香油鹌鹑蛋小米粥

食材准备:粳米、小米、筒骨、鹌鹑蛋、葱、姜、黄酒

制作方法:

①粳米、小米分别漂洗干净备用,筒骨洗净,鹌鹑蛋打匀待用。

②将筒骨放入锅中,与葱姜、黄酒和水一并熬成浓汤备用。

③在锅中放入浓汤,烧开后加入粳米,待米开花,再放入小米煮成粥,淋入打匀的鹌鹑蛋糊,最后加盐、淋麻油即成。

特点:香糯滑顺、黄白相间。

菜谱名称:豆沙包子

食材准备:面粉、酵母、糖、水、豆沙。

制作方法:在面粉中加入干酵母适量及少许白糖,加适量温水拌和成软硬适度的发酵面团、将面团揉成剂子包入豆沙馅,上大火蒸约15分钟即可。

营养讲堂:鹌鹑蛋中蛋白质丰富,与鸡蛋相近,而维生素 B_1、维生素 B_2、卵磷脂、铁等均高于鸡蛋,为蛋中之王。小米为粗粮,与粳米有粗细搭配的营养互补作用,豆沙由赤豆制成,蛋白质、糖含量丰富。米面搭配,热量充足。

午餐

菜谱名称:肉汁汤面

食材准备:切面、葱、肉骨高汤。

制作方法:先将面条在清水中煮一下,然后盛入由肉骨熬成的汤汁中,加入盐,撒上碧绿的葱花即可。

菜谱名称:奶香鱼柳

食材准备:青鱼、葱姜、鸡蛋、淀粉

制作方法:将鱼肉斩成鱼茸,加入盐、葱姜水、蛋清、淀粉拌上劲后,放入一盘中上笼蒸熟,取出冷却后,改刀成条。在炒锅中加入少许油,放入少许汤水,加盐、白糖、牛奶、烧开后放入鱼柳,水淀粉勾芡,淋少许麻油即可。

特点:色泽白净,奶香味浓。

菜谱名称 :烩四色蔬菜

食材准备:花菜、黑木耳、西兰花、蘑菇。

制作方法:花菜、西兰花、蘑菇均改刀成小块状。黑木耳水发后,也改刀成小块。

炒锅中放油烧热后加入各种原料一起煸炒,加盐和少许汤汁,烧开后加入水淀粉勾芡,淋少许麻油即可。

水果:红葡萄

营养讲堂:鱼肉蛋白质、钙质丰需。黑木耳铁质高,花菜维生素C丰富,西兰花中胡萝卜素含量高,蘑菇有抑制病菌的作用,面条热量充足,葡萄中维生素C含量多,营养丰富。

午 点

菜谱名称:瓜仁芝麻糊

食材准备:瓜子仁、黑芝麻、白砂糖、淀粉(熟糯米粉)。

制作方法：

瓜仁、芝麻分别洗净，炒熟和白砂糖一起用粉碎机打碎备用。

在水烧开的锅中，放入瓜仁、芝麻，滚开后，淋入调湿的淀粉和白砂糖即可。

特点：糯滑润口，麻香扑鼻。

菜谱名称：马蹄鸡茸酥饺

食材准备：马蹄(荸荠)、鸡胸肉、面粉、水、动物黄油。

制作方法：面粉中加入鸡蛋、黄油及适量水拌和成酥皮，擀开叠起折三层(醒发)，再擀开叠起，如此反复三次，再分成小剂子，擀成圆形薄片坯皮。鸡茸、马蹄粒加糖、盐、胡椒粉制成馅料，放入坯皮中心，对折封边，掐花边成饺子，在饺子面上涂上蛋液后放进烤箱，在炉温180℃左右烘烤20分钟。

特点：饺子金黄色，外酥内软。

营养讲堂：芝麻含有丰富的卵酸、维生素E及矿物质，有助于儿童增强记忆力，荸荠清热，鸡肉富含优质蛋白质、脂肪低，并且还含有铁、钙等矿物质，咸甜搭配，营养齐全。

晚餐

菜谱名称：四彩热拌饭

食材准备：大米、青豆、猪肉、水发香菇、胡萝卜。

制作方法：先将大米洗净，制成米饭待用，将猪肉、香菇、胡萝卜分别切成丁，炒锅中放少许油，放入葱花、肉丁、香菇丁、胡萝卜丁煸炒，加少许黄酒、酱油、汤汁烧煮片刻后放入米饭，加入盐、青豆一起煸炒，拌匀即可。

菜谱名称：生菜腐竹肉骨汤

食材准备：腐竹、生菜、肉骨头。

制作方法：腐竹用温水浸泡至软后，改刀成丁，生菜洗净略改刀，将肉骨头洗净放入锅中，加葱结、姜块、清水、黄酒烧开后煮约2小时，汤汁鲜美，捞出骨头，加入腐竹丁、盐，烧开后放入生菜，开锅即可。

水果：苹果

营养讲堂：猪肉蛋白质优量多，青豆钙质丰富，香菇有抗肿瘤作用，生菜维生素C含量高，胡萝卜富含维生素A和胡萝卜素，腐竹植物蛋白丰富，苹果中的维生素C有利于铁质的吸收，荤素搭配，营养互补。

“悦读润成长”家长俱乐部活动实施方案

陈丹美

一、基本情况

早期阅读能促进0~6岁孩子神经系统发育和读、听、说能力的发展，从小培养孩子阅读习惯非常重要。而影响孩子阅读习惯养成的因素是多种多样的，如幼儿园及家庭的阅读环境、孩子阅读兴趣，以及成人对孩子的阅读指导策略等。儿童的主要生活场所是家庭，家庭阅读环境的创设对孩子阅读能力的影响程度较大。家庭阅读的资源、亲子互动的方法、父母成就期望和父母阅读习惯都会对孩子的阅读能力形成正向预测。为了更有效地补充幼儿园阅读的内容，我们整合家长资源，根据孩子年龄特点，遵循“拾遗补缺”的主要目标，以“家长参与学校课程建设与实施——以‘家长俱乐部’的建设与运行”市级家庭课题研究为契机，成立了“悦读润成长”家长俱乐部，利用家庭陪伴阅读的形式开展了一系列培养孩子“慧”阅读的活动。旨在通过活动，帮助孩子养成喜欢阅读、会观察、会思考、会理解作品内涵的好品质。

本俱乐部于2018年11月成立：以4名语言领域特长的教师，以及34名在语言领域有特长、有一定社会资源和热衷于语言发展的家长组成。爸爸14名，妈妈20名，本科学历及以上达100%。其中开心爸爸在浦东图书馆有一定的资源，并自创“石头汤”漂流活动，在阅读方面较有经验；雅昀妈妈是小学的语文老师，热爱阅读，对于孩子的语言发展有较科学的经验；冕冕妈妈擅长沟通，有较丰富的写方案经验，并有较多时间支持和配合教师一起组织、开展俱乐部活动，因此推荐为“悦读润成长”家长俱乐部的家庭组组长。

在擅长语言领域的教师们的引领下，结合俱乐部家长们的智慧，从幼儿的年龄特点、认知需求及发展规律的角度，共同讨论并制定家长俱乐部活动实施方案，培养幼儿的语言发展水平。同时，教师对于幼儿园中拾遗补缺的活动进行梳理并制定相关的语言活动内容，积极引导家长充分利用家庭资源，在家庭生活中营造良好的亲子阅读氛围，培养家庭亲子阅读的习惯，让家长掌握亲子阅读的方法，促进孩子在良好的氛围中“慧阅读”。

二、俱乐部目标

1.帮助家长形成正确的亲子阅读观念，营造良好的家庭阅读环境。

2.指导家长在亲子阅读过程中引导孩子带着问题观察、思考，表达自己的想法，培养孩子逐步养成良好的语言逻辑思维习惯。

3.搭建家园共育平台，聚焦孩子阅读能力的培养，丰富家庭科学育儿的内涵。

三、阶段活动内容

第一阶段——准备阶段（2018年11月-2019年2月）

1.招募“悦读润成长”家长俱乐部成员。

2.建立“悦读润成长”家长俱乐部，确立组长与成员。

3.研讨“悦读润成长”家长俱乐部活动实施活动主题内容与运行方法。

4.收集与梳理家长培训内容的资料。

5.收集与整理利用家庭资源开展的阅读活动。

第二阶段——实践研讨（2019年2月-2020年4月）

1.研讨、制定“悦读润成长”家长俱乐部活动实施方案。

2.开展多种形式（线上培训、现场观摩、家长沙龙等）的家庭教育指导活动。

3.推荐利用家庭资源开展的阅读活动。

4.收集、梳理“悦读润成长”家长俱乐部家长反馈信息。

5.每月一次的家庭教育经验分享。

第三阶段——总结整理阶段（2020年4月-2020年6月）

1.总结交流会：对家长、教师优秀案例的经验交流与评选。

2.指导家长撰写利用家庭资源促进幼儿阅读能力的案例。

3.收集与汇总亲子利用家庭资源开展的阅读活动的实例。

4.形成亲子活动案例及经验分享案例。

四、具体活动安排（示例）

2019学年第一学期俱乐部活动安排

时间	活动形式	预设研讨话题/关键提问	人员安排（主要负责人）
2019年9月	研讨活动	研讨本学期语言组家长俱乐部的活动目标与内容。	教师：陈丹美、范玲、张婷婷、顾晓卿
	亲子阅读情况调研	了解幼儿家庭平均阅读情况。	教师：冕冕妈妈
	家长经验分享	好书推荐。	家长：一诺妈妈
2019年10月	研讨活动	如何提高幼儿讲故事的能力。	教师：陈丹美
	好书分享	图书漂流活动：交换书籍。	教师：顾晓卿
	讲座	爱上阅读，从绘本开始。	教师：张婷婷
	家长经验分享	亲子阅读分享： 1.当我们让孩子阅读的时候我们在盼望什么? 2.五个观点和亲子阅读建议。	家长：洋洋妈妈
2019年11月	研讨活动	参观图书馆方案： 1.活动时间。 2.活动的地点。 3.活动的流程。	教师：陈丹美、范玲、张婷婷、顾晓卿
	讲座	如何指导幼儿讲故事： 1.上台表演讲故事时需要注意哪些方面? 2.训练方法有哪些?	教师：陈丹美
	实践活动	1.参观图书馆。 2.感受图书馆的阅读氛围。 3.享受亲子共读的时光。	教师：陈丹美、张婷婷 家长：开心爸爸、冕冕妈妈
	家长经验分享	图书馆之旅。	家长：以馨妈妈
2019年12月	故事分享	结合微信公众号，发布亲子阅读成果。	教师：顾晓卿

“悦读润成长”亲子活动指导教案

小班亲子活动指导案例

<table>
<tr><td>序</td><td colspan="2">小班家庭语言课程内容(示例)</td></tr>
<tr><td rowspan="5">1</td><td>活动名称</td><td>爱吃糖的老虎</td></tr>
<tr><td>活动目的</td><td>1.让孩子有次序地观察“爱吃糖的老虎”故事的全过程,把自己看到的事物说出来。
2.让孩子借助问题观察事物、表述观察结果。
3.知道吃完东西要漱口,睡前要刷牙。
4.让孩子养成讲卫生的好习惯。</td></tr>
<tr><td>材料准备</td><td>1.视频《爱吃糖的老虎》的故事内容。
2.熟悉活动目的、内容与过程。</td></tr>
<tr><td>活动提问</td><td>1.故事的名字叫什么?故事里有谁呀?
2.老虎住在哪里?
3.狐狸看到了老虎,它表现得怎么样?
4.为什么小动物们都怕老虎?
5.狐狸什么要想办法让老虎的牙齿变得很糟糕?
6.狐狸想了什么办法让老虎的牙齿变得很糟糕呢?
7.狮子怎么劝老虎的?
8.结果老虎的牙齿变成什么样了?
9.你爱吃糖吗?看了《爱吃糖的老虎》的故事你还爱吃糖吗?为什么呢?</td></tr>
<tr><td>活动过程</td><td>看两遍视频《爱吃糖的老虎》,提问。再看一遍视频《爱吃糖的老虎》,让孩子把《爱吃糖的老虎》故事说出来。</td></tr>
</table>

序	小班家庭语言课程内容(示例)	
1	看图说话	
	选择原则	1.重点选择卫生习惯养成方面的内容。 2.角色动作、表情显而易见且与幼儿生活经验有关的影视(图书)。 3.角色之间的对话,易记易懂易说,有利于幼儿模仿。

序	小班家庭语言课程内容(示例)	
2	活动名称	懂礼貌的小白兔
	活动目的	1.让孩子有次序地观察“懂礼貌的小白兔”故事的全过程,把自己看到的事物说出来。 2.引导孩子初步掌握日常生活中的简单礼貌用语。 3.能分析故事情节,培养想象力。
	材料准备	1.视频《花园里的花》的故事内容。 2.熟悉活动目的、内容与过程。
	活动提问	1.故事的名字叫什么? 2.小白兔发生了什么事情? 3.小白兔向谁问路了? 它是怎么问的? 4.小白兔在河边请谁来帮忙? 5.大乌龟是怎么夸小白兔的? 6.小白兔为什么敲了门不进屋? 7.小白兔是怎么回家的?

序	小班家庭语言课程内容(示例)	
2	活动过程	看两遍视频《懂礼貌的小白兔》,提问 。再看一遍视频《懂礼貌的小白兔》,让孩子把《懂礼貌的小白兔》故事说出来。
	看图说话	
	选择原则	1.重点选择德育内容:培养幼儿有礼貌的行为。 2.角色动作、表情显而易见且与幼儿生活经验有关的影视(图书)。 3.角色之间的对话,易记易懂易说,有利于幼儿模仿。

中班亲子活动指导案例

序	中班家庭语言课程内容(示例)	
1	活动名称	小猫钓鱼
	活动目的	1.让孩子了解故事内容,能细致观察画面,尝试有感情地完整讲述故事。 2.通过视听讲结合的互动方式,发展连贯表述的能力。 3.让孩子懂得做事要一心一意,不要三心二意。
	材料准备	1.视频《小猫钓鱼》的故事内容。 2.熟悉活动目的、内容与过程。
	活动提问	1.故事里的名字是什么? 2.视频里有哪些动物? 它们在干什么? 3.小猫为什么钓不到鱼呢? 4.猫妈妈对小猫说了些什么? 5.后来小猫钓到鱼了吗?是怎么钓到的呢?

序	中班家庭语言课程内容(示例)	
1	活动过程	看两遍视频《小猫钓鱼》,提问。再看一遍视频《小猫钓鱼》,让孩子把《小猫钓鱼》故事说出来。
	看图说话	
	选择原则	1.重点选择幼儿的学习品质培养方面的内容如:认真专注做好一件事。 2.角色动作、表情显而易见且与幼儿生活经验有关的影视(视频)。 3.视频内容有助于理解成语“三心二意”和“一心一意”。

中班亲子活动指导案例

序	中班家庭语言课程内容(示例)	
2	活动名称	小黄莺唱歌
	活动目的	1.让孩子有次序地观察“小黄莺”故事的全过程,把自己看到的事物说出来。 2.让孩子借助问题观察事物、表述观察结果。 3.让孩子树立自信心和勇气。
	材料准备	1.视频《小黄莺唱歌》的故事内容。 2.熟悉活动目的、内容与过程。

序	中班家庭语言课程内容(示例)	
2	活动提问	1.故事里的名字是什么？故事里有谁？ 2.小黄莺刚搬进树林中时心情怎么样？为什么？ 3.于是小黄莺就在深林中穿梭，它看到什么？ 心想什么？ 4.百灵鸟对小黄莺说了什么？小黄莺怎么回答的？ 5.唱歌比赛那天百灵鸟和小黄莺各自有哪些不同的表现？ 6.唱歌比赛的结果是什么？ 7.看到百灵鸟伤心的样子，小黄莺做出了一个感动了百灵鸟的决定你从哪里看出来？ 8.你想对百灵鸟和小黄莺说什么？
	活动过程	看两遍视频《小黄莺唱歌》，提问。 再看一遍视频《小黄莺唱歌》，让孩子扮演《小黄莺唱歌》的角色。
	看图说话	
	选择原则	1.重点选择有养成好习惯的内容如：干什么事都要有自信心有勇气方面的内容。 2.角色动作、表情显而易见且与幼儿生活经验有关的影视(图书)。 3.角色之间的对话，易记易懂易说，有利于幼儿模仿。

大班亲子活动指导案例

序	大班家庭语言活动内容(示例)	
1	活动名称	三个和尚
	活动目的	1. 让孩子有次序地观察“三个和尚”故事的全过程，把看到的事物的因果关系说出来。 2. 让孩子借助问题展开思考，把故事有序地说出来。 3. 让孩子明白：遇到问题应该积极主动地想办法解决，等、靠、赖着不动可不是办法，大家在一起需要团结。
	材料准备	1. 视频《三个和尚》的故事内容。 2. 熟悉活动目的、内容与过程。
	活动提问	1. 故事的名字叫什么？ 2. 一个小和尚每天在庙里干什么？ 3. 小和尚和瘦和尚在挑水的时候遇到了什么困难？是如何解决的？ 4. 又来了一个和尚怎么没有水喝了？ 5. 寺庙里发生了什么事？三个和尚是如何做的？ 6. 最后三个和尚如何解决喝水的问题？ 7. 三个和尚的故事对你有什么启发？
	活动过程	看两遍视频《三个和尚》，提问。再看一遍视频《三个和尚》，让孩子把《三个和尚》故事说出来。
	看图说话	
	选择原则	1.重点选有合作、分享德育方面的影视(图书)内容。 2.故事幽默有趣，富有哲理性，能引导孩子发散思维，借助问题表述故事的过程，能提高口语表达能力。 3.内容适宜幼儿表演，可以让孩子体验各种角色的情绪感情，发挥孩子的想象力，激发孩子的创造力。

序	大班家庭语言课程内容	
2	活动名称	蚯蚓兄弟
	活动目的	1.让孩子有次序地观看“蚯蚓兄弟”故事的全过程，把自己看到的事物说出来。 2.让孩子借助问题观察事物、表述观察结果。 3.让孩子知道合作的力量大。
	材料准备	1.视频《蚯蚓兄弟》的故事内容。 2.熟悉活动目的、内容与过程。
	活动提问	1.故事里的名字是什么？ 2.一条蚯蚓遇到了什么事变成两条？ 3.你同情蚯蚓的遭遇吗？为什么？ 4.可是，一条蚯蚓变成了两条蚯蚓，它们的名字你知道吗？ 5.尾巴弟弟离开后发生了什么事情？脑袋哥哥做了什么？ 6.从《蚯蚓兄弟》的故事中，你学到了什么知识？ 7.蚯蚓有什么作用你知道吗？说一说
	活动过程	看两遍视频《 蚯蚓兄弟》，提问 。再看一遍视频《蚯蚓兄弟》，让孩子把《蚯蚓兄弟》故事说出来。
	看图说话	
	选择原则	1.重点选择朋友间相互合作养成方面的内容。 2.角色动作、表情显而易见且与幼儿生活经验有关的影视(图书)。 3.角色之间的对话，易记易懂易说，有利于幼儿模仿。

“社会小公民”家长俱乐部活动实施方案

蒋子媛

一、基本情况

孩子一出生就预示着其社会性发展的开始。随着孩子的成长，社会性情感、社会规则、社会交往的需要也越来越强烈。幼儿园、家庭和社区，都有共同担负起幼儿社会性教育的重任，是现代社会对幼儿教育提出的客观要求，也是实现幼儿教育目标的重要保证。而家、园、社区教育各有特色、各有专长，为达成彼此之间的相互联系、相互补充，共同为幼儿的社会性发展服务，我们成立了“社会小公民”家长俱乐部。

本俱乐部于2018年11月成立；由保教主任领衔，3名社会领域有特长的教师、10名在社会领域有兴趣、热衷于社会领域活动探究的家长组成。其中，爸爸1名，妈妈9名：40%是硕士研究生以上学历、40%是本科、20%是大专。子曦妈妈学历较高，喜欢研究教育幼儿的方法，擅长培养幼儿社会性发展方面的能力，希望能和大家一起探讨分享经验；琳儿妈妈在教育发展研究院任职，在科研方面有一定的研究，尤其在幼儿社会性发展方面，同时较强的撰写能力，可以撰写一些家庭育儿成功的经验案例，积累俱乐部家庭育儿方面的资源，并进行经验分享。一支高学历、有特长的家长队伍，为“社会小公民”家长俱乐部活动的开展增添了很多优势与资源。

组内教师和家长顺应幼儿的发展规律和年龄特点及认知需要，围绕幼儿社会性发展中人际交往和行为规范培养，共同制定家长俱乐部活动方案。教师针对幼儿园中拾遗补缺的活动进行讨论、梳理并制定相关社会性活动的内容，积极引导家长充分利用家庭资源和优势，在家庭生活中渗透幼儿人际交往和行为规范的启蒙教育，促进幼儿良好人际交往与行为规范等社会性发展，达到拾遗补缺的目的。

二、家长俱乐部目标

1.帮助家长形成正确的教育理念，提高家长重视幼儿社会性发展的家庭教育意识。

2.指导家长利用家庭、社区资源帮助幼儿学会合作、分享等良好交往技能，并遵守日常生活中基本的社会行为规则，初步培养幼儿的“小公民”意识。

3.搭建家园共育平台，聚焦孩子社会性发展的培养，丰富家庭科学育儿的内涵。

三、各阶段活动内容

第一阶段——准备阶段（2018年11月–2019年2月）

1.招募“社会小公民”家长俱乐部成员

2.建立“社会小公民”家长俱乐部，确立组长与成员

3.研讨、制定“社会小公民”家长俱乐部活动实施方案

4.收集与梳理家长培训内容的资料

5.收集与整理利用家庭资源开展的社会活动

第二阶段——实践研讨（2019年3月–2020年4月）

1.开展多种形式(线上培训、现场观摩、家长沙龙等)的家庭教育指导活动

2.推荐社会性发展中培养幼儿人际交往和行为规范的社会活动

3.收集、梳理“社会小公民”家长俱乐部家长反馈信息

第三阶段——总结整理阶段(2020年5月–2020年6月)

1.撰写专题论文

(1)家长利用家庭资源拓展人际交往，助力幼儿心灵成长——在家庭中渗透幼儿人际交往启蒙教育

(2)让孩子成为行为规范的小天使——在家庭生活中渗透幼儿行为规范启蒙教育

2.收集与汇总幼儿利用家庭资源开展的社会活动的实例

3.形成亲子活动案例及经验分享案例

四、具体安排(示例)

2019学年第二学期俱乐部活动安排

时间	活动形式	预设研讨话题/关键提问	人员安排（主要负责人）
2020年2、3月	约谈家长	在家庭教育中你是怎么培养幼儿人际交往方面的能力的？您用到了哪些家庭资源、社区资源？	教师：汤雨婷
	家长经验分享	利用哪些家庭资源、社区资源进行社会活动，活动中有什么收获及困惑？	家长：芷昕妈妈
	线上活动	推荐活动：过生日、过家家	教师：蒋子媛、华纯、周晓婷、汤雨婷
	教师讲座	提高幼儿人际交往方面的理论支持	教师：汤雨婷
2020年4月	约谈家长	在家庭教育中你是怎么培养幼儿行为规范方面能力的？	教师：华纯
	家长经验分享	利用哪些家庭资源、社区资源进行社会活动，活动中有什么收获及困惑？	教师：华纯
	线上活动	推荐活动：亲亲玩具、节水我先行	教师：蒋子媛、华纯、周晓婷、汤雨婷
	教师讲座	提高幼儿行为规范	教师：华纯
	家长经验分享	推荐活动实践反馈，并说说理由。	家长：芷昕爸爸
	经验分享	撰写指导家长利用家庭资源促进幼儿观察力发展的专题文章	教师：华纯
2020年5月	活动反馈	培养幼儿讲文明懂礼貌的美德	家长：云航妈妈
	约谈家长	在家庭教育中你是怎么培养幼儿社会规则方面的能力的？	教师：周晓婷
	家长经验分享	利用哪些家庭资源、社区资源进行社会活动，活动中有什么收获及困惑？	家长：淳一妈妈
	活动推荐	推荐活动：文明乘地铁、让座	教师：蒋子媛、华纯、周晓婷、汤雨婷
	教师讲座	做个讲文明懂礼貌的小公民	教师：周晓婷
	收集与汇总	收集与汇总亲子利用家庭资源开展的社会活动的实例。	教师：蒋子媛、华纯、周晓婷、汤雨婷

时间	活动形式	预设研讨话题/关键提问	人员安排（主要负责人）
2020年6月	案例研讨	案例撰写及分享案例 梳理、形成亲子活动案例	教师:蒋子媛 家长:琳儿妈妈
	成果交流	利用家庭资源拓展人际交往,助力幼儿心灵成长——在家庭中渗透幼儿人际交往启蒙教育	教师:汤雨婷
	成果交流	让孩子成为行为规范的小天使——在家庭生活中渗透幼儿行为规范启蒙教育	教师:华纯

“社会小公民”亲子活动指导教案

——人际交往篇

活动名称:小鬼当家

活动目标:

1.带孩子到其他不同的家庭做客,知道做客礼仪的常识,让孩子获得感受,培养初步待人接物的能力。

2.在做客时充分让孩子与主人相互交流、相互沟通,培养友好相处的美好情感。

活动准备:做客礼仪视频、提前预约拜访的友人、纸、笔、话筒等。

活动过程:

一、了解拜访友人的规则(做客礼仪相关视频)

关键提问:

1.今天我给宝宝带来了一个好看的小视频,我们一起来看一看视频里的人在干什么呢?拜访邻居时要注意什么呢?

2.主人给我们端水,请我们吃水果、糕点,我们可以说什么?

3.在别人家里我们要怎么样表现?

4.离开时我们要说什么?

小结:原来我们拜访前要预约、准备(个人卫生、礼物、想好要交流些什么);拜访时要敲门、问候、落座姿势;拜访后要告别。

二、欣赏儿歌、巩固规则并表演

做客前,约在先,说人数,定时间

如约至,勿早晚,小礼品,人喜欢

入座后，坐相端，主人物，不乱翻

主人忙，要适时，先致谢，再告辞

关键提问：

1.宝宝你到别人家做客见到大人的时候应该说什么?（打招呼）

2.大人给你点心的时候，应该说什么?(谢谢)

3.回家的时候，说什么?

小结：去别人家做客，见到主人我们首先要问好，吃东西要说谢谢。

三、拜访友人

关键提问：宝贝，等一下我们就要去XX家做客了，想想妈妈刚才教你的小儿歌，相信你是一个懂礼貌、会交往、有本领的孩子哦。

小结：在做客的时候要有礼貌，当和主人聊天的时候要看着对方的眼睛，可以聊一些自己喜欢的事物，也可以分享自己喜欢的玩具，可以问自己感兴趣的事情。

互动要点：

开展小鬼当家的活动，家长要清楚每一次活动的目标，尽量创设宽松的环境，使孩子能大方机敏地待人接物。开展此项活动要循序渐进，注重实践性原则，以表扬鼓励为主，让孩子在小鬼当家的创造性活动中真正学会待人接物的方式和方法。

活动名称：我会吃西餐

活动目标：

1.了解西方人的基本用餐礼仪，学习西餐的正确进餐方法。

2.学会说简单的进餐礼貌用语，愿意安静就餐，不打翻餐具。

活动准备：西方人西餐进餐视频，实物餐具、牛排、(鸡排、荷包蛋)一份

活动过程:

一、视频导入

关键提问:

1.今天我给宝宝带来了一个好看的小电影,我们一起来看一看电影里的人在干什么呢?

2.他们在干吗呢?

3.他们吃饭和我们一样吗?

4.他们是怎么吃饭的?

小结:这些叔叔阿姨在吃西餐。

二、出示餐具,按照餐前准备顺序认识西餐餐具。

现在妈妈带你一起来看一看他们吃饭用了哪些东西吧。

关键提问:

家长:你们认识它吗?它是干什么用的?(餐巾应铺在膝上:如果餐巾较大,应双叠放在腿上;如果较小,可以全部打开,餐巾虽然也可以围在颈上或系在胸前,但显得不大方,所以最好不这样做。可用餐巾的一角擦去嘴上或手指上的油渍,但绝不可用餐巾擦餐具)

关键提问:

家长:这两个东西是什么呢?它们是什么时候用的?(使用刀叉时,应右手用刀,左手用叉,只用叉时,可用右手拿。使用刀时,不要将刀刃向外,更不要用刀送食物入口,切肉应避免刀切在瓷盘上发出响声;吃面条时,可以用叉卷起来吃,不要挑,中途放下刀叉,应将刀叉呈“八”字形分别放在盘子上,如果把刀叉放在一起,表示用餐完毕)

三、示范

关键提问:

1.现在我们知道了如何吃西餐,那宝宝想不想自己试一试?

2.我们在吃西餐的时候,如果你想请别人先吃,你们应该说什么?(您先请、请用餐、慢用)

3.如果别人请你吃饭,你要怎么说呢?(谢谢您的招待、谢谢、食物非常美味)

4.幼儿操作,家长指导。

关键提问:现在我们一起来吃西餐好吗?

四、总结

刚才在吃西餐的时候，我发现了一个问题，你们的刀叉发出了好大的声音，刚才电影里的叔叔阿姨还有妈妈是怎么进餐的?刀叉发出声音是非常不礼貌的。我们在吃西餐的时候要保持安静，不能大声说话，刀叉要轻拿轻放，这样才是礼貌进餐的方式，以后我们再吃西餐的时候要保持安静进餐。现在请你按照妈妈的要求继续进餐吧。

互动要点：

以积极动手大胆尝试学习正确的进餐方法为主，让孩子在体验吃西餐的过程中学会用餐礼仪、进餐的方式方法。关键在于引导孩子多练、多用进餐用语，获得成功体验。请小朋友在使用刀叉时注意安全，要懂得说礼貌用语。

活动名称：过生日

活动目标：

1.了解生日的含义，学会在活动中正确与同伴交往，促进与同伴分享等优良品质的形成。

2.学会感恩，学会说一些简单的生日祝福语。

活动准备：生日蛋糕、生日礼物、生日帽、生日歌等

活动过程：

一、播放生日歌

1.引导幼儿说说：今天是谁的生日？生日是什么含义？

2.讨论：你知道生日是怎么来的吗？我们从妈妈的肚子里出来的那一天，就是我们的生日，所以我们要好好爱妈妈。

二、送生日祝福

1.生日的这一天,我们要向过生日的人表达祝福。

2.赠送生日礼物,礼物可以是精心挑选的,也可以自己动手制作。

三、分享生日蛋糕

1.吃蛋糕之前,先要点蜡烛、许愿、吹蜡烛,再一起唱生日快乐歌。

2.最后一起分享美味的生日蛋糕。

互动要点:

通过活动,让幼儿能够在过生日的快乐氛围中体会到与同伴交往的快乐,并且学会一些简单的交往礼仪,如:送祝福、赠送礼物、分享生日蛋糕等。

活动名称:走亲访友

活动目标:

1.通过采访,获取自己想要的信息,锻炼孩子的大胆表达能力。

2.让孩子体验到采访活动带来的快乐,以及成功获取信息的自信心。

活动准备:采访话筒、手机、采访记录纸、笔

活动过程:

一、话题导入

关键提问:

1.马上就要过年了,你知道过年我们会经常外出做什么事?(走亲访友)

2.今年就派你做小记者,你知道小记者是怎么采访的?去采访亲戚朋友,你想问些什么?

二、梳理采访内容

关键提问:

1.(播放记者采访的视频)你看看记者是怎么采访别人的?(拿着话筒,问一些问题)

2.关于新年,你会想提问一些什么呢?我们一起来做一张采访记录表吧。(家

长幼儿一起设计并制作）

3.那现在爸爸作为采访的对象，你就是小记者，我们开始吧。

三、模拟采访

关键提问：

1.叔叔新年好，我想采访你几个问题可以吗？

2.请问您在过去的一年，最开心的事情是什么？

3.您最喜欢的年夜饭里的哪道菜？为什么？

4.你在新的一年，有什么最想要做的事情吗？

小结：采访时，要大胆并礼貌地提问，说清楚自己的问题，认真倾听对方的回答。

四、亲身体验

家长：那我们现在准备一下，马上就出门准备采访，记得带好采访的物品。

关键提问：

1.叔叔新年好，我想采访你几个问题可以吗？

2.请问您在过去的一年，最开心的事情是什么？

3.您最喜欢的年夜饭里的哪道菜？为什么？

4.你在新的一年，有什么最想要做的事情吗？

五、延伸活动

1.今天你很厉害，能大胆地采访亲戚朋友，你的感受是什么？

2.下一次，我们可以采访一下陌生人。

互动要点：

本次活动让孩子在交往活动中能根据被采访对象，采取相应的采访方式，提出自己的要求，关键在于幼儿大胆交往，灵活应变，获得成功体验。

活动名称：朋友的约定

活动目标：

1.知道小鸟和大树之间的约定，理解约定的意思。

2.懂得与朋友相处时要信守承诺，珍惜朋友间的深厚情谊。

活动准备：亲子阅读图书

活动过程：

一、绘本故事导入

关键提问：

1.今天妈妈准备了一个有意义的故事，故事的名字叫《朋友的约定》，我们一起来看一看、猜一猜发生了什么？

2.猜一猜，图片上的小鸟在干什么？它怎么了？

3.它为什么对着火光唱歌呢？它为什么会哭呢？发生什么事情了？

二、故事基本部分。

关键提问：

1.大树和小鸟之间发生了一件什么事？

2.他们说了些什么？这是他们之间的约定。（讲述约定的含义）

3.让孩子模仿。模仿对话。

4.继续讲故事。

春天来了，小鸟遵守它和大树的约定，飞回来了，但是，小鸟看见大树了吗？它看见了什么？

小鸟还一直记得它和大树的约定，什么约定啊？

5.小鸟为什么要对着灯火唱去年唱的歌？

三、情感迁移。

1.关键提问：宝宝，你答应过别人事情吗？做到了吗？

2.相信你是个遵守约定的好孩子，如果以前你有些没做到，没关系，请你以后做一个遵守约定的好孩子。

3.之后可以找好朋友，和他一起商量一个属于你们俩的约定。

互动要点：

通过故事内容让幼儿学会理解故事的深层内涵。学会遵守约定，信守承诺，珍惜朋友间的深厚情谊。让孩子理解故事的基础上，去试着和朋友建立约定培养友谊。

“社会小公民”亲子活动指导教案
——行为规范篇

活动名称:让座

活动目标:

1.培养幼儿关爱他人,并体验互敬互爱给人们带来的温暖和快乐。

2.引导幼儿尊敬、关爱老人,使幼儿在游戏中体验文明礼貌带来的愉快心情。

活动准备:

小椅子若干、娃娃一个、方向盘等

活动过程:

一、谈话引题:

关键提问:宝宝,妈妈陪你坐过公交车的把,那你还记得每次都有位置坐吗?(引导幼儿讲出公交车上拥挤的情况及所见所闻)

二、情境游戏:公交车上的故事

家长:宝宝现在我们来玩一个游戏,你扮演司机、乘客,我扮演老奶奶。(在情境游戏中回忆公交车上发生的事情)

三、观看视频:(带着问题)

关键提问:

1.车上出现了什么情况,乘客们是怎么做的?

2.如果你是乘客,你会怎么做?为什么?

四、孩子与家庭成员共同表演,家长指导

关键提问:

1.宝宝,原来做一个关爱他人的人是一件多么自豪的事情,我们邀请爷爷奶奶和我们一起玩这个游戏好不好?

2.你是怎么让座的?

3.你会给什么样的人让座呢?

小结:公交车上位子坐满的时候,看到有老弱病残孕的乘客我们要当一个有爱心的人,给予他们帮助,做一个文明善良的好人!

互动要点:

通过游戏可以让幼儿建立关爱他人的良好品质。注重实践性原则,在幼儿做公车时提醒幼儿关爱他人,做一个懂文明讲礼貌善良的人。

活动名称:垃圾分类小达人

活动目标:

1.认识几种垃圾分类标记,尝试按标记给垃圾进行分类。

2.懂得垃圾分类的方法,树立初步的环保意识。

活动准备:

1.各类实物垃圾,如香蕉皮、废纸盒、空易拉罐、矿泉水瓶、酒瓶等。

2.4只垃圾分装桶,筒上贴4种垃圾分类标志。

活动过程:

一、创设情境,活动导入

家长带领幼儿在随地丢垃圾的地方走走。

提问:

1.你们看,地上是什么呀?

2.如果我们家住的地方到处都是这种垃圾,你觉得怎么样?那我们该怎么办?

家长:我们就应该把这些垃圾宝宝放到垃圾桶里,把它们送回家!

二、认识垃圾分类的标记

1.展示垃圾宝宝的“家”。

2.尝试让幼儿说说这些图示分别表示什么,家长进行一定的引导。

家长:你们看,这就是垃圾宝宝的家——垃圾桶,你们认识它们吗?让幼儿说说。

家长:小朋友们真棒,都认识了这些标记,接下来我们每人选一个垃圾宝宝,把它送回家。

三、垃圾分类

1.幼儿第一次操作:垃圾分类

(1)检查分类情况。

(2)家长:我们一起来看一看垃圾宝宝是不是找到了自己的家。(家长与幼儿一起看,不对的进行讨论,应该放在哪里)

(3)家长:这个桶里面是纸张,它是纸张宝宝的家;这个是塑料袋,它是塑料宝宝的家;里面是果皮,它是果皮宝宝的家;里面是金属,是金属宝宝的家。

2.幼儿第二次操作:垃圾分类

家长:现在这些垃圾宝宝都找到自己的家了。你们看那边还有许多垃圾,我们把它们也送回家吧。(幼儿自由选择垃圾,然后一个一个地对垃圾进行分类,家长一旁指导)

四、垃圾分类的理由

1.家长:垃圾宝宝都已经送回家了。那你能说说把这些垃圾一个个分开有什么用呢?

2.家长:其实垃圾分类是很重要的。喝过的易拉罐可以制作笔盒;废纸可以再加工变成新的纸,小朋友们可以继续画画、写字;塑料瓶也可以再加工变成新的,再灌水;还有这些果皮就被埋在地底下了。让我们生活的环境变得干干净净的,也让我们的清洁工叔叔阿姨们减少了工作量。所以我们平时不要乱扔垃圾(尝试让幼儿结合生活实际举例子),做一个环保的好孩子!能做到吗?(能!)那让我们一起从今天做起。

互动要点:

1.和幼儿聊聊关于垃圾分类的话题,让幼儿知道垃圾分类的重要性。

2.运用小游戏和孩子一起将四种分类情况搞清楚。

3.关注幼儿在实际生活中的运用,帮助幼儿养成良好的行为习惯。

活动名称:亲亲玩具

活动目标:

1.知道玩玩具时不能乱扔,玩具玩好以后要放回原处。

2.能区分"对、错",萌发对玩具的爱护之情。

活动准备:

1.教具准备:各种损坏的旧玩具;故事视频;小朋友玩玩具时的照片等。

2.经验准备:幼儿平时有玩玩具以及整理玩具的经验。

活动过程:

一、玩旧玩具,引出活动

1.今天妈妈带来了几样玩具,请你玩一玩。

(幼儿玩损坏的玩具,家长观察幼儿对这些玩具的态度)

2.说说刚才你玩的是什么玩具,好玩吗? 为什么?

(幼儿根据自己玩玩具后的体会,说出旧的玩具不好玩,有的玩具娃娃都没有手了,变形金刚的一条腿都断了等)。

3.你觉得它们是怎么被弄坏的?

(幼儿猜测玩具有可能是因为乱扔,或者玩的时候太用力才被弄坏的)

小结:这些玩具有的是宝宝玩时不懂得谦让,互相争抢弄坏的;有的是不轻拿轻放摔坏的。

二、观看视频,引发思考

有一个宝宝叫图图,他有很多的玩具,我们一起来看看他是怎么玩玩具的。

1.观看视频前半段

提问:图图是怎么玩他的玩具的?(幼儿根据视频内容,说出图图把自己的玩具放得的到处都是,还把玩具重重地扔在地上,玩好了玩具也不整理)

小结:图图把自己的玩具放得到处都是,还把玩具重重地扔在地上,玩好了玩具也不整理,真是个不爱惜玩具的宝宝。

2.观看视频后半段

图图这么不爱惜自己的玩具,会发生什么事情呢? 我们接着往下看。(家长播放视频)

提问:发生了什么可怕的事情?(幼儿根据视频内容说出原来图图晚上做了一个可怕的梦,梦见他的玩具都离开他了,图图再也没有玩具玩了)

提问:如果是你,你会怎么做呢?(幼儿自由讨论,说出放玩具的时候要轻一点,

玩好了玩具要把它们放回原处，要整理好等）

我们刚刚想了那么多的好办法，我们来看看图图是怎么做的。（家长继续播放视频）

提问：图图后来是怎么做的？

小结：聪明的图图终于知道了玩玩具时不能乱扔，要爱护玩具，玩具玩好以后要放回原处。

三、经验迁移，回归生活

图图现在已经知道了爱护玩具的好方法，可是在我们周围还是有很多小朋友不会爱护玩具。我在后面的桌子上准备了很多的图片，等会儿你去看一下，图片上的小朋友是怎么玩玩具的，请你给会爱护玩具的小朋友贴上一颗小爱心。（选择图片，并尝试判断图片上的小朋友是否会爱护玩具，对爱护玩具的，给图片贴上笑脸，对破坏玩具的，给图片贴上哭脸）

小结：宝宝们真棒，给会爱护玩具的小朋友贴上了笑脸，给那些不会爱护玩具的宝宝贴上了哭脸。老师也希望你们以后能做个爱护玩具的好宝宝。

互动要点：

1.与孩子一起整理家里的玩具，说说损坏玩具的故事。

2.和孩子一起制作玩具框上的整理标志，并让孩子根据标志自己整理玩具。

活动名称：节水我先行

活动目标：

1.了解水与人类的密切关系，萌发保护水资源的情感。

2.知道一些节约用水的方法，进一步增强节约用水的意识，养成节约用水的良好习惯。

活动准备：

1.教具准备：多媒体宣传片；目前各地干旱状况的视频，图片；浪费水资源的图片；水滴音效等。

2.经验准备：幼儿已经了解水在生活中的各种用途，并在家长的引导下商讨一些节约用水的好办法。

活动过程：

一、谈话导入，引出话题

1.带领幼儿竖起小耳朵听一听是什么声音？（幼儿根据电脑里播放的声音，辨别是水声）

2.宝贝的小耳朵真厉害，一下子就听出了这是水滴的声音。那能说说水有哪些用途呢？（幼儿根据自己的经验，说出水可以用来喝，还可以用来浇花、洗脸，还可以玩吹泡泡的游戏等）

小结：水可以喝；可以用来洗脸、洗澡；可以用来浇花；还可以用来吹泡泡，玩游戏……水的用处可真多。

二、依托课件，加深理解

1.了解没有水带来的危害，提问：如果世界上没有了水，会怎么样呢？（幼儿说出，人没有水喝就会活不下去了；我们都会很脏没有水洗澡；小动物也会没有水喝的，花和树也会枯死了；世界上就没有大海了……）

2.家长播放多媒体宣传片——鄱阳湖湖水干涸，提问：宝贝你说说看你在宣传片中都看见了什么？（幼儿说出湖里都没有水了，湖底都露出来了，湖边也没有小草）

小结：以前的鄱阳湖四面环水，候鸟成群，渔民们都驾着渔船打鱼。可是现在的鄱阳湖正经受着非常罕见的干旱，湖水干涸，湖底露出来了，现在的鄱阳湖更像是草原。我们的国家还有很多地方都严重缺水，那里的人们连喝水都很困难了！

3.了解生活中浪费水的现象：观看图片——了解生活中浪费水的现象

水对我们的生活那么的重要，可是在我们身边还是有很多的人不珍惜水资源，浪费水的现象还是到处可见。你看到了哪些浪费水资源的坏习惯？

小结：图片中有些人一边刷牙一边开着水龙头；有些人倒水的时候杯子里的水都满了还在倒；还有些人洗完手都忘记关水龙头了……由于这些坏习惯，将我们宝贵的水都浪费了。

三、回顾妙招，重温经验

前段时间妈妈和你一起完成了“我家的节水小妙招”这一调查表，现在我们来回忆一下，我们家是如何节水的。(用洗衣服的水拖地、洗青菜和洗手的水冲厕所或浇花；随时关紧水龙头，不让它滴水；用洗衣服的水来洗车，洗鞋子；洗手的时候水不能开得太大；下雨的时候可以把雨水用盆和桶接着，存着可以用的……)

小结：宝贝真棒，让我们一起行动起来，为节约水资源出一份力。

互动要点：

1.和孩子一起观看目前各地干旱状况的视频、图片等资料，了解水对生命的重要。2.和孩子玩“节水达人”的比赛，比一比在日常生活中运用各种途径节约用水。

“科学大揭秘”家长俱乐部活动实施方案

曹 愉

一、基本情况

虽然不是所有的家长都期望自己的孩子将来能成为科学家，但一定都希望自己的孩子拥有很强的观察能力和探究能力。孩子天生就对科学现象有一分可贵的好奇和兴趣，随着孩子年龄的不断成长，不论在幼儿园、在家庭中，我们都应该激发孩子的探索兴趣，尊重孩子的探索行为，共同担负起孩子在科学教育方面的重任。而家、园、社区教育各有特色、各有专长，为达成彼此之间的相互联系、相互补充，共同为幼儿科学探究的发展服务，我们以“家长参与学校课程建设与实施——以‘家长俱乐部’的建设与运行”市级家庭课题研究为契机，成立了“科学大揭秘”家长俱乐部，通过定期开展各种家园共育活动，与家长双向沟通，共同探讨如何充分利用家庭、社区及周边环境的教育资源，让孩子去认识世界、探索世界，从而激发幼儿探究兴趣，体验探究过程，发展初步的探究能力。

本俱乐部于2018年11月份成立：以家长工作负责人领衔，4名科学领域特长的教师，以及34名在科学领域有特长、有一定社会资源和热衷于科学探究的家长组成。爸爸22名，妈妈12名；其中，8%是博士、67%是硕士、25%是本科；琳琳爸爸、省身妈妈是上海科技大学的老师，在科学研究方面有专业特长；同同爸爸特别热爱研究科学实验；熙熙妈妈擅长无人机方面的研究，这支高学历、有特长的家长队伍，为“科学大揭秘”俱乐部活动的开展增添了很多优势与资源。其中砚砚爸爸由于工作时间弹性较大，能有更多的时间与老师一起组织、开展俱乐部活动，并愿意从自身角度出发分享一些孩子在家如何进行科学探究的案例，因此推荐为“科学大揭秘”家长俱乐部的家庭组组长。

结合教师在科学领域的特长，以及家长在科学领域方面的资源和工作领域的特长，我们家园共同探讨，选取一些适合幼儿在科学领域方面的居家活动，有针对性地培养幼儿科学探索能力，并共同制定科学俱乐部方案，鼓励家长们利用家庭资源，与教师一起针对幼儿园无法开设的活动进行有针对性的指导。在家庭生活中营造良好的科学探索氛围，引导孩子在家庭小实验和运用数学解决实际生活问题的过程中，丰富生活经验，发展探索能力与逻辑思维能力，使来自幼儿园教育与家庭教育的学习经验更具连续性、互补性，实现家园互惠。

二、家长俱乐部目标

1.提高家长重视家庭科学教育意识，激发孩子的探索兴趣，尊重孩子的探索行为。

2.利用家园共育平台开展家庭科学活动，营造家庭科学探究的氛围，提升家长家庭科学教育指导的意识和兴趣、提高家长家庭科学教育指导的技能和方法。

3.引领家长利用家庭生活环境与自然环境，支持孩子在家庭中开展有趣的小实验，同时引导孩子在运用数学解决实际生活问题的过程中，不断积累经验，并运用于新的学习活动，形成受益终身的学习态度和能力。

三、阶段活动内容

第一阶段——准备阶段（2018年11月-2019年2月）

1.招募“科学大揭秘”家长俱乐部成员

2.建立“科学大揭秘”家长俱乐部，确定组长与成员

3. 研讨“科学大揭秘”家长俱乐部实施活动主题内容与运行方法

4. 收集与梳理家长培训内容的资料

5.收集与整理利用家庭资源开展的科学活动

第二阶段——实践研讨（2019年2月-2020年4月）

1. 研讨、制定“科学大揭秘”家长俱乐部活动实施方案

2. 开展多种形式（线上培训、现场观摩、家长沙龙等）的家庭教育指导活动

3. 推荐利用家庭资源开展的科学活动

4. 收集、梳理“科学大揭秘”家长俱乐部家长反馈信息

5. 每月一次的家庭教育经验分享

第三阶段——总结整理阶段（2020年4月-2020年6月）

1. 总结交流会:对家长、教师优秀案例的经验交流与评选
2. 撰写指导家长利用家庭资源促进幼儿观察力发展的专题论文
3. 收集与汇总亲子利用家庭资源开展的科学活动的实例
4. 形成亲子活动案例及经验分享案例

四、具体活动安排(示例)

2019学年第一学期家长俱乐部活动安排

时间	活动形式	预设研讨话题/关键提问	人员安排 (主要负责人)
2019年9月	研讨活动	大班幼儿科学领域年龄特点研讨。	教师:夏琳
	科学小实验	1.会爬的水。 2.好玩的空气。	教师:曹愉
	家长经验分享	利用哪些资源、社区资源培养幼儿科学探究能力?	家长:同同爸爸
2019年10月	现场观摩	轻松学数学: 1.我的家多可爱。 2.比一比。	教师:薛晓霞
	家长经验分享	利用哪些家庭资源、社区资源培养幼儿科学探究能力?	家长:玲儿妈妈
2019年11月	研讨活动	数学核心经验促进教师专业能力提升——数与运算。	教师:张静
	现场观摩	轻松学数学: 1.小小观察家。 2.生活大调查。	教师:曹愉
	家长经验分享	利用哪些家庭资源、社区资源培养幼儿科学探究能力?	家长:豆豆妈妈
2019年12月	亲子实验展示	结合科技节进行展示活动。	教师:曹愉、薛晓霞、张静、夏琳

“科学大揭秘”亲子活动指导教案

游戏名称:好玩的空气

游戏目标:发现空气的性质,感知生活空间到处存在着空气。

游戏准备:塑料袋、空饮料瓶、报纸、毛巾、气球、玻璃杯、手帕、纸巾、羽毛、吹泡泡机等

游戏过程:

一、寻找空气

关键提问:

1.你知道空气在哪里吗?

2.你能用这些材料找到空气,并把它捉起来吗?

二、捕捉空气

关键提问.

1.你在哪里,用什么材料、什么方法捉到了空气?

2.你怎么知道自己捉到了空气? 你看到空气了吗? 你摸到空气了吗?

三、观察气球(感知气球中有空气和没有空气的变化)

关键提问:

1.我们来玩气球吧,看看气球有些什么变化?

2.你还在哪里发现了空气?

3.吹泡泡游戏(感知空气是流动的)。

关键提问:为什么泡泡在空中会飘动?

4.不湿的纸巾

关键提问:我们将纸巾放在玻璃杯中,再将玻璃杯倒扣在水中,纸巾会怎么样?我们一起试试吧。

互动要点：

1.活动中尽可能地为孩子提供丰富的操作材料让他们寻找空气。

2.活动中，不要局限活动场地，尊重孩子意图，在任何场地寻找空气。

3.家长引导孩子发现自己生活中与空气有关的用具和玩具，如各种充气玩具、充气彩桥、充气船等。

游戏名称：会爬的水

游戏目标：

了解生活中的毛细现象，了解不同的颜色混在一起会变成另一种不同的颜色。

游戏准备：7个一次性杯子、纸巾、颜料或食用色素(红色、黄色、蓝色)。

游戏过程：

一、激发兴趣

1.认识材料

2.猜猜游戏玩法

关键提问：

①你知道今天的科学实验要做什么吗？

②你认识这些材料吗？这些材料可以怎么玩呢？

二、水会爬实验

实验玩法：

1.先把材料准备好，然后每隔一个杯子加水，两边水杯的水位低于中间的水杯。

2.为水杯添加食用色素，并轻轻搅拌均匀

3.将纸巾反复折叠并适当裁剪

4.将纸巾放入杯中彼此连接

关键提问：

1.猜猜会发生什么事情呢?

2.一个杯子里的水会到另一个杯子吗?(静置一段时间后进行观察)

3.快看,发生什么事情啦?

4.为什么水会顺着纸巾到另一个杯子里呢?

小结:这是毛细现象。纸巾内部有很多细小的管道,就像花的花茎一样,能够把水吸上来,并顺着纸巾到另一个杯子里。

三、变色实验

实验玩法:

1.我们先把材料准备好,然后每隔一个杯子加水,两边水杯的水位低于中间的水。

2.为水杯添加食用色素,并轻轻搅拌均匀(食用色素以间隔的方式加入水杯)。

3.将纸巾反复折叠并适当裁剪。

4.将纸巾放入杯中彼此连接。

关键提问:水顺着纸巾爬进另一个杯子后会发生什么事情呢?

关键提问:

1.红色的水和蓝色的水混在一起变成了什么颜色?

2.黄色的水和蓝色的水混在一起变成了什么颜色?

3.红色的水和黄色的水混在一起变成了什么颜色?

小结:红色的水和蓝色的水混在一起变成了紫色,黄色的水和蓝色的水混在一起变成了绿色,红色的水和黄色的水混在一起变成了橙色。

实施建议:

1.活动中家长可以根据实际情况增加或减少颜色。

2.活动中家长可以根据需要变换其他颜色的颜料或食用色素。

游戏名称:蜡烛熄灭了

游戏目标:

感知空气帮助燃烧的现象,尝试运用空气助燃的现象解决生活中的问题。

游戏准备:蜡烛、杯子、一盘蓝色的水(水中滴一些蓝墨水,水面盖住盘底,中间竖根蜡烛),玻璃球若干。

游戏过程:

一、实验一:

1.想一想怎么熄灭蜡烛

关键提问:你能用什么法把蜡烛熄灭?

2.试一试

关键提问:

①用你想到的这些方法来试着把蜡烛熄灭。

②你用哪些方法把蜡烛熄灭了?

3.用杯子灭蜡烛

关键提问:用杯子怎么让蜡烛熄灭?(轻轻把杯子扣在蜡烛上,蜡烛就慢慢熄灭了)

4.再次实验

关键提问:点燃两根一样长的蜡烛,同时罩上一大一小两个杯子,会有什么现象?

操作实验:同时扣上两个杯子。

关键提问:为什么小杯子里的先灭,大杯子里的蜡烛后灭。(①因为小杯子里的空气少;②大杯子里的空气多,能让蜡烛多烧一会儿)

二、实验二:

1.关键提问:为什么把蜡烛扣在杯子上,火苗就熄灭了?

2.再次做用杯子熄灭蜡烛的试验

关键提问:蜡烛熄灭后你发现了什么?(①水进到杯子里了;②杯子里还有空气)

小结:杯子里的空气没有用完。家长适时引入氧气的概念,引导孩子了解空气由氧气和其他气体组成,蜡烛燃烧时,把氧气用完了,其他气体还存在,这些气体不能帮助蜡烛燃烧。

三、水中取玻璃珠

关键提问：盘里有许多玻璃珠，怎样不湿手，就能拿到玻璃珠？

提示：把杯子扣在蜡烛上，把玻璃珠扣在外面，点燃蜡烛，水吸到杯子里，用手拿玻璃珠时就不湿手了。

互动要点：

1.在活动时要注意安全，由家长点燃蜡烛。

2.家长适时引导孩子认识有关火的标志，让孩子了解标志表示的意思，增强安全、环保意识。

游戏名称：磁铁找朋友

游戏目标：

1.发现磁铁的性质，应用性质认识铁制品和非铁制品，萌发探索磁铁奥秘的兴趣和求知欲。

2.理解铁制品吸引的概念。

游戏准备：

1.磁铁（各种形状大小不一的磁铁），木珠、玻璃珠、曲别针、铁钉、石头、泡沫、纸、笔、塑料、毛线、橡胶以及铁、铝等小制品、钓鱼竿。

2.自制金鱼，用彩色塑料纸做的各式各样的小金鱼，上面包有各种小制品、拴有磁铁的钓鱼竿。

游戏过程：

一、游戏：小猫钓鱼

1.玩一玩：设置情景，组织孩子玩小猫钓鱼的游戏，比比看谁钓的鱼多。

2.引导孩子看一看，比一比，钓上来的鱼和钓不上来的鱼有什么不一样。

①观察发现，钓上来的鱼都有曲别针、铁钉等铁制品，而没有钓起来的则没有铁制品。

②引导孩子把自己的发现记录下来。

小结：钓鱼竿上有磁铁，它能吸住铁制品，曲别针、铁钉是铁制品所以能够被磁铁吸住后钓起来。

二、找一找，磁铁的好朋友

1.孩子从自己的盒子里找出并分类铁制品。

2.孩子从自己或者他人身上找一找有没有磁铁的好朋友。

3.找一找周围有没有铁制品的东西。

小结:磁铁只能吸住铁制品的物品。

三、引导幼儿运用磁铁的特性设计制作

小猫还想钓鱼,请你想办法帮小猫钓鱼吧。

互动要点:

1.本活动以孩子自由探索发现为主。

2.家长可以和孩子一起根据磁铁的性质设计游戏。

游戏名称:太阳光的颜色

游戏目标:

1.探索发现不同光的颜色,感知光的颜色组成。

2.了解发现太阳光奥秘的方法和技能,激发幼儿探索的兴趣。

游戏准备:

1.三棱镜、手电筒、蜡烛

2.幼儿已经有颜色的概念

游戏过程:

一、太阳光有颜色吗

1.讨论:太阳光有颜色吗?

引导孩子把自己的猜测画下来

2.发现太阳光的颜色

关键提问:

①你可以观察三棱镜,发现了什么秘密?

②你可以玩玩、摸摸三棱镜,说说发现了什么?

③你发现三棱镜里面的光是什么颜色的吗?

④说说三棱镜里面有几种颜色,哪几种颜色,然后画下来。

二、试一试,灯光和烛光的色散

1.让手电筒的灯光通过三棱镜,观察白色屏幕上的灯光颜色的变化。

2.让孩子从三棱镜中看看蜡烛的彩色光。

互动要点:

1.建议孩子和爸爸妈妈一起找找,哪里有美丽的七色光。

2.给孩子讲故事,使孩子了解科学家是怎样工作和发现科学知识的。

游戏名称:小小植物学家

游戏目标:

1.通过观察与实践操作,使孩子在直观、生动的活动中了解不同植物的不同用途。

2.引发孩子对植物的好奇心和探索之情趣。

游戏准备:

1.月季花、橙子、银杏叶、黄瓜、水稻等各种植物及植物的生长视频。

2.游戏前收集各种植物和植物的秘密。

游戏过程:

一、观看介绍植物种类及植物生长的录像

1.植物有许许多多的品种,可以分为蔬菜、水果、干果、花草、树木、农作物等许多大类。

①花草类中的月季花,是供人们观赏的植物,每月都开花,所以叫月季花。

②水果类中的橙子,是椭圆形的,有香味,果皮稍厚,不易剥,果肉一瓣一瓣,水分多,味酸甜。

③树木类中的银杏树,它的叶子很美,像把小扇子,秋天来临时会变成金色、黄色,它的叶子还可以粘贴作画。

④蔬菜类中的黄瓜,它是爬藤的,叶子很大,表面有细毛。

⑤农作物类中的水稻,它在夏天播种,秋天丰收。

2.常见的大多数植物由根、茎、叶、花、果实等组成。

3.根的主要作用是:固定植物和吸收养分。茎的主要作用是支撑植物,输送养分。叶的主要作用是进行光合作用。花的主要作用是授粉作用和受精作用。果(种子)的作用是食用、储藏有机物和繁殖后代等。

二、让孩子了解植物的类别

让孩子知道常见植物有蔬菜、水果、树木、干果、农作物、花草六大类。

1.引导孩子讨论不同植物的不同特点。

2.再次和孩子看视频,介绍常见植物的种类。

关键提问:

①这些植物相同吗?

②六大类植物各有什么主要特点？

③它们要分类应该怎么分呢？

3.指导孩子发现植物的不同类别，并教孩子进行植物的初步分类。

小结：有些植物是供人欣赏的，比如花草等；有些植物可以食用，比如蔬菜、水果等。

三、尝试当个“小小植物学家”，对植物进行分类

提供种类数量多的植物、部分实物仿制品、图片、卡片。

1.展示植物图片或仿制品，及贴有植物分类图形标签的篮子。

2.让孩子自己选择若干植物，然后给植物分类。说说“我的植物是属于哪个家的？”。

互动要点：

1.让幼儿积极、主动地收集有关植物的信息，认真观看录像。

2.鼓励孩子按植物的不同特点进行分类，并对植物的类别有更多的了解。

游戏名称：我的动物朋友

游戏目标：

1.初步了解常见动物的名称、外形特征和生活习性。

2.在看看、说说、学学中与动物建立亲密的关系。

游戏准备：

1.收集各种动物的信息，如：视频《动物世界》、各种动物图片等。

2.各种动物的头饰

游戏过程：

一、观看视频，了解各种动物（大象、熊猫、小猴子、孔雀、小鸡、小鸭、小鹅、小羊、小狗、小猫等）

关键提问：

1.你看到了哪些动物？

2.它们是长得怎么样的？

3.它们在做什么？

小结：你可以戴上自己喜欢的动物头饰，模仿动物做相应的动作或叫声。

二、认识几种动物（熊猫、大象）

1.通过视频认识熊猫。

关键提问：

①熊猫是长得什么样的？

②熊猫喜欢吃什么？

③它走路的样子是怎么样的？

小结：熊猫长得胖胖的，它喜欢穿黑白颜色的衣服，它有四条又粗又大的腿，走起路来慢悠悠，喜欢吃竹叶。

2.通过视频认识大象。

关键提问：大象是长得什么样的？

小结：大象是动物中的大力士，它有四条像柱子一样的腿，耳朵像把大扇子，有一个长长的鼻子。

互动要点：

1.家长可以带孩子到动物园、周围的地方去寻找和观察各种可爱的动物。

2.家长在日常生活中应多带幼儿观察一些常见动物，并有针对性地饲养一些小动物。

游戏名称：小小种子发芽记

游戏目标：

1.通过种植活动，了解植物的生长过程。

2.初步掌握种子发芽的基础知识。

游戏准备：

1.绿豆糕、绿豆汤等绿豆制成的食品

2.种子发芽盘、水壶、绿豆若干、记录纸和笔。

游戏过程：

一、认识绿豆做成的食物

关键提问：

①你知道这些是什么吗？

②你知道它们是用什么做成的吗？

小结：这些食物是绿豆糕、绿豆汤，它们都是用绿豆做成的。

二、了解绿豆的生长过程

绿豆的生长过程是：绿豆种子—发芽—结果

三、种植绿豆

种植过程：

1.在发芽盘中准备适量水。

2.将绿豆放置在发芽盘中静置。

3.每天喷适量水，观察种子的生长过程并记录。

小结：绿豆在发芽盘中慢慢生长，先发芽，再结果。

互动要点：

1.家长鼓励孩子每天观察种子的生长变化。

2.家长带孩子观察大自然中植物的生长与变化，也可以观察有关植物生长的图片。

家庭数学活动素材

★小班上学期

活动1：小风车

活动要点：

观察图片，找出表示“1”和“许多”数量的物品（1个小朋友拿着黄色的风车，许多小朋友拿着白色的风车）。在分合“生活材料”的操作过程中，初步感知“1”和“许多”之间的数量关系。

活动范例：

观察图片上有什么？找出图片中表示“1”和“许多”数量的人物或物品。

活动延伸：

1.找一找、说一说：家里“1”和“许多”数量的物品。

2.玩一玩、分一分：分水果游戏

把水果盘里的许多水果一个一个分给爷爷、奶奶、爸爸、妈妈和宝宝。再把每个人手里的水果一个一个放入水果盘中，合起来变成许多苹果（知道一个一个苹果合起来就变成了许多个苹果，许多个苹果可以分成一个一个苹果）。

活动2:宝宝的物品

活动要点:

仔细观察图片,找出宝宝用的物品(玩具、娃娃、棒棒糖、鞋子、衣服),在分类与数数的过程中,"手口一致"有序地点5以内的数量物品,并在点数的基础上说出总数。

活动范例:

观察图片上有什么?找出图片中宝宝用的物品,数一数宝宝的东西有几样。

活动延伸:

1.说一说、数一数:我的家里有谁?一起数一数有几个人?

2.玩一玩:拍手分糖果游戏

准备一包糖果,宝宝来分糖果,家长拍手表示要几粒糖果(拍手次数5以内),宝宝根据家长的拍手次数分相应数量的糖果,如:妈妈拍手3下,宝宝分3粒糖果给妈妈。

活动3:美丽的房间

活动要点:

观察图片,找一找、比一比图片中表示大小、高矮的各类物品。在说说、量量、比比的过程中,初步感知大小、高矮。

活动范例:

房间里有什么?比较房间里什么东西大,什么东西小,什么东西高,什么东西矮?

活动延伸:

1.找一找、说一说:家里有些什么东西?比一比哪些东西是大的,哪些东西是小的,哪些东西是高的,哪些东西是矮的?

2.玩一玩:找朋友游戏

以一个物品为参照物，找找家里哪些东西是大的，哪些东西是小的，高的东西有哪些，矮的东西有哪些？妈妈带着宝宝拿大的东西和小的东西、高的东西和矮的东西做比较游戏（以一个物品为参照物，感知高矮、大小之间的关系）。

活动4：柜子里的好朋友

活动要点：

观察图片，从图片中找出柜子中白色图案的相应物品。能根据物品影子的外形特征，通过一一对应的方法找到相应物品。

活动范例：

观察影子猜猜它会是什么？一一对应地找出相应物品。

活动延伸：

1.看一看、说一说：家里的柜子在不同层面上会放些什么东西？它们的用途是什么？

2.玩一玩：整理物品

选择大小、种类对应的东西一一对应地进行匹配，并能用语言表达多少和一样多的数量关系。如：提供不同大小瓶子和瓶盖，让孩子做配对游戏。

★小班下学期

活动1：排排队去郊游

活动要点：

对画面上的小朋友由1到6进行排序，知道1到6的顺序。能够按数字大小进行排序。

活动范例：

观察图片上有谁？他们在干什么？根据画面上的数字，用连线的方法，将小朋友的站位从1到6排序。

活动延伸：

1.说一说、排一排：我家有几个人？他们是谁？给每个人戴上数字牌，给他们排排队，说说为什么这样排？

2.玩一玩：小玩偶排排队

准备一些宝贝喜欢的玩具，给他们挂上从1到6的数字牌，打乱后，请宝贝根据数字顺序给玩具按1~6数字排排队。

活动2：白天与黑夜

活动要点：

观察图片，找出什么是白天要做的事情(如：天亮了就是白天，我们要乘车上幼儿园了)，什么是晚上要做的事情(如：天黑了就是晚上，我们要睡觉了)。在摆弄“生活材料”的过程中，区别白天和黑夜。

活动范例：

观察图片上的小朋友在干什么？这些事情是什么时候做的？认为是白天做的事，就在括号里面画一个太阳，认为是晚上做的事就在相应的括号里画一个月亮。

活动延伸：

1.找一找、说一说：生活中还有什么事情是白天做的？什么事情是晚上做的？结合生活内容能区分白天和黑夜。

2.拍一拍、排一排：宝宝的一天

爸爸妈妈可以用手机拍摄宝贝一天中做的事情，如：早上起床穿衣，白天去公园游玩，晚上看电视、上床睡觉等。然后将照片打印出来，请宝贝说说照片中的事情是白天做的还是晚上做的？照片中的自己在干什么，并按时间顺序给照片排序。

活动素材3:动物朋友躲猫猫

活动要点:

仔细观察图片,找出小动物都躲在哪里(如小猴子躲在门的后面,小老鼠躲在烟囱里面),区分上下、里外、前后的空间方位。在摆弄"生活材料"的过程中,初步感知空间方位。

活动范例:

观察图片上有什么动物?它们都躲在哪里?请宝贝帮忙找一找,并用线连一连。引导宝贝用确切的方位词来口述小动物躲藏的位置。

活动延伸:

1.找一找、说一说:看看家里的橱柜上、床下、冰箱里、沙发前都有什么?

2.玩一玩:我们一起捉迷藏游戏

和爸爸妈妈一起玩捉迷藏的游戏,也可以请爸爸妈妈把家里的玩具藏起来,让宝贝去找一找,说出"上下、里外、前后"的空间方位,如:我在大橱的里面找到的。

活动4:送积木回家

活动要点:

观察图片,找出不同颜色、不同大小的三角形、长方形和圆形积木,并把它们送回对应图形标志的玩具箱里。在送图形积木回家的过程中,通过圆形、三角形、长方形的配对活动,积累认识三种不同图形特点的经验,感知按物体的特征分类。

活动范例:

观察图片上有什么?找出图片中三角形积木放到对应标志的箱子里。

活动延伸：

1.找一找、说一说：找一找家中还有哪些东西是圆形（时钟、灯、钥匙扣、球等等）、长方形（桌子、电视、门等等）、三角形（衣架、旗子等等）的？

2.玩一玩：造高楼

爸爸妈妈和宝贝用积木组合搭建各种不同形状的高楼，数一数搭建的高楼有多少块圆形、长方形、三角形。

★中班上学期

活动1：安全过马路

活动要点：

图中车辆等待人们有序地走在横道线上过马路，数一数横道线上有多少人，等待的车辆有几辆。

活动范例：

横道线上一共有几个人，戴帽子的有几个人，不戴帽子的有几个人。哪些车辆在等待。

活动延伸：

1.找一找、说一说：社区的游乐场有多少小朋友在玩。如：玩滑滑梯的有3人，玩跷跷板的有4人。

2.玩一玩：数数游戏

数一数玩具框里有多少种玩具。如：小汽车有3辆，大卡车有2辆。

活动2：小区里的朋友

活动要点：

观察图片，找出每栋楼房上表示房号的数字，知道：每一个数字代表几号楼。数一数每一栋楼有几层，每一层住了几户人家。

活动范例：

观察图片上有什么(房子、人)?说出:谁住在几号楼的第几层楼里。

活动延伸:

1.说一说:我家住在什么小区,几号楼,第几层。

2.玩一玩:送信游戏

自制信件和小区房屋图,让孩子把信送到相应的房屋图里。如:观察信件封面,要求把信件送到5号楼201室。

活动3:金鱼数一数

活动要点:

观察各个鱼缸里金鱼的数量并进行比较,看看1~3号鱼缸里的鱼哪个最多,

哪个最少。

活动范例:

图片上有什么?说出每一个鱼缸里的金鱼数量,说出三个鱼缸中鱼最多和最少的鱼缸。

活动延伸:

1.找一找、说一说:家里什么东西最多和最少?如:家里最多的家具是椅子,最少的家具是桌子。

2.比一比:三个物体的比较,如:和爸爸、妈妈比高矮。

活动4:图形宝宝变螃蟹

活动要点:

观察家庭数学活动素材图片,看一看图片上画了什么动物,找出“大螃蟹”是由哪几种图形画成的,认识区分长方形、椭圆形与梯形等,并说一说每种图形各有多少数量。

活动范例:

观察图片上画了什么动物?找出图片中动物是由哪些图形画出来的?说出每

种图形的数量。

活动延伸：

1.找一找、说一说：家里哪些家具是长方形的、三角形的、椭圆形的？

2.玩一玩：我说你画游戏

和妈妈爸爸比赛，宝宝来说图形名称让他们来画，并判断对错，父母可以在画的时候偶尔画错，让孩子发现问题，并尝试画出正确的图形；游戏角色可以互换，让爸爸妈妈来说图形，孩子来画。

活动5：小动物过冬

活动要点：

观察图片，说说这些小动物分别在什么方位。

活动范例：

观察图片上有什么？找出图片中小动物们所在的方位，并口述。

活动延伸：

1.找一找、说一说：家里的物体分别放在哪里？

2.玩一玩：找朋友

家长将家中的物品拍摄并打印出来，请孩子找一找这些东西摆在家里的什么方位，并口述，如：我的衣服在衣柜的第二个抽屉里。

★中班下学期

活动1：幼儿园里朋友多

活动要点：

观察图片，说说图中小朋友都在干什么，数一数有几位小朋友。知道：用不同的方式数数。在尝试数数的过程中，初步感知在分类基础上数数和目测群数的方式。

活动范例：

观察图片上有什么？请你数一数图中一共有几位小朋友？男孩子有几位？女孩子有几位？你是怎么数的？

活动延伸：

1.说一说：还有其他的办法来数数吗？

2.玩一玩：数数游戏

准备数数游戏材料，让孩子用不同的方法数，并说出总数。如：许多水果放在水果盘里，让孩子用不同的方法数。先尝试按照水果的种类来数数，再尝试用目测群数的方式来数数。

活动2：花朵排排队

活动要点：

观察图片，根据花盘里花的生长外形特征，用序数给予排序。说出理由。

活动范例：

说说小花是怎样长大的？给它们排排队。

活动延伸：

1.养一养、说一说：在家里养小蝌蚪，观察小蝌蚪变青蛙的过程，并口述。

2.玩一玩：变化排序游戏

把蚕宝宝的生长过程拍摄并打印，让孩子根据蚕宝宝的生长过程进行排序。

活动3：可爱的笔宝宝

活动要点：

观察图片，这些铅笔有什么不一样？（有的铅笔粗，有的铅笔细），知道：可以按照铅笔的粗细进行排列，可以从粗到细排列，也可以从细到粗排列。

活动范例：

观察图片上的铅笔的区别，并按照粗细进行排列。

活动延伸：

1.比一比、说一说：按物体的粗细排列顺序。如：绳子、吸管等。

2.玩一玩：比比粗细

与爸爸妈妈比手臂的粗细，并说说谁的手臂最粗，谁的手臂最细。

活动4：有趣的图形

活动要点：

观察图中的物品有些什么图形？（如：榔头有长方形和圆形，尺有梯形、正方形和圆形）知道：不同的图形组合在一起可以变成新的图形。

活动范例：

观察图片上的物品是由哪些图形组成的？它们分别是什么图形？

活动延伸：

1.找一找、说一说：家里的物品是什么形状的？如：桌子是正方形的，门是长方形的。

2.玩一玩：拼七巧板

与爸爸妈妈一起把七巧板里不同形状的图形拆开组合一下，看看可以变成哪些新的物品，如：帆船、小鸟……（认识每一个图形，并尝试拼出新的图形或物体）

活动5：海边嬉水

活动要点：

在球和游泳圈的观察中，发现它们的相同与不同（它们是圆形的，但是它们的颜色、大小不一样）。

活动范例：

观察图片上的物品有什么区别？可以按照颜色、大小进行分类。

活动延伸：

1.找一找、说一说:球类中不同球类的区别,如:足球和篮球有什么区别。

2.玩一玩:“找相同与不同”游戏。如:找出扑克牌中相同数。

★大班上学期

活动1:老虎找朋友

活动要点:

看一看、数一数图中有多少小老虎,知道某一只小老虎的左右朋友是谁。知道:某一个数字的前后两个数是多少(前面一个数比它少“1”,后面一个数比它多“1”)。如:数字“2”的相邻数是“1”和“3”。

活动范例:

这些小老虎的身上有哪些不同的数字?帮某一只小老虎找出它的左右两个朋友。如:“4”号老虎的左右朋友是“3”和“5”。

活动延伸:

排一排、说一说:准备一副扑克牌,说一说“10”以内每个数字的相邻数。

活动2:找找单双数

活动要点:

观察图片,找出书本上的单双数。

活动范例:

找出单数和双数的书号,把双书号找出来并写在双号“○”里,把单书号找出来并写在单号“○”里。

活动延伸:

1. 找一找、说一说:家里“单数和双数”的东西。

2. 找一找、玩一玩：家里物品的单双数

通过观察镜子中的自己，分辨五官中的单双数（眼睛是双数、鼻子是单数等）。

找一找家里单数的东西、双数的东西。如：爸爸找到了4把椅子是双数的，妈妈找到1张桌子是单数的，爷爷找到1台洗衣机是单数的，奶奶找到6条毛巾是双数的，孩子找到2条围巾是双数的。

3. 说一说：身上有哪些器官是单数的，哪些器官是双数的。

活动3：十二生肖排排序

活动要点：

观察图片，找出今年的属相，进行十二生肖的排序。

活动范例：

观察图片上有什么？找出今年的生肖图像，并由其为第一进行排序。如：今年是牛年，牛为第一个，虎为第二个，兔是第三个，以此类推。

活动延伸：

1.找一找、说一说：家庭成员的属相，如：爸爸属什么？妈妈属什么？我属什么？

2.看一看、排一排：按家人的属相有序地进行排序。

活动4：飞机场

活动要点：

观察图中飞机的数量和它们的不同之处，以不同的颜色与种类进行分合操作。知道："4"可以分成数字"2"和"2"，"3"和"1"，"1"和"3"，初步感知"4"的分合关系。

活动范例：

观察图片上有什么？找出图片中飞机的数量，进行不同飞机数量的分合操作，并把操作的结果写在正方形框框里。

活动延伸：

1.找一找、说一说：表示数量“4”的物品的分合关系。如：4个苹果用三种方法分两份，体验“4”的分合关系。

2.玩一玩、分一分：游戏棒

用游戏棒进行“4”以内的分合游戏，如：“2”可以分成“1”和“1”；“3”可以分成“2”和“1”，“1”和“2”；“4”可以分成“2”和“2”，“3”和“1”，“1”和“3”。

活动5：彩旗飘飘

活动要点：

观察图片，根据彩旗的不同特点，找出不同的彩旗，学习分类的方法。

活动范例：

观察图片上有什么？彩旗有什么不同的特点？把它们分分类。（颜色与形状的分类）

活动延伸：

1.分一分、说一说：把家里的物品根据不同的特征进行分类。如：把颜色相同的物品放在一起，功能相同的物品放在一起，相同材质的物品放在一起。

2.摆一摆、玩一玩：分类游戏

把爸爸妈妈和孩子用的物品按照某一特征进行分组或合并，说一说理由。如：将爸爸妈妈和孩子红色、长袖的衣服放在一起；将爸爸妈妈和孩子冬天穿的黑色皮鞋放在一起。

活动6：小区里的树

活动要点：

观察图片，区分树的高矮和粗细；尝试用自然测量工具测量物体。

活动范例：

观察图片上有什么？比一比、说一说哪棵树高，哪棵树矮，哪棵树粗，哪棵树细。运用自然测量的工具(绳子、带子、竹竿、手的虎口等)，测量家附近的树有多高、有多粗，并做好测量的记录。

活动延伸：

1.找一找、比一比：和爸爸妈妈比一比，谁最高，谁最矮。

2.量一量、记一记：用寻找到的测量工具测量家中的物品，如：用筷子测量桌子的长、宽、高，并记录下来。

★大班下学期

活动1：分饼干

活动要点：

观察饼干图形的过程中，了解正方形、圆形、三角形的物体两等分、四等分后的形状，理解两等分、四等分的含义(两等分就是把一个物体平均分成了两份；四等分就是把一个物体平均分成了四份)。

活动范例：

看一看，每块饼干分成了几份？找一找，哪几块饼干是等分的？是怎么分的？把图片中等分的饼干在括号内打“√”。

活动延伸：

分一分、说一说：利用生活中的物品，如：纸张、绳子、比萨等进行两等分、四等分游戏，并在等分后让孩子比比等分的大小。

活动2：跳格子

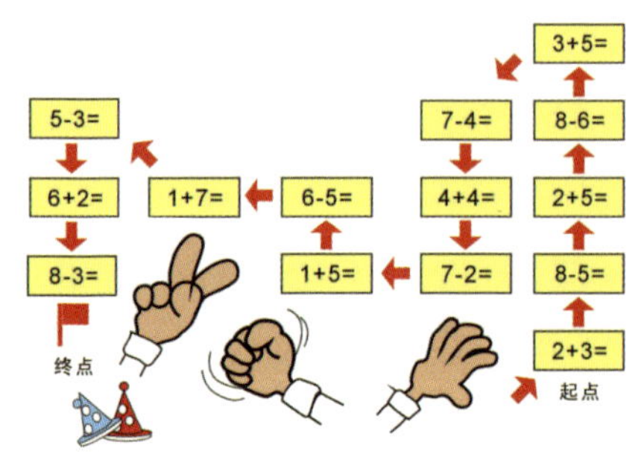

活动要点：

观察图片，通过跳格子游戏体验10以内数字的加减运算过程，初步感知加减符号的内涵(看到“+”时进行加法运算；看到“-”时进行减法运算)。

活动范例：

观察图片，玩一玩跳格子游戏：2

个小朋友猜拳进行石头剪刀布的游戏，从起点开始，赢者先算，算出正确答案，可跳一格。算错，则不能跳。

活动延伸：

玩一玩、算一算：

孩子和家长在家里用积木、铅笔、橡皮等随手可取的物品进行10以内加减法游戏。

活动3：我的一天

活动要点：

观察图片中的时钟，说出它所表示的时间，并说出理由（分针与时针所指向的位置）。知道一天中起床、上学、午餐、放学和睡觉的时间。

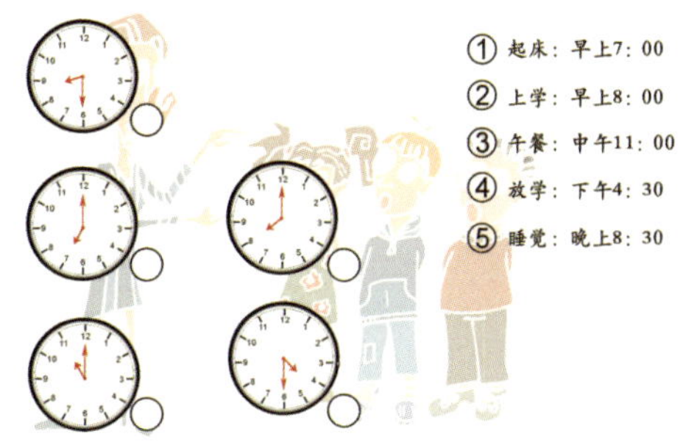

活动范例：

观察时钟上的分针和时针分别指向位置，说一说时钟表示的时间，并说出此时应该做什么事情。找出相对应的时间，将数字填在“○”内。

活动延伸：

1.说一说：结合家人的作息时间，说一说爸爸妈妈和我在什么时候做什么事情。

2.玩一玩：“拨时钟”游戏

家长口述一个具体时间，让孩子根据这个时间在钟面上拨出相对应的时间点。

活动4：跷跷板

活动要点：

观察图片，了解物体轻重之间的关系及表示方法（在平衡木上重的物体能翘起轻的物体）。

活动范例：

观察在小区里玩跷跷板的人，根据跷跷板上人的上、下位置，判断谁轻、谁重，并说出理由。找出重的人，在“○”里打“√”。

活动延伸：

1.找一找、说一说:说说家里物体的轻重,如:哪条被子重,哪条被子轻。

2.玩一玩、比一比:轻重游戏

称一称、掂一掂、摸一摸哪个物体重,哪个物体轻。如:家里人在体重秤上称一称后,说一说谁重、谁轻;吃水果的时候掂一掂哪个水果重,哪个水果轻。

活动5:逛超市

活动要点:

在观察不同钱币的颜色和图案的过程中认识辨别不同钱币的名称与所表示的币值,体验用不同币值买相应价值的东西。

活动范例:

观察超市的物品与买卖价值,运用钱币去购买相应的物品,并用线连起来。

活动延伸:

1.找一找、说一说:认识第5套人民币,了解其颜色、图案特征。

10元纸币　　蓝黑色　正面:国徽　毛主席头像　　背面:长江三峡

5元纸币　　紫色　　正面:国徽　毛主席头像　　背面:泰山

1元纸币　　橄榄绿　正面:国徽　毛主席头像　　背面:西湖

5角硬币(第5套)金色　正面:5角数字　　背面:荷花

1角硬币(第5套)钢白色　正面:1角数字　　背面:兰花

2.玩一玩、看一看:“小鬼当家”游戏

家长设计一份采购清单,准备好人民币,让孩子到超市进行采购。

活动6:送小动物回家

活动要点:

观察图片中的动物,把同时能在“陆地上生活和水里生活”的动物归在一起的过程中,学会按“两个特征”进行逐级分类的方法。

活动范例:

观察图片上有哪些动物？说说它们可以生活在哪里？把它们归在一起，并将动物编号填在相应的集合圈内。

活动延伸：

1.说一说：水果蔬菜

家长准备一些蔬果，让孩子说一说哪些是水果？哪些是蔬菜？

2.玩一玩：好吃的蔬果

哪些蔬果可以生吃，哪些蔬果要熟食，哪些蔬果既可以生吃又能熟食。如：西红柿、苹果既能熟食又能生吃。

“七色花”家长俱乐部活动实施方案

瞿佳维

一、基本情况

幼儿园和家庭是幼儿一日生活中的两个重要场所,在幼儿艺术教育中,有一个重要借力点就是家庭教育。当今教育讲究的是家园合作,只有保持审美教育的有效衔接和延续性才能够实现家庭与幼儿园美育的有机统一。为幼儿构建一个良好的艺术欣赏平台,使其能够在幼儿园和家庭之间的艺术审美能力衔接得更好,因此我们成立了“七色花”家长俱乐部。

组内教师和家长顺应幼儿的发展规律和年龄特点及认知需要,基于家庭艺术欣赏培养幼儿的审美能力,共同制定家长俱乐部活动方案。教师针对幼儿园中无法开展的活动内容,积极引导家长充分利用自然环境和家庭资源,激发幼儿对美的感受和体验,丰富其想象力和创造力,引导幼儿学会用心灵去感受和发现美,用自己的方式去表现和创造美。

本俱乐部于2018年11月份成立:以环境设计组长领衔,4名艺术领域特长的教师,以及18名在艺术领域有特长、有一定社会资源和热衷于艺术的家长组成。爸爸10名,妈妈8名;其中,2%是博士、70%是硕士、28%是本科;一诺爸爸是学艺术设计的,在艺术领域上有一定的深造;熙熙妈妈在家庭艺术教育上经验很丰富,女儿从小就开始培养艺术素养;赞赞妈妈擅长园艺。这支有特长的家长队伍,为“七色花”俱乐部活动的开展增添了很多优势与资源。其中柔柔爸爸的工作以居家办公为主,所以能抽出较多的时间来参加我们“七色花”艺术组俱乐部活动,并愿意从家长角度分享一些孩子在家如何进行幼儿审美能力培养的案例,因此推荐为“七色花”家长俱乐部的家庭组组长。

家长俱乐部是为家长提供家庭教育指导的服务平台，根据教师擅长的艺术领域以及家长的专长，共同研讨帮助家长解决幼儿在艺术领域上遇到的各种问题；各项专业艺术课程给家长提供了自我提高和完善的机会；同时，还会定期举办艺术活动，让家长通过集体活动获得分享育儿知识和结识志趣相投的朋友们的机会。此俱乐部能让每位家长通过专业培训、经验分享等活动积累家庭教育指导能力，并在经验分享、传递的过程中改变艺术教育的观念，使教育得以更加有效地发挥效果，不断分享与传递，从而帮助更多的幼儿更健康地成长。为此，教师针对幼儿园集体活动中无法开展的艺术活动内容，积极引导家长充分利用家庭资源，在家庭生活中营造良好的艺术氛围，引导孩子在家中感受与欣赏美，使幼儿将来自幼儿园教育与家庭教育的学习经验更具连续性、互补性，实现家园互惠。

二、俱乐部目标

1.提高家长重视家庭艺术教育，能从尊重孩子并会用儿童的视角来鼓励、欣赏孩子的艺术创作。

2.指导家长充分利用家庭生活环境、自然环境和艺术作品中美好的事物培养孩子感受美、欣赏美、表现美的能力。

3.利用家园共育平台开展亲子艺术欣赏的专题研讨，丰富家庭艺术氛围的营造。

三、各阶段活动内容

第一阶段——准备阶段（2018年11月–2018年12月）

1. 招募“艺术组”家长俱乐部成员。

2. 建立“艺术组”家长俱乐部，确定组长与成员。

3.研讨、制定“艺术组”家长俱乐部活动实施方案。

4. 研讨“艺术组”家长俱乐部实施活动主题内容与运行方法。

5. 收集与梳理家长培训内容的资料。

6.收集与整理利用家庭资源开展的科学活动。

第二阶段——实践研讨（2019年3月–2020年5月）

1. 形成“艺术组”家长俱乐部活动实施方案。

2. 开展多种形式（线上培训、现场观摩、家长沙龙等）的家庭教育指导活动。

3. 推荐利用家庭资源开展艺术活动。

4. 收集、梳理“艺术组”家长俱乐部家长反馈信息。

5. 每月一次的家庭教育经验分享。

第三阶段——总结整理阶段(2020年6月)

1.总结交流会:对家长、教师优秀案例的经验交流与评选。

2. 撰写指导家长利用家庭资源促进幼儿观察力发展的专题论文。

3. 收集与汇总亲子利用家庭资源开展的艺术活动的实例。

4. 形成亲子活动案例及经验分享案例。

四、具体活动安排(示例)

2019学年第二学期家长俱乐部活动安排

时间	活动形式	预设研讨话题/关键提问	人员安排(主要负责人)
2020年2、3月	线上讲座	利用家庭环境为孩子提供审美感受与欣赏机会	教师:瞿佳维
	线上研讨	如何利用家庭环境为孩子提供审美感受与欣赏机会?	教师:瞿佳维
		调整俱乐部方案内容	教师:瞿佳维
	云课堂	我的家	教师:瞿佳维
	家长经验分享	利用哪些家庭资源、社区资源培养幼儿艺术欣赏能力	家长:远远妈妈
2020年4月	线上专题讲座	利用自然环境中哪些资源提高幼儿审美能力?	教师:康诗轶
	研讨活动	如何利用自然环境为孩子提高审美能力?	教师:康诗轶
		研讨家长俱乐部活动内容	教师:康诗轶
	线上微课堂	找春天	教师:康诗轶
	家长经验分享	利用哪些家庭资源、社区资源培养幼儿艺术欣赏能力	家长:心心妈妈

时间	活动形式	预设研讨话题/关键提问	人员安排（主要负责人）
2020年5月	专题讲座	学会从儿童的视角并会用儿童的眼光来鼓励、欣赏孩子的艺术创作	教师:赵佳凝
	研讨活动	孩子的作品，应该如何去鼓励、评价？	教师:赵佳凝
		研讨本月讲座内容	教师:赵佳凝
	家长沙龙	探秘美术馆	教师:赵佳凝
	家长经验分享	利用哪些家庭资源、社区资源培养幼儿艺术欣赏能力	家长:开心妈妈
2020年6月	案例分享	家长利用家庭资源促进幼儿观察力发展	教师:顾亚君
	梳理与总结	案例撰写及分享案例，梳理、形成亲子活动案例	教师:瞿佳维
			家长:柔柔爸爸

“七色花”亲子活动指导教案

亲子活动名称：春天的景色

活动目标：引导孩子欣赏春天里的花草树木，关注其色彩、形态等特征。

亲子活动准备：相机、手机、画册、笔。

游戏过程：

一、踏青

关键提问：

1.现在是什么季节？

2.春天是什么颜色的呢？

提示：家长可以引导孩子把话说完整。如：有绿色的草地、红色的小花等。

3.春天给你什么样的感受？

4.你喜欢它吗？为什么？

二、记录

提示：家长引导孩子把自己喜欢的春天记录下来（如：拍照、摄像、写生等）

三、说一说

提示：家长可以和孩子共同讨论分享今天的所拍、所画、所想等，说说自己的拍摄（绘画）成果。

互动要点：

1.家长可以带孩子去公园踏青，欣赏公园中的景物，和孩子交流讨论对美的感受。

2.孩子可以把美的景色用相机、视频、画笔等形式记录下来。

活动名称:夏天的声音

活动目标:引导孩子感受夏天雨点敲打在不同物体上的声音,激发幼儿对大自然中声音的探索兴趣。

活动准备:

1.提前观看天气预报。

2.雨衣、雨鞋、雨伞等。

游戏过程:

一、说一说

关键提问:

1.现在外面天气怎么样呀?

2.你听到了哪些声音?

二、感受雨声

关键提问:

1.雨滴敲打在你雨衣上发出了什么声音?

2.小脚踩在水潭里发出了什么声音?

3.为什么有时雨声大,有时雨声小?

三、找声音

关键提问:夏天除了雨声,你还听到过什么声音呢?

四、模仿大自然中的声音

提示:引导孩子找出家中能发出大自然声音的材料,敲敲打打。

互动要点：

1.家长可以带孩子穿着雨衣、雨鞋，在雨中感受雨声、踩水声等。

2.夏日中家长可以带孩子去花鸟市场，寻找和听辨不同虫鸟的鸣叫声，感受声音的强弱。

活动名称：秋天的落叶

活动目标：引导幼儿观察常见的树木、树叶等，用自己的语言来描述树叶的颜色和形状等。

活动名称：收纳篮子、手套

游戏过程：

一、找落叶

关键提问：

1.你找的落叶是什么颜色的呀？

2.有什么区别？

二、说一说

关键提问：

1.落叶的形状像什么？

2.摸一摸

关键提问：树叶摸上去是什么感觉？

四、看一看

关键提问：树叶的纹理是什么样子的？

互动要点：

1.家长带孩子在自然环境中，一起收集秋天的落叶。观察对比落叶的不同，如：颜色、形状等。

2.有兴趣的家长可以准备颜料，将树叶的筋脉拓印到纸张上，供幼儿欣赏。

活动名称：冬天的冰雪

活动目标：引导孩子欣赏冬天的雪景、冰雕等，用自己的语言描述冬天的美。

活动准备：

1.带孩子在雪地玩耍。

2.雪景的照片或视频。

游戏过程：

一、欣赏冬天的雪景

关键提问：

1.你们看到冬天的雪是什么样子的？有些什么变化？

2.冬天的雪美吗？你觉得美在什么地方？

二、玩"雪"

提示：

1.家长可以和孩子一起到户外打雪仗、堆雪人，和幼儿一起感受冬天。

2.在没有下雪的情况下，家长可尝试用棉花蘸取白色颜料进行拓印雪景，或用两把刷子蘸取白色颜料进行敲打，营造下雪的氛围。

互动要点：

1.玩雪的时候注意保暖，做好防护。

2.让孩子尝试用相机记录下冬天美丽的景色。

2.家长可以利用地上的积雪，引导孩子用脚去踩一踩，用脚印在雪地上作画。

活动名称：服饰美

活动目标：尝试不同季节服装穿搭、颜色搭配的体验，能大胆讲述各种服饰的特点及美的表现。

活动准备：

1.相机或手机。

2.提前观看天气预报。

游戏过程：

一、讨论

关键提问：

1.今天我们要去哪里呢？

2.今天的天气适合穿什么衣服？

二、选一选

提示：

1.让幼儿自己选择喜欢的服饰搭配，说说理由。

2.选择过程中，家长不应过多干预。

三、照一照

提示：

1.家长可以让孩子自己去照照镜子，欣赏自己的搭配风格。

2.家长可以提醒孩子，照一照有没有不合适的穿搭。

互动要点：

1.家长可以每天为孩子的穿搭拍摄照片，并根据不同的风格进行分类。

2.家长可以让孩子观看有关儿童走秀的视频、杂志等，让孩子说说他喜欢的衣服配饰等。

活动名称：我的家

活动目标：引导孩子欣赏自己家的设计风格，发现生活中的美。

活动准备：房屋设计图、相机、手机

游戏过程：

一、全家共同讨论

关键提问：

1.家中有几间房间？每间房间的家具有几件？

2.家具造型是什么样的？摆放方向等。

3.讨论家中的装饰品，如装饰画、挂钟、墙贴等。

二、找一找拍一拍

1.拍下你最喜欢的地方。

关键提问:说说你最喜欢家里的哪个地方?为什么?

互动要点:

1.家长可以带孩子参观宜家、红星美凯龙等大型家具店。

2.引导孩子发挥想象力,一起设计家具造型等美术创作活动。

活动名称:探秘美术馆

活动目标:通过参观美术馆,激发孩子的视觉,体验更多的风格、色彩搭配等,从而提高孩子的艺术情操。

活动准备:选择当下适合幼儿的美术馆或绘画展;手机或相机。

游戏过程:

一、共同欣赏讨论

关键提问:

1.你最喜欢哪一幅作品?

2.你从这幅画中看到了什么?如线条、色块等。

3.从画中你感受到了什么?如开心的、伤心的、难过的等情绪。

提示:家长可以说说自己对这幅画的理解,可以是和孩子相同的,也可以是不同的。

二、介绍画家的个人经历和作品风格。

提示:家长在和幼儿欣赏结束后,再回头去看前言,跟孩子去讲讲背后的故事。

互动要点:

1.家长可以先去美术馆或者画展的官网看一看展览的相关介绍,了解一下展览的主要内容和作品风格等,去之前可以和孩子有所交流,慢慢引导。

2.如果孩子对此次的画展兴趣不高,不用强求,保持看展的习惯,每月坚持1次到2次带孩子去画展感受一下,养成习惯,孩子也会慢慢爱上美术馆。

活动名称:天鹅湖

活动目标:引导孩子感知理解选择富有艺术美的舞蹈作品,发展幼儿的审美素质。

活动准备:

1.多媒体、芭蕾舞视频、剧照。

2.幼儿已有舞蹈的经验。

游戏过程:

一、倾听“天鹅湖”故事,引入剧情。

二、出示照片,欣赏剧照。

关键提问:

1.她们跳的是什么舞?

2.你喜欢哪张剧照,为什么?

三、播放天鹅湖视频,欣赏芭蕾舞蹈动作。

关键提问:

1.小天鹅漂亮吗?你觉得漂亮在哪里?

2.她们心情怎么样?你从哪里看出来?

3.你最喜欢小天鹅的哪些动作?

4.猜猜这些动作分别表示什么意思?

四、再次播放视频,欣赏服装道具。

关键提问:

1.小天鹅穿了什么服装?

2.你觉得为什么要设计这样的服装呢?

3.除了服装你还喜欢哪些演出道具?

互动要点:

1.家长选择舞蹈欣赏作品：电视中的儿童舞蹈节目、各民族风格的舞蹈。

2.让孩子在欣赏舞蹈的同时学一学、跳一跳作品中喜欢的舞蹈动作。

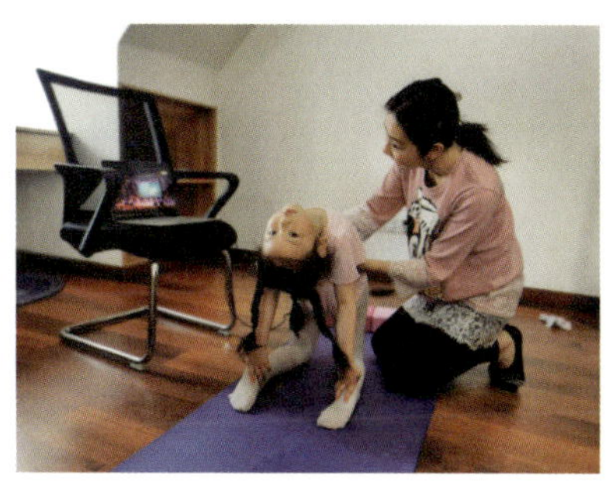

活动名称：小提琴

活动目标：引导孩子欣赏演奏活动，激发孩子对演奏活动的兴趣。

活动准备：小提琴、小提琴演奏视频

游戏过程：

一、看一看、摸一摸

关键提问：

1.小提琴是什么形状的？是什么颜色的？

2.小提琴的特征是什么样的？

3.小提琴有几根弦？

二、听一听，想一想

关键提问：

1.小提琴发出的声音是什么样的？

2.小提琴是怎么演奏的？

互动要点：

1.家里有小提琴的孩子可以亲身体验。

2.创造一个安静的欣赏环境。

3.家长可以在晚餐、入睡前播放舒缓、轻柔的乐曲，亲子共同欣赏。

活动名称：黄梅戏

活动目标：引导孩子欣赏我国传统戏曲中最具代表性的人物形象，发展幼儿的观察力、模仿力以及表演能力。

活动准备：黄梅戏的视频或节目

游戏过程：

一、看一看

关键提问：

1.黄梅戏的服装是什么样的？有什么特征？

2.演员的妆容有什么特色？

二、听一听

关键提问：

1.黄梅戏中的唱腔是什么样的？和平时你听到的歌曲有什么不同？

2.戏中有谁在唱？他们唱了什么？你听懂了哪几句？

三、演一演

提示：家长和孩了共同演绎戏曲中的人物。

互动要点：

1.带孩子去剧场欣赏戏曲表演活动。

2.鼓励孩子在家中大胆表演，家长做观众，激发孩子表演的欲望。

第三篇 共育——互动之效

太多时光如烟花般短暂，幼儿园和家庭的沿线，无意碰撞的手肘，默契泯笑过后的回忆；手持仙女棒挥舞螺旋状，印刻出心底人的姓名，在云轻星粲的夜空探望，祈求得到更好的教育成效。

脑洞超级大,“智慧”家庭闪亮登场

你擅长运动吗?在这里为大家分享一拨“智慧”家庭的亲子运动游戏,爸爸妈妈们脑洞大开,利用家庭资源创编的趣味亲子游戏,给父母和孩子带来了有趣的情感体验和心理变化,用行为诠释出亲子互动游戏的真正价值,精彩内容不容错过,你们也不妨试试噢!

“运动家庭”运动小游戏(实例)

类别	可利用资源	家庭运动小游戏实例	运动提示
人力资源	垫子、爸爸或妈妈	名称:快乐传递(中二班 楼夏家庭) 玩法: 1. 燕式平衡10秒,家长将玩偶递给孩子,孩子保持燕式平衡用瞰视的方式将玩偶投掷入前面的纸板箱。 2. 传物接力:孩子与家长并排坐,并抬起双腿保持在垫子上,家长将玩偶从大腿下方至背后绕自身一圈递给孩子,孩子绕自身一圈放入纸板箱中。 3. V-sit传物接力:家长与孩子并排用V-sit的姿势保持在垫子上,家长用脚将玩偶传递给孩子,孩子再用脚传递进玩具箱。	核心经验:身体控制与平衡(腰腹部核心力量、动态平衡、静态平衡) 提示: 1.家长和幼儿可以在运动中共同锻炼腰腹力量,家长给予榜样指导和示范。 2.幼儿在成功挑战后,家长应即时予以表扬,帮助幼儿建立自信。 3.传递物可以多种多样,如:纸巾盒、毛巾、小球等。

类别	可利用资源	家庭运动小游戏实例	运动提示
废旧物品	矿泉水瓶	  名称：击中病毒（中二班 周俊羽家庭） 玩法： 1.将矿泉水瓶，按照纵向、横向间隔排队，运用跳跃的方式击中病毒。 2.将矿泉水瓶间隔摆放，运用一个定点为起点，通过控制身体快速蛇形前进，击中病毒。	核心经验：锻炼幼儿的下肢力量。 提示： 1.选择小瓶装水或者空瓶，叠高时可用胶布固定以免瓶体倒塌。 2.指导幼儿使用正确地跳跃姿势，双脚并拢往前跳。 3.可以将上述玩法组合，增加幼儿运动量。
家庭家具类	桌子、转椅或小球	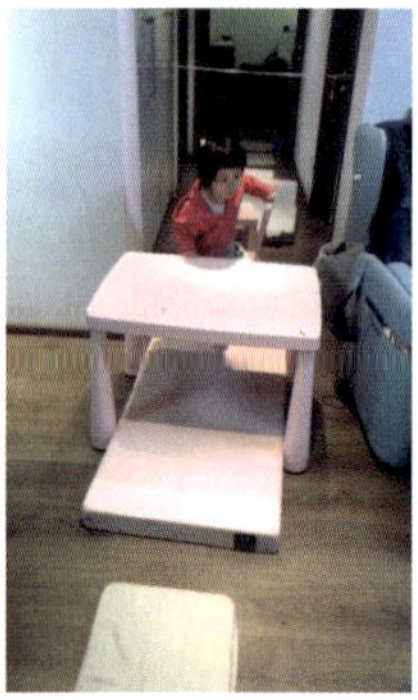  名称：勇敢者道路（中三班 张暖心家庭） 1. 头顶沙包用脚跟、脚尖走的方式通过小路，爬上转椅，扭动身体转移到大路，将沙袋（或小球）投掷到大路尽头。 2. 挎着篮子用自己喜欢的方式通过家具小路（家长时时调整小路），将飞镖投到路尽头的飞镖盘上。 3. 幼儿和家长共同游戏，即分别从不同的起点用自己喜欢的方式通过小路，将沙袋（或小球）投掷到路尽头，比比谁投的沙包或者小球多。	核心经验：身体移动能力（走、双脚跳、单脚跳）身体平衡与控制能力，器械的操控能力 提示： 1.家长共同运动比比谁走得稳投得多。 2.利用家具不断调整勇敢者道路，让幼儿有更多运动的经验。

类别	可利用资源	家庭运动小游戏实例	运动提示
家庭日用品类	枕头或靠垫	名称：枕头大战（中二班 应雅昀家庭） 玩法： 1.家长和孩子相对而立，每人各拿一个枕头，互相抛接，抛接成功后可后退一步增加难度，熟练后可同时抛接两个枕头。 2.家长和幼儿交叉腿坐，调整好坐姿后，仰卧枕枕头，起卧碰枕头，试试能完成多少组。 3.一方拿着枕头当盾牌，一方张开手作剑，击中拿枕头一方的后背算胜利。	核心经验：身体对抗的能力以及身体的灵活性。 提示： 1.运动过程中注意保持活动的空间。 2.亲子可交换角色进行运动，家长应注意孩子的运动量。
小区	阳光、空气或水	名称：三浴锻炼（中二班 王思予家庭） 1.踩影子——在阳光明媚的节假日，家长带领孩子到公园草地或者社区空地上。在阳光照射下，会出现父母孩子的身影，引导孩子去踩爸爸、妈妈的影子，还可以三人互相躲闪踩，发展孩子躲闪跑及眼脚协调的能力。 2. 放风筝——用一定长度的线扎住马夹袋开口的一端(爸爸、妈妈、孩子各一个)，各人用手拉住绳子的另一端，然后再逆风向跑、走(如果有风筝则更好)。三人可以比赛谁的“风筝”飞得快，飞得高，发展孩子快速走和跑的能力。 3.捕小鱼——父母用薄薄的泡沫板(硬纸板、树叶等)做成小鱼，投入水池里，在一定长度竹竿上扎个网兜，父母与孩子用网兜共同捕捞河中的“小鱼”。	核心经验：熟悉大自然的环境，利用各种自然资源，开展各种三浴锻炼的游戏。 提示： 1.通过生活化、游戏化的自然情景，因地制宜，因材施教。 2.注意幼儿在运动中的安全。

大显身手展厨艺，大家一起来分享

健康是幸福家庭的基础，也是家庭幸福的基石。随着生活水平的提高，人们对健康也开始重视，越来越多的爸爸妈妈爱厨房，爱生活。看，爸爸妈妈们都各显神通，大展厨艺，一道道关注孩子营养健康的美味佳肴，散发着爱的味道，让孩子食欲大增，身体棒棒！家庭营养美食既弥补了孩子集体膳食的不足，也帮助幼儿园更广泛地吸纳营养丰富、便于操作、利于推广的美食，让幼儿吃得好，吃得合理，吃得科学。

"幸福家庭"晒厨艺（实例）

名称	材料	制作方法	图示
快手 三明治 （大三班张馨悦家庭）	2片白吐司 1个白煮蛋 沙拉酱2勺	1.将白煮蛋放在碗里捣碎。 2.加入沙拉酱，搅拌均匀。 3.将吐司切边，抹上鸡蛋酱。 4.切成小块，装盘。	
鲜肉 藕饼 （小三班谈镓暄家庭）	材料：莲藕、胡萝卜、猪肉馅、鸡蛋、淀粉 调料：料酒、盐、生抽、胡椒粉	1.将莲藕与胡萝卜切成细末，再打入2个鸡蛋、放猪肉馅适量，一大勺淀粉。 2.再将所有调料放入搅拌均匀。 3.煎锅放适量油，将搅拌好的莲藕肉馅做成圆饼形状，入锅中小火煎熟两面即可。	

名称	材料	制作方法	图示
果蔬刀切（小三班倪陈衍家庭）	胡萝卜汁、菠菜汁、火龙果汁、芝麻糊、南瓜泥、奶粉、面粉、糖、发酵粉	1.面粉分别加入各种果汁、发酵粉、奶粉和糖混合。 2.加入适当的水面团揉匀发酵。 3.当面团发酵到原来两倍大小后揉匀分割成适当的大小和形状醒发15分钟。 4.醒发后放蒸笼上蒸20分钟。	
瘦肉蔬菜丁（小二班施昊彤家庭）	材料：瘦肉、甜玉米粒、胡萝卜、西芹、莴笋 调料：生抽、蚝油、玉米淀粉、植物油、盐	1.所有食材切丁备用。 2.西芹、莴笋、胡萝卜开水加盐下锅焯水（防止蔬菜变黄）。 3.肉丁加少许生抽、蚝油腌制；5分钟后加入生粉抓匀，放入少许油，锅烧热下冷油将肉丁放入炒熟。 4.倒入焯水的蔬菜丁煸炒1~2分钟出锅。	
糖醋里脊（小二班杨蓉菲家庭）	材料：鸡里脊、蒜 调料：淀粉、白胡椒粉、盐、生抽、糖、番茄酱	1.鸡里脊去掉筋膜切成块，顺着纹理切。 2.鸡里脊加入适量的盐、胡椒粉、生抽、糖、大蒜拍碎，拌匀，腌制30分钟。 3.调糖醋汁，2勺淀粉，10勺水，再加2勺番茄酱、适量醋和糖拌匀备用。 4.将腌制好的鸡里脊炸熟备用。 5.将调好的糖醋汁放入炒锅小火加热至浓稠后放入炸好的鸡里脊炒匀，出锅装盘。	

名称	材料	制作方法	图示
鲜美鲈鱼汤（小一班孙东阳家庭）	材料：鲈鱼、芦笋、干木耳、豆腐、葱姜 调料：料酒、盐、白胡椒粉（可不加）	1.鲈鱼用盐两面擦一下，腌制5~6分钟，干木耳泡发、豆腐和芦笋切成适合的大小。 2.锅里放油下葱姜炒香后放入鲈鱼煎至两面金黄。 3.放入开水至淹没鱼身和适量的料酒，大火烧制鱼汤发白，放入切好的豆腐烧开后再放入木耳和芦笋（芦笋最好焯一下水）煮开后就可以出锅了。	

暖心陪伴，让孩子观察力非比寻常

丰富多彩的大自然、周围有趣的事物和现象，带给孩子全方位的学习机会，是培养孩子观察力最佳课堂，爸爸妈妈让孩子们尽情地去观察、去发现，满足他们的好奇心和求知欲，用心陪伴孩子的成长。下面就一起看看小小观察家带来哪些有趣的科学小实验，跟随我们的步伐看看这些家庭的智慧吧，一起来见证孩子们的每一步成长！

"有趣家庭"的科学小实验（实例）

活动内容	幼儿在家庭日常生活中观察活动照片	活动提示
种子发芽 （中一班 黎静嘉家庭）	  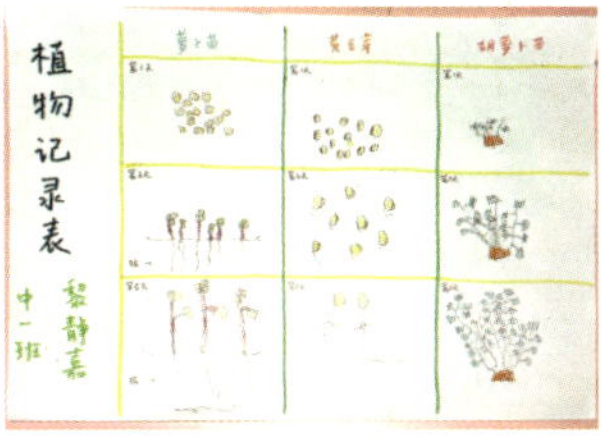	1.家长可以与孩子一起选择豆子：绿豆、红豆、黄豆等，将豆子洗净后放于培养皿中，培养皿中可以放适量的水，无需太满。 2.家长要引导孩子每天观察小豆子生长的情况，并将观察到的豆子的生长变化记录下来。 温馨提示： 1.在选择种子的时候家长可以和孩子一起讨论，如：黄豆、绿豆、红豆、芸豆等。 2.家长在引导孩子观察豆子发芽情况时可以与其他豆子发芽情况进行比较。

活动内容	幼儿在家庭日常生活中观察活动照片	活动提示
小蝌蚪养成记 （小一班 李睿思家庭）	 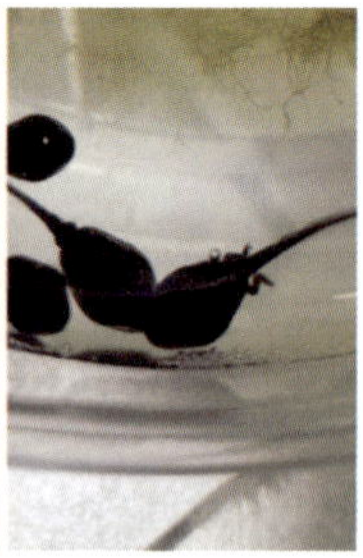	1.春暖花开时节，家长可以和孩子一起在河边用小渔网捞小蝌蚪，然后将小蝌蚪放在容易观察的容器中。 2.为了能持续观察小蝌蚪，我们可以在水中放入水草，或者给小蝌蚪喂食（可以将虾干或鱼干碾磨成粉，给小蝌蚪食用）。 3.家长可以引导孩子观察小蝌蚪食用水草的情况和小蝌蚪成长的变化，并用照片、视频或绘画的方式记录下来。 温馨提示： 1.在小河边捞小蝌蚪时要注意安全。 2.家长要引导孩子坚持观察小蝌蚪并用自己的方式进行记录。
抓螃蟹 （小三班 葛清然家庭）	 	1.在确保安全环境的前提下，家长和孩子准备一块小肉，并将其固定在绳子上，用一根小棍牵引着放到河岸泥土里的洞洞口，然后耐心等待螃蟹上钩。 2.螃蟹上钩后，家长可以引导孩子观察螃蟹的外形特征、走路的方式、攻击或防御时身体的变化等。 温馨提示： 1.与孩子在河边钓螃蟹的时候要注意安全。 2.钓螃蟹用的小肉是生肉。 3.幼儿在观察螃蟹的时候要注意螃蟹的大钳子，防止被夹。

活动内容	幼儿在家庭日常生活中观察活动照片	活动提示
螺蛳奇遇记（小二班金艺欣家庭）		1.首先准备一个装有河水或清水的小盆，便于幼儿观察。 2.家长带领孩子在小河边观察有螺蛳的地方，了解螺蛳的生长习性。 3.家长帮忙将螺蛳捞起，并将其放入事先准备好的小盆中。 4.家长可以引导孩子先观察螺蛳的外形特征、螺蛳的表面触感等。 5.经过一段时间的静置，再次引导孩子观察螺蛳的变化，观察其是否慢慢张开小嘴吸附在小盆的四边，随后观察螺蛳肉的特征。 温馨提示： 1.家长与孩子在河边观察螺蛳的时候务必注意安全。 2.家长可以引导孩子将自己观察到的物体与现象用视频、绘画等方式记录下来。
沉与浮（中一班宋若琳家庭）	 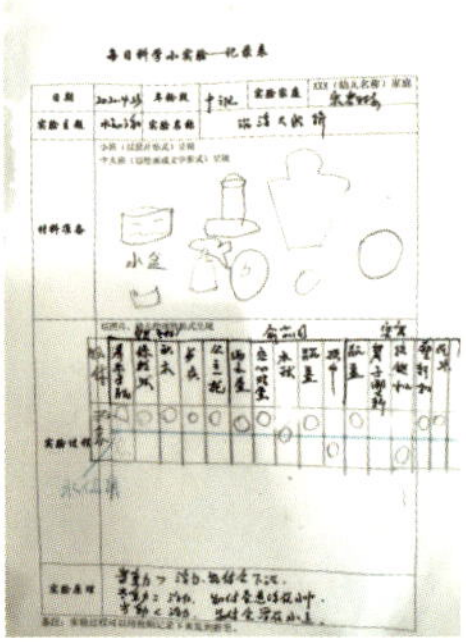	1.首先准备实验所需材料：一盆水、纸笔、家庭资源中孩子感兴趣的安全物品：塑料玩具、木头积木、乐高、瓶盖、弹珠、小石头等。 2.家长可以引导孩子将自己寻找到的物体放在水盆中进行对比，并观察哪些物体会下沉，哪些物体会浮在表面。 3.实验中家长鼓励孩子自己设计表格将物体在水中沉与浮的现象表现出来。 温馨提示： 1.实验中所需的材料可以根据家庭或社区中的可取资源进行替换。 2.实验中的记录方式可以根据孩子的年龄特点有机调整，除了纸质记录，还可以是视频影像记录。

<table>
<tr><th>活动内容</th><th>幼儿在家庭日常生活中观察活动照片</th><th>活动提示</th></tr>
<tr><td>河水净化
（中一班
徐既同家庭）</td><td></td><td>1.引导幼儿观察河水与自来水的区别：河水比较浑浊、自来水是非常清澈的。亲子共同到河边取水样备用。
2.准备实验材料，家长要充分考虑实验过程的安全性，可以将实验所需要用到的化学品改为功能接近但无毒无害的化学品：烧杯数只、一次性塑料滴管数根、PH试纸、搅拌棒等器具、明矾、食用碱、硅藻土。
3.让孩子在家人的陪同下到河边取水样，随后和家长一起分别用小水桶和烧杯为容器模拟自来水厂工艺进行操作，并用PH试纸检测处理过程中pH值的变化。
4.从水桶中取一定量河水水样到烧杯中，投加少许PAC溶液并搅拌，逐滴加入碱液直至出现大片白色絮体（如有pH试纸，调节pH值到8以上并出现大量絮体），同步指导小朋友在水桶中进行类似操作。
5.水样中形成的白色絮体逐渐凝聚并下沉同时水样逐渐清澈，期间让小朋友定期观察变化过程。
6.经过数小时沉淀，从水桶中取上层清液并再次与自来水以及未经处理的河水进行对比。

温馨提示：
1.实验材料有条件可以准备：聚合氯化铝（PAC）、碱液和聚丙烯酰胺（PAM）等化学品，没有条件可以用安全材料代替。
2.过程仅为模拟，经过处理的河水不可饮用。</td></tr>
</table>

走进生活，创造精彩

“生活处处皆艺术”，美一直在我们每个人的身边，爸爸妈妈和孩子们捕捉身边的美，把不经意发现的美留下、分享给大家，让我们跟着一起走进他们的精彩世界吧！

“最美家庭”的精彩世界（实例）

活动内容	家庭艺术欣赏表达与创造活动照片	活动提示
小区一角 （大一班 袁恺欣家庭）	 	和孩子在自己小区里走一走，欣赏小区的美景，利用相机或者画笔，让孩子记录下她觉得最美的小区一角。
落叶畅想 （中二班 汤嘉骏家庭）	 	带孩子一起去户外捡形状、颜色不同的落叶，回家后利用落叶的不同形状，可以进行借形想象。

活动内容	家庭艺术欣赏表达与创造活动照片	活动提示
我家的菜园（大一班袁恺欣家庭）	 	奶奶平时喜欢自己种菜，每次摘菜的时候让孩子一起参与，可以和孩子讨论不同种类蔬菜的外形，不但认识了蔬菜，还能体验收获的快乐。
有趣的鸡蛋（大一班袁恺欣家庭）	  	利用家里常见的鸡蛋来作画，画之前可以和孩子讨论鸡蛋是什么形状的、像什么等问题，她在仔细观察了家里人的发型和脸部特征后，自己进行了创作。
妈妈的化妆品（大一班汪雨果家庭）	  	女孩子最喜欢摆弄妈妈的化妆品了，可以利用精致的盒子、漂亮的配色来引导孩子，让她看看外观，闻闻香味，摸摸材质，画画不同的造型，最后摆成自己的小小化妆台。

活动内容	家庭艺术欣赏表达与创造活动照片	活动提示
新旧 对比 （大一班 陈艺诗家庭）		为孩子准备一些画册，里面收藏了她从小到大的绘画作品，让孩子可以随时拿出来欣赏、观看，看看自己以前的画和现在的画有什么不同，非常有趣，体验成长的快乐。
漂亮的 拉夫领 （大一班 袁恺欣家庭）		和孩子一起欣赏欧洲中世纪的服饰美，可以挑选孩子感兴趣的服饰特点一起讨论、欣赏，还能利用家里现有的服饰、布料、饰品等，让孩子自己选择动手穿搭，来模仿当时的服饰搭配，为孩子拍摄对比照片，过程会非常有趣。

居家运动全家总动员

中二班　程佑滔爸爸

突如其来的一场疫情，让所有人都猝不及防。小朋友们不敢下楼在小区奔跑了，自行车不能骑了，平日每周一次的学踢球活动也因疫情而临时终止。Tom小朋友从最初的无感，到“游手好闲”，再到后来的“笼中困兽”，他自己在家也是百无聊赖。如何消耗5岁小朋友的精力，防止他在家到处捣乱，我们做家长的也很头疼。

幸好班级微信群里及时收到了幼儿园汤老师的一些运动建议，我们立即开动起来，给Tom设计了好几套消耗精力的运动方法。

最经典最有效的就是跳绳运动。空间不需要太大，门口前厅就可以。全家总动员，爸爸妈妈哥哥弟弟一起跳起来，单人PK跳，看谁跳的数字最多，每天统计谁是“今日winner”。Tom因为比哥哥小，所以跳不过哥哥，但通过跳绳他学会了数数，现在能一口气数到1000，也是另外一种收获。大人们在轻松的亲子运动中，自我也得到了有效的锻炼。

Tom最爱的是他自创的“跳障碍”运动。取家里沙发上的几个靠枕放客厅地上，中间留出间隔，一列排开，可以双脚兔子蹦，跳过一个个靠枕到达终点再折返回来。有时他还会自我增加难度，改为单脚跳，或者交换脚跳跃，一个人能不亦乐乎地忙上大半天。这个运动唯一不好的地方，就是可能会打扰到楼下邻居，幸好楼下邻居比较包涵。

随着疫情渐弱，当室外天气好一点时，我们也会开车带上孩子们到家附近的公园跑跑步，或者一家人玩玩飞盘。

疫情困住了大家，但我们全家都有一种乐观的精神。曾经问Tom的心情，小朋友回答说：“我不喜欢病毒，但我现在也很开心，因为爸爸妈妈可以全天陪我玩啦。”

居家网球大作战

中二班 楼夏爸爸

爸爸是个网球爱好者,疫情期间苦于无处施展,女儿便成为了理想的网球小搭档,或者爸爸成为了女儿“将就”的玩伴。本着把“将就”变成“喜欢”的目的,一番苦思冥想(网上搜索)之后,网球小分队开始了家庭大作战(疯玩)。

第一回合,“运输小分队”

规则:两人游戏,每人手持一支网球拍,并排站立,利用球拍将网球交替运送至目的地。

锻炼目标:女儿的手眼配合能力以及对规则的理解和遵守

心得体会:

首先是对规则的理解,通过示范和看视频帮助女儿了解“交替运送”的概念。然后还通过实践自己摸索出提高成功率的小技巧:从身后绕过队友可以有效避免交替过程中碰到队友球拍上的球。

在实际操作中由于女儿的球拍较小，手部力量不足等客观原因，网球经常在传递过程中脱落，小朋友也经常为之沮丧。放慢节奏和用两只手来握拍都是不错的办法，可以提高成功率。随着练习的次数增加，女儿也越来越熟练，从一开始的小心翼翼到后来的全程小跑。我们还进行了几次计时比赛，彼此感觉都很开心。

第二回合，"跌倒拍"

规则：两人游戏，每人手持一支网球拍，将球拍倒立，每人各扶住一支球拍。口令开始后，两人均放开球拍跑向对方球拍，保持球拍始终不倒。

锻炼目标：协同能力，反应能力，耳到，脚到，手到

心得体会：

因为这个游戏涉及到耳、眼、腿、手的配合，对女儿来说还是略有挑战。首先训练的是在3-2-1的指令之后，要迅速放开球拍，跑向爸爸这边，并扶住爸爸手中的

球拍。一开始最头疼的是父女俩始终无法在统一的口令后同步行动，不是爸爸快了，就是女儿慢了。在磨合的过程中，互相迁就，逐渐步调一致（传说中的心有灵犀）。一开始距离可以近一些，熟练以后可以距离拉长。可以在右手扶拍熟练了以后换成左手扶拍。我们从最开始的只能玩两三个回合到后面几乎可以一直不倒转到头晕（不禁感叹客厅太小了）。女儿也是乐此不疲。

第三回合，"网球轰炸"

规则：两人游戏，一人（爸爸）投弹（网球），另外一人（女儿）躲避。投弹方只能投出贴地滚动的"炸弹"，躲避方只能在底线横向移动。

锻炼目标：眼腿协调，跑跳结合，还有一点心理战

心得体会：

这是最疯的一个项目，女儿根本停不下来。"投弹手"节奏的控制非常重要，投弹速度和密度要适中，太快太密，一方面会给躲避的女儿太大压力，另一方面安全隐患也会大幅增加（如踩球坐球车）。可以由慢及快逐渐"发力"，也可以用"战术"替代"蛮力"轰炸。爸爸觉得最有意思的还是和女儿斗智斗勇，四两拨千斤（当然谁是"四两"，谁是"千斤"还真的很难说）。

游戏好玩，还有几点也想分享给大家：

1.热身，充分的热身准备对爸爸和女儿都有很大帮助。伸腰，踢腿都可以，要把身体先调动起来。我们在这些游戏的时候都是穿好球鞋的。

2.规则，所有的游戏只有在既定的规则框架下进行才有意思。培养女儿的规则意识其实是这些活动开始之前的必修课。让女儿参与到规则的制定中，让她变

身“小裁判”都是不错的尝试。

3.挫折，有游戏有竞争就会有挫折，输了不气馁不要赖才是好样的。我是通过对游戏难度和复杂程度的控制来把握女儿的受挫程度，不断地探触她的受挫“底线”。

4.安全，游戏开始前我会和女儿把可能的安全隐患都排摸一遍，比如桌椅收好，门窗关好等。

居家运球小游戏

中三班 丁梓丞妈妈

中国历史上的农历庚子年都注定是不平凡的一年，2020年也不例外，一场突如其来的新冠肺炎疫情肆虐全球，对世界各国人民的生命和财产构成了严重威胁，使经济遭受了重大损失，新冠疫情更是把全国的学子们都拦在了校门之外无法正常上学。每个人都是在毫无准备的情况下就进入了长假模式，而且是如此之漫长，这也是绝大多数孩子和家长们完全没有预见的，开始听到的假期延期我们还觉得异常兴奋，但随着时间的推移，在家里的我们愈发的想念平日里一起玩耍的小伙伴和和蔼可亲的老师们。在漫长的假期中学校和老师开始推广公筷倡议、居家运动等活动，每次都会跟着一起动一动，因此有了以下我们的“居家夹球”游戏。

像丁梓丞小朋友在学习了老师发的居家运动后，跟妈妈玩起了“夹球”的游戏，用左右手各拿一支大筷子把海洋球夹住，从一头奔跑运到另一头，看谁运的球更多。

游戏名称：“运球小分队”

规则：两人游戏，每人手持一双筷子，站在同一条起点线上，以裁判的哨声为准，到达终点后原路返回，把起点的球优先运输到起点的一方获胜，途中如果皮球掉下来，则需要放回起点原位继续前进。

锻炼目标：孩子的身体协调能力和灵活性

心得体会：这个游戏看似容易，其实对小朋友的身体各个部位的配合要求很高，在开始的时候他怎么也夹不住球，更不用说夹着球奔跑了，为此还哭了好几回呢，不过他坚持练习，在爸爸妈妈的引导和自己的摸索中，终于找到了完成运球的小技巧，成功地把球夹起并快速奔到终点，虽然最后没有把球成功地放到框中，稍稍有一些遗憾，但是依然成就感满满。

正如万科实验幼儿园平时一贯奉行的教育理念，培养小朋友挑战自我、克服困难的勇气，不断追求进步，努力付出一定会有所收获。这个游戏，丁梓丞小朋友通过自己的努力完成了看似并不容易达成的目标，此次活动不仅仅锻炼了丁梓丞小朋友身体的协调能力，同时也通过锻炼增强了体质，还进行了一次挫折教育，最重要的是通过这么一个有点难度的游戏，加深了小朋友和家长的亲子关系。

教育的意义是让每一个孩子都感受到自己的成长和进步。也诠释了作为每一个人需要对社会所尽的义务与责任，疫情期间我们的活动也是一种对人对己的责任和义务，小朋友们通过参与其中，为社会尽一份责出一份力。在这个漫长的假期中，我们家长陪孩子们一起度过，一系列的居家活动拉近了我们和孩子的距离，同时也培养了孩子们的责任心，最先进的教育，最文明的理念，从万科实验幼儿园的启蒙教育开始！

三餐从健康的膳食安排开始

小三班 唐诗文妈妈

其实每天吃什么，对我来说是一件比较头疼的事情。每天都不知道怎么买菜了。感觉家里的菜吃来吃去就这么几个，比较单一。发现每天做菜变得越来越难，特别是给孩子准备的菜，既要考虑食品安全，又要考虑膳食的营养搭配。参加了幼儿园的“生入人心”家长俱乐部的活动后，我收获了很多科学膳食搭配的方法，也总结了一些自己的经验，下面给大家讲讲我是如何合理安排家庭食谱的，希望能帮到大家。

根据俱乐部活动建议和家长之间的探讨，我觉得幼儿园每周菜谱的制定非常好，能够注意膳食的多样性，保证每天三餐，每周的菜不重复出现，这样能够更好地保证各种营养的摄入。通过几次家长讲座，我知道在制订食谱时，要按照每日所需要的营养素，将规定的一周食物具体地安排到一日三餐中，如每餐用什么肉，什么菜，每一种的分量要多少，如何烹调，面食是用饺子、面条还是其他样式等。还要注意膳食的多样化，每天三餐不应有相同的菜肴；食谱上，至少在三天内不出现相同的菜肴。安排每日蔬菜种类和分量时，其中必须一半以上是绿色、深色蔬菜，这在膳食中非常重要。通过食谱的制定能更好地保证营养需要得到满足。

在制定我家的每周菜谱时，我先向家庭成员咨询了各自喜欢吃的家常菜，越多越好，越详细越好。我把收集的菜式进行了登记，这样能更好地了解家里成员的饮食喜好，在准备每天的膳食的时候，放一两道大家喜欢的菜就能更好地进餐。同时通过家庭成员喜欢的家常菜的收集，也便于发散膳食多样性，改变一两个食材，就能变成一道新的菜式，这样膳食也就更加多样性了。

然后我把收集到的菜谱进行了一个简单的分类，按照荤菜、素菜、汤进行了归类，把归纳好的清单按分类做每一天的菜样安排，也就是每天一天吃什么菜都有着明确的了解。这里我建议每天按照1汤1荤菜、2素菜，四菜一汤标准餐来做，菜单可以从收集的菜谱中进行选择。在制定一日菜谱的基础上，再像幼儿园一样制定家庭的一周菜谱，这样一周的菜就不容易重复，而且每天可以提供不同的荤菜、素菜。在制定一周菜谱的时候可以先编制好，然后家庭成员投票，遇到不合适的，或者大家觉得都不好的可以进行调整，这样大家都有参与感，每天的膳食也能引起孩子的兴趣。

编制家庭一周食谱还有一个好处，就是每日根据食谱的采购清单购买食材，这样在采购食物的时候更有目的性，可以节约每天购买食物的时间，又可以精准每天做的菜单，准备上会更充分。如果在市场上看到喜欢的或价钱优惠的食材，但清单里又没有，这时候可以按照原清单不变，只增不减原则操办。这样就能精益求精地做好每一餐。

在原有基础上，我还计划每周学习一个新的菜式，然后把新菜式推荐给家人们，大家不喜欢的就淘汰，如果大家觉得好就放入每周清单交替轮换。只有不断创新才不会有旧腻感觉，另外，这样也激发我做菜的热情以及成就感。

通过一段时间的家庭每周食谱编制，我发现我家餐桌上的菜越来越丰富了，各种营养的搭配和均衡膳食营养也更好，而且做菜对我而言不再是个难题，不会再为今天吃什么、明天吃什么而犯难。由于菜谱制定目的性更明确，在制定的时候也考虑了色、香、味，所以每天的菜品更能吸引我家宝宝，孩子吃得比以前好多了，挑食也有改善。

坚持合理营养、膳食平衡

大三班 蔡思哲妈妈

俗话说:“人是铁,饭是钢,一顿不吃饿得慌。”这说明,吃饭获取营养是动力,是根本,关系到人的健康。所以,我和我的家人平时也比较注意家庭的膳食搭配,因为我是从事医学工作的,我知道合理营养、膳食平衡对孩子的健康非常重要,但是在日常生活中还是会忽略一些小细节,走入一些误区。参加了幼儿园“生入人心”俱乐部膳食组后,对孩子一日所需的营养以及如何科学合理搭配膳食,避免一些常见的误区有了更进一步的了解。作为两个孩子的妈妈,我觉得家庭的营养、合理膳食真的非常重要。

通过几次的微讲座,我意识到,合理饮食,是指要科学安排膳食,这包括选择有益健康的饮食和良好的饮食习惯两个方面。健康饮食是指膳食所选择的食物,应当是富含营养的,一日三餐应是膳食平衡;良好的饮食习惯,应是按时进食,坚持吃好早餐和午餐,晚餐要吃少,不暴饮暴食,要细嚼慢咽,每餐只吃八分饱,不吃烫食,就餐时保持好心情等。

一日之计在于晨,我们的早餐是一日三餐之重,重视吃好早餐,让孩子能更好地学习是非常重要的。而我们平时由于工作繁忙往往最忽视一日的早餐,经常给孩子吃点粥,配个鸡蛋就觉得这天的早餐已经非常丰盛了,还觉得孩子每天到幼儿园还有早点吃,偶尔早餐不吃也是可以的。通过几次学习后发现,早餐这样提供是完全跟不上孩子一个早上的活动所需要的营养的,通过俱乐部活动,我才发现自己对早餐的误区到底有多大。所以我在日常对两个孩子的早餐进行了调整。每天早餐让孩子们喝200毫升牛奶,一小碗粥(南瓜玉米面粥、玉米糁粥、小米粥等交替)、一个鸡蛋、半块馒头、半块薯类(红薯、芋头、山药、土豆交替着)、一碟蔬菜。这样早餐包含了碳水化合物、维生素、蛋白质,才能保证孩子一个早上运动和学习所需要的营养，通过改善早餐，我发现孩子们早上更有精神了。

对日常家中的午餐和晚餐也进行了调整，菜基本上是一荤两素一个汤。荤菜也是鸡肉、鸭肉、牛肉、鱼肉交替吃，基本保持每天有两个不同的荤菜。记得以前买菜比较随意，想买什么就买什么，导致有时候一桌子的菜都是白色和黄色的、有时候都是绿色的菜，孩子看着也没什么胃口，经常这个不吃那个不吃的。现在我买菜的时候也会更加注意颜色的搭配，往往是买两个深色的蔬菜，配点浅色蔬菜，既保证了营养的全面搭配，也让菜更加的色香味美了。

在烹调上，对调味品的使用也更加注意，不会一味追求口感，多放油、糖、味精等等，我会控制油和糖的用量，做肉多是炒、炖，如炖鸡、炖鸭等。吃鱼多是清蒸，平时极少吃油炸食品，我发现孩子们也渐渐适应了这种清淡的饮食。

在喝水方面，以前两个孩子都比较喜欢喝饮料，不喜欢喝白开水。我也知道饮料含糖比较高，在家里给孩子买了一些果汁类的，后来在俱乐部的交流中发现其实果汁的含糖也不低，水才是最好的饮料，可是水淡而无味孩子又不喜欢喝。俱乐部的老师给了我一些建议，可以自制一些水果茶，比如苹果、梨煮水、柠檬泡茶等等，煮茶的同时不要添加糖，应为水果自带一些果香和甜味，这样孩子就更容易接受这些水，慢慢地再减少水果茶改为水，这样有个过渡期孩子更能接受。我就尝试了一下，发现孩子们比较喜欢，慢慢地，我减少了果茶中的水果改为白开水，发现孩子也能接受，现在我的孩子很少喝饮料了，每天口渴了之后就喝水。

以前我两个孩子体重都有点超重，虽然现在他们每天的食量没有改变，但是发现孩子的体重增加明显没有以往快，避免了朝“小胖墩”发展。非常庆幸参与了“生入人心”家长俱乐部，让我学到了非常多的健康知识，改善了我家的饮食结构，提升了我们的生活品质，确保了身体健康。

亲子阅读，伴孩子快乐成长

小二班 刘易知妈妈

作为一名年轻的妈妈，我一直比较注重对孩子阅读的培养。从小到大，家里随处可见各式各样的绘本与书籍，布书、翻翻书、洞洞书、贴纸书、点读书、故事书……可谓应有尽有。孩子本身也是一个小书迷，读书、听故事，乐在其中。孩子入园以来，我们有幸加入了幼儿园非常具有特色的家长俱乐部语言组，这为我们家的亲子阅读打开了更为广阔的大门，因为作为其中的一员，我接触到了很多非常具有启发性的亲子阅读理念，学习到了更多样的亲子阅读方法。这一切最大的受益者还是我的儿子，因为阅读对他来说已然成为一件非常快乐的事！

万科实验幼儿园的家长俱乐部虽成立时间不久，但却是一片家长们可以大量吸收教育资源的沃土。我们所在的语言组就为家长们提供了丰富多样的活动和平台，给了我们许多宝贵的机会彼此交流学习，和孩子们一起共同成长。亲子故事录音、浦东图书馆参观、案例讨论反思、家庭阅读环境创设……每一次活动或为我带来启发与思考，或帮我答疑解惑，都为我和儿子的亲子阅读提供了宝贵的指导。

还记得第一次参加语言组的活动，是为孩子读一本书并录音。因为平时我经常给孩子读书，原以为这个任务会非常容易完成，没想到却给了我意外的收获。我们当时选择的图书是《猜猜我有多爱你》，一本非常温情的故事绘本，也是孩子非常熟悉和喜欢的一本书。直到进行到了录音环节，我才知道这个活动老师们的用心良苦。听着自己最开始的录音我才知道，原来我平时给孩子读书是那样的干巴巴，那样的缺少童趣。发现了问题我就试着改变，我尝试着运用非常夸张的肢体语言、表情和声音来“读”好这本书，努力随着书中的文字和情节慢慢注入自己的情感和理解。读到“我爱你有这么多”我就夸张地把两只手臂张开，像书中那样张得不能再开；读到“我跳得多高，就有多爱你”我就和孩子一起学小兔子跳上跳下；读到“他低下头,亲了亲小兔子”我就抱着孩子亲了又亲。没想到孩子一下子就被这种新奇的方式吸引了,甚至一遍一遍地和我一起表演这本书,欢声笑语不断。我记得那天读到最后,孩子开心地对我说:“妈妈,下次我们还要读这本书!”我想,这份读书的快乐是比任何财富都要宝贵的,应该加以呵护和延续。于是这次活动后,我们也时不时用同样的方法来阅读更多其他的绘本,每一次孩子总能沉浸其中,快乐满满。毫无疑问,是在俱乐部的学习让我找到了更快乐的亲子读书方式。

另外一个引发我深思的活动是家庭阅读环境创设。那次活动中,语言组的老师们首先分享了实用而丰富的相关经验,并引导家长们谈谈自己的感想,“晒晒”自己家庭里的小小读书角。家长们都积极参与,热情发言,我也分享了自己家的图书角并得到了老师们中肯的点评与建议。如果不是这次活动,我从不曾想到,一个小小的读书角上可以有那么多精巧的小构思、小设计——可以通过小帐篷营造温馨而亲密的读书空间,可以通过标签给书分类、培养孩子独立收纳的好习惯,也可以不拘形式,让书本“遍地开花”,让孩子能随手巧遇自己感兴趣的书拿来读一读。这些讨论与交流对我而言都是弥足珍贵的,他们好像为我打开了一扇窗,让我看到了别人家的风景,可以欣赏,可以借鉴,也可以切实地应用到我自己家的亲子阅读中。更完善的读书角意味着更多的阅读量和更快乐的亲子阅读时光,这是我实实在在的收获。

语言组的活动精彩纷呈,我的收获远远不止这些,更多的是一些潜移默化的影响。这些难得又深刻的参与经验引发我思考,也给我家的亲子阅读注入了更多活力与色彩。感谢万科实验幼儿园提供了这么好的平台,也祝愿家长俱乐部的各类活动越办越好,成长为幼儿园的特色标杆!

阅读始于兴趣

中一班 王贝妮妈妈

阅读的重要性众所周知,我们从阅读中学到的每一个新的词语,都意味着我们收获了新的思想,当我们收获了新的思想,我们的逻辑思维能力,也就是分析问题解决问题的能力也会得到提高,同时我们的语言写作能力也随着阅读的广度和深度进一步提升,就像诗人杜甫所说"读书破万卷,下笔如有神"。而大语文时代的到来,又把阅读的重要性提高到了一个新的高度。万科实验幼儿园在这样一个新的大背景下,成立了家长社团语言组,通过线上线下各种形式的讲座、分享、互助等活动,让像我这样以为错失孩子阅读启蒙期的家长,又重新燃起了希望,帮孩子培养了良好的阅读习惯。

关于阅读的阶段,有很多种说法,有种说法认为阅读分为五个阶段,启蒙阅读,自我阅读,主动阅读,思考阅读,借鉴阅读。而幼儿阶段的阅读基本停留在启蒙和自我阅读时期。启蒙时期主要通过绘本,也就是用图片故事来培养阅读兴趣,当小朋友认字后,就慢慢过渡到自我阅读时期。在学习了有关幼儿阅读的一些基本知识后,我陷入了深深的焦虑和自责,因为当我在脑海中寻找给孩子读绘本讲故事的情景时,竟然一无所获。我错过了孩子6个月以后的翻书期,没有让她尽早地爱上书本,我错过了孩子听说能力发展时的图片期,没有引导孩子从听到说,慢慢形成讲故事的能力,我也错过了有讨论阅读的故事期,没有发展孩子对故事的理解叙述能力。这样看来我基本错失了孩子的阅读启蒙期。但庆幸的是我抓住了孩子的自我阅读期。而这一切都因一套特别常用的识字书《四五快读》,在孩子读小班的第二学期,偶然发现她对方块字产生了浓厚兴趣,最初是每天放学回来都会看这套书第一册里面简单的字,然后她就会简单地读出地铁上、商场招牌上、电视里她学过的字。同时家里姐姐留下的各式各样的藏书,她也开始自主地找一些她能读的绘本，最早就是特别简单的一些绘本，例如《猜猜这是谁？》（图一），而这类触感玩具书绘本的特点就是图画附上简单的字，因为喜欢读这些字，从而喜欢里面的图画，那段时间这本书也成了她形影不离的朋友，每天睡觉时都捧在手里。当从认字的过程中找到了成就感时，她也愿意继续学《四五快读》，一直读完了第三册，识字量有了大幅度的增加，到中班第一学期结束的时候，她已经可以自主阅读了。到可以自主阅读的时候，《四五快读》还没有读完就被她抛弃了，因为这个时候她已经完全爱上了书本，通过书本认字成为了新的常态。从最初的因为识字爱上阅读，到通过阅读来识字，整个过程的切换是如此的自然。

在读书的过程中，她自觉地爱上了大声朗读，无论读什么书，都是大声地读出来。有时候她带着丰富的感情去读，有时候她连着读两三个小时都不觉得口干舌燥，甚至有时候读到能背诵出来，例如《自然》（图二）这本书里面关于 10 种大自然的声音的小诗，她因为读得多就可以一字不差地背出来。大声朗读虽然多多少少给家里其他成员一定程度上带来了些小烦恼，但大家都小心翼翼地保护着她的朗读兴趣，同时也习惯了有她的读书声伴随的生活。

大声朗读让孩子感知到了快乐，这种快乐的很大原因是阅读的内容都是她喜爱的。在认字到自主阅读的整个过程间，我秉承着不替她选书的原则，从不干涉她自己的想法。所以她读的书不算很多，但是只要喜欢上了都是翻来覆去地读，读到可以自然复述出来，例如《自己的颜色》《当厨师》《狮子王》《玩具火车轰隆轰隆》（图三）。最近她特别喜欢的是《父与子》系列，这套书放在她的床前，已经读了十遍以上（图四）。读书的过程中遇到感兴趣的内容，也会促使她去想办法寻找正确的答案。例如《米小圈上学记》里有关天空、月亮的打油诗，让她对有关宇宙的书产生了

兴趣，在给她解释的过程中，她又对地球仪产生了兴趣，在地球仪上找大洋大海大城市。所有的行为都是因为她有兴趣而变得特别轻松。

阅读什么时候开始，以什么样的形式开始都不晚。喜欢绘本，就从故事开始，喜欢文字，就从认字开始，喜欢朗读，就鼓励她大声地读出来。每个家庭的情况不一样，每个小朋友的性格不一样，每个小朋友的兴趣点也不一样，不拘泥于形式，不拘泥于某一个专家所说的话，努力找到和阅读有关的兴趣，随着这个兴趣去培养小朋友的阅读习惯。我想每个家长都会成为小朋友首先认可的阅读启蒙老师。

亲子阅读，其乐无穷

中二班 应雅的妈妈

孩子从呱呱坠地、牙牙学语到学有所成、广文博见，就像一粒种子长成一棵参天大树的成长过程，而书就是那颗小小的种子，父母就是辛勤浇灌的园丁，滋养着孩子的心田。良好习惯的养成一生受益，三岁到六岁是培养孩子阅读习惯的最佳时期，因此当今社会的爸爸妈妈们越来越重视亲子阅读。

在万科实验幼儿园的家长俱乐部，我经常与家长们交流学习亲子阅读的经验，同时结合平时在与女儿共同阅读方面的一些体会，对亲子阅读需注重锻炼孩子的能力和如何做好亲子阅读有一些感悟。

在亲子阅读过程中，我比较注重锻炼孩子的两项能力：一是语言表达能力，二是独立思考能力。

良好的语言表达能力会使孩子更自信。和孩子共读的时候，第一遍由我朗读，孩子倾听。朗读的速度需舒缓一些，通过音调变换诠释不同的人物角色，并可辅以生动的面部表情和夸张的肢体语言。待孩子对故事熟悉以后，我们就分角色朗读，孩子会对喜欢的角色饶有兴趣地演绎一遍、两遍……不亦乐乎。在这过程中，我可

以纠正她的发音错误,可以辅导她的表达技巧。就像我们一起阅读《狐狸的钱袋》故事,这是一个非常有趣的故事,但是文字部分占主要篇幅。我们会一起共读整篇了解故事以后,女儿扮演小狐狸,我扮演老爷爷,寓教于乐,其乐融融。

阅读是输入,表达是输出,在输入和输出的过程中,我比较注重锻炼孩子的独立思考能力。思考能力的提升是循序渐进的,在第一遍阅读之后,我会问一些关于角色之间的关系、“在哪里”和“在什么时间”等直接性的问题;第二遍阅读之后,我会问一些诸如“为什么”“如果……,会发生……”等需要孩子深入思考的问题。在培养孩子独立思考能力的时候,家长要有足够的耐心,给孩子自由思考和发挥的时间和空间;同时,只要孩子有回应,无论对错,家长都要予以鼓励。在输出过程中,通过舞台剧、过家家等多种方式,可以让小朋友更加生动更富有创造性地思考与表达各种故事。

加入万科实验幼儿园的语言组,精彩的活动和多样的分享,让我们爱上了亲子阅读。亲子阅读不仅给孩子带来能力的提升,也给我们的小家庭带来了无限的欢乐。感谢万科实验幼儿园的特色,也祝愿语言组越办越好!!

结合学习动机理论浅谈家长对幼儿阅读能力发展的影响

大二班 王伊然妈妈

作为一名教师，我深知学生的阅读习惯对语言能力的发展起着至关重要的作用。一个人从小养成的阅读习惯会影响他学习生涯的方方面面。幼儿在养成好的阅读习惯的过程中，离不开家长和老师的引导，而家长作为孩子学习活动的启蒙者，对于孩子阅读能力的发展起着至关重要的作用。因此，在本文中，我将从一名家长的角度，结合学习动机的经典理论和我从万科实验幼儿园家长俱乐部语言组活动中汲取到的经验，分享一些我在培养孩子阅读习惯方面的一些心得体会。

学习动机理论认为，一个学习者的动机可以分为内在和外在动机。而处于幼儿阶段的小朋友，他们的学习行为多以内在驱动为主因，兴趣无疑是影响他们学习活动最重要的一个因素，因此培养阅读训练初期孩子的兴趣是十分关键的。Ryan和Deci的经典动机理论将学习动机的三个要素归类为autonomy（自主性），competence（胜任力）以及relatedness（相互关系）。将这一理论应用在幼儿阅读习惯养成的情境中，我们便可以思考三个重要的问题：如何让孩子自主地喜欢阅读，养成良好的阅读习惯？如何让孩子在阅读的过程中体会到成就感？以及如何通过亲子阅读活动发展更加亲密的亲子关系？

首先，在幼儿成长的不同时期，需要依据儿童身心发展的特点以及个体的特点，转换引导的方式方法，培养孩子阅读的自主性。比如，在1到3岁这段时间里，我坚持每天晚上给孩子阅读绘本，让她有足够的文字输入，为更顺利地适应幼儿园的学习生活打下基础。而进入小班以后，我注意到她越来越乐于表达，于是我开始注重通过阅读来培养她讲话的逻辑。每每读过一本绘本,我都会鼓励她用自己的语言复述一遍,有时候会发现她对于故事有很精确的复述,但同时对许多情节或者人物又有自己的理解。随着进入中班,给孩子读书的时候会更加注重和孩子的互动,引导她思考一些简单的问题,比如读过类似《十万个为什么》的幼儿科普书,可以引导他们思考一些简单有趣的科学小命题。随着小朋友年龄的增长,他们也会对读物的内容有更多的思考和情绪表达,表达出自己更明确的喜好,我们可以尽可能激发孩子的阅读兴趣。通过帮助孩子广泛地阅读各类书籍,绘本、漫画、小说等等提升孩子的阅读技巧和理解表达的能力,也可以发现他们更感兴趣的题材,从而可以在某一类别里深入阅读。尊重孩子的想法,帮助他们筛选读物,便可以很容易地抓住孩子的兴趣点,不刻意地去限定阅读的范围,自然会提高孩子阅读的自主性。除此之外,小朋友对一个学习活动的坚持离不开他在这一活动中获得的成就感和积极的体验。在亲子阅读的过程中,家长可以鼓励孩子多表达而自己多倾听,不敷衍孩子提出的问题,有意识地展开一些讨论。如果可以和孩子一起努力达成一些小目标,也更有利于孩子获得成就感,并且有助于增进亲子关系。

此外,在陪伴孩子阅读的过程中,家长之间以及家长和老师之间也可以多交流,像幼儿园组织的家长俱乐部便是一个非常好的平台。在短短的几个月时间里,我参与了几次万科实验幼儿园家长俱乐部语言组的线上活动,通过老师和其他家长的分享,学到了许多关于培养孩子阅读技巧的经验。例如,听了家长和老师们关于如何创设更有吸引力、更多元风格的家庭阅读角的主题分享后,我经常会将阅读的地点移动到阳台,客厅的帐篷里,小区的绿地旁,让小朋友有新鲜和舒适的感觉。再比如,虽然上个学期我们遗憾地错过了语言组的老师和家长组织的图书馆体验活动,通过微信群内的信息分享,我开始了解上海的许多图书馆,也包括社区周边的小图书馆,疫情好转了一些我便带孩子开始去一一体验。受到这一启发,我也在反思曾经每隔一段时间就照着一张张书单疯狂给孩子买读物这一方式,思考如何能够更加经济和环保地让孩子们有更好的阅读体验。考虑到在邻居或朋友家里经常会看到熟悉的同版读物,或者是同一本书的不同语言版本,在情况允许的情况下,利用社区资源带小朋友们体验流动的家庭图书馆,或者线上群组中彼此借阅,都会达到不错的资源共享效果。

另外,作为家长,不仅需要学会善用资源,让孩子接触多元文化,也要把控读物的品质,从小通过阅读培养孩子的价值观。在这个动画泛滥的年代,我们往往会发现书籍比印象资源更加能够引导孩子培养正确的人生观和价值观。我平时会利用一些在线资源，比如readingeggs，去拓展孩子的双语阅读能力，平时也会注意收集一些好的英文绘本。曾经我陪孩子阅读过一本令我印象深刻的*Just the way we are*，小朋友阅读过后就会对于自我性别认知问题，以及单亲家庭等社会问题有一定的思考，知道我们每一个人都是平等的，每个人都应该被尊重和关爱。再比如有一本绘本叫*Prime Minister*，是以孩子的角度表述，如果你成为一个总理可以做哪些事来改变这个世界，让世界变得更加美好，这跟目前风靡于全世界顶级高校的学生学术活动"MUN"（模拟联合国）有着很相似的理念，那就是让孩子从小就理解这个世界是如何运作的。我们可以陪孩子一起讨论许多关于人权、环境以及公共卫生等等相关的热点话题，通过阅读开拓自己和孩子的视野，从而看到一个更加广阔的世界。

总而言之，作为家长，我们其实可以更加深入地思考如何可以在保障足够的陪伴的前提下，更好地激发孩子的阅读兴趣，创设亲子阅读环境让孩子享受阅读氛围，培养孩子良好的阅读习惯，从而通过阅读引导孩子的认知。陪伴和引导孩子养成好的阅读习惯，并不仅仅是父母对于孩子的单向投入，同时也是家长实现自我提升的重要途径。相信只要我们愿意花时间和精力陪伴孩子，并且多思考孩子的需求，孩子和我们都会成长为更好的自己。

飞行棋“大战”

小一班 孙优杰妈妈

幼儿期是儿童规则意识萌发和规则行为初步形成的重要时期。在这个时期，有趣的棋类游戏既可以益智，又可以帮助孩子在潜移默化中形成初步的规则意识。飞行棋是一项依托于规则和合作的趣味性游戏，孩子只有在遵守规则的基础上才能玩出快乐、玩出乐趣。但在过程中如何构建提升孩子规则意识的支架，达到提高孩子的规则意识，参加了社会小公民俱乐部后，有了一些收获和感悟。

双方大战 各执一词

“飞行棋”一直是我们家孩子很喜欢玩的棋类游戏之一。平时他和姐姐也经常下飞行棋，每次下棋双方都不服输，如果他输了会强制要求姐姐重来，姐姐不愿意时他会以哭闹的方式来发泄、来耍赖。

最近一次的飞行棋“大战”又在家里拉开了帷幕，我发现他们今天总是为争着抢红色的棋子而争吵。

“这次我拿红色的！”杰杰大声地说。

“刚才你已经拿红色的，现在应该我拿红色的！”姐姐有理有据地说。

“我赢了就该我拿红色！”杰杰抢着姐姐的话说。

他们谁也不肯让谁，我在一旁观察了一会儿走了过去，一看到我，杰杰就叫起来：“妈妈，你看姐姐不让我拿红色。”

姐姐有点委屈地说：“刚才说好的他一次红色，我一次红色，大家轮流，弟弟耍赖。”

“这次是我赢了，我赢了就该我拿红色。”杰杰急得喷出这句话。

我问：“那你们为什么都要拿红色的棋子呢？”

杰杰又抢在姐姐前面说:“因为红色的棋子是先走的!”接着他又说,“我赢了所以红色是我的。”他再次强调,两个人谁都不让步。

公正评判 严守规则

“下棋之前你们是怎么说的,下棋有下棋的规则,大家说好游戏规则,每个人就都要遵守规则,违反规则的就不能参加游戏。”我严肃地说。

听了我的话,杰杰明显有点心虚,但还是据理力争:“就是我赢了才拿红色。”

姐姐说:“下棋前说好的,红色的他一次我一次,弟弟也是同意的。”

“是不是这样,杰杰?”我看向他。他轻轻点点头,但还是小声回了句:“可是我赢了呀,飞行棋就是谁赢了谁拿红色。”

“不管是飞行棋还是其他什么棋,游戏的规则是大家一起制定,一起同意的。既然你们的规则已经制定好了,那就一次一次轮流拿红色。如果要改变游戏规则,你就要和姐姐重新商量,姐姐同意新规则,你们就可以继续玩,否则没人愿意跟一个不遵守游戏规则的人玩。”我一边说一边看向姐弟俩,“如果你想谁赢谁拿红色,那就跟姐姐提前说好。”

“好的。”这次姐姐和弟弟异口同声回答。“姐姐,那我们就还是一人一次轮流吧。”弟弟想到没人陪他玩,还是先服软了。“好的。”姐姐愉快地答应。于是,战火熄灭,姐弟俩继续下棋。

我的感悟

首先,作为家长,要加强学习。在阅读了一系列关于孩子行为规范的书籍,参加了社会小公民俱乐部一次次的分享、交流和研讨活动后,我深切感悟到教育孩子其实也是反省自己,规范自己的言行举止。老师给我们很多活动推荐和指导,让我们结合日常生活来渗透教育,遇到一些大是大非的问题,明确告诉他是非对错,可以做的和不可以做的,让他明白是非,这是最基本的生活规则,我们发现还是非常有效的。比如:以前在生气的时候他会扔东西,推打离他近的人,对此我们进行了严厉的批评,要求他扔地上的东西必须自己捡起来,犯了错必须会说对不起,待他冷静后评论自己的行为,现在他虽仍有犯,但能快速捡起东西,已无需我们强制。

其次,坚守原则,以理服人。棋类游戏一般都有相应的游戏规则,尤其是怎样走棋、怎样获胜等。但是有些棋类游戏有特殊的规则,不一定是规范的、公平的。但只要参与游戏的人达成一致就可以。就如今天的飞行棋,它其中的一条规则是红色的棋先走，但对于竞争意识比较强的孩子而言却显得有点儿不公平，因为拿红色就代表有先掷筛子、先走棋的机会，所以今天谁拿红色会引发姐弟俩的“大战”。但我还是坚守我的原则底线，晓之以理，以理服人，姐弟俩下棋前共同商量的规则就是今天游戏的规则，不能随意改变，谁都要服从和遵守，否则就不能继续游戏。我的原则还是得到了孩子们的认可，同时也是引导孩子们以后无论是做事、游戏都应该遵守基本的规则。下次，我们还将尝试老师推荐的自制棋谱、自定规则，让孩子进一步感悟遵守规则的重要性。

爱心之约 约出儿童好行为

中一班 宋若琳妈妈

“幼儿阶段是人一生的启蒙期,孩子从小养成良好的行为习惯将会终生受益”,为了帮助孩子养成良好的行为习惯,我参加了社会俱乐部。在俱乐部活动的过程中,我提出了“孩子对布娃娃依赖性大,游玩过程中,经常会时不时地拿起布娃娃,影响孩子的专注力”。讨论过程中,华老师“家庭契约”的提法给了我很大的启发。于是,有了后续的一系列故事……

家庭会议 制定家规

家庭契约教育是一个双向过程,需要家庭成员共同参与。于是,待爸爸、奶奶都在家的时候,大家一起坐下来,一起讨论每个人需要遵守的内容。孩子对这个表现出很大的兴趣,拿来几张纸对我说:“妈妈,我来说,你来写。”“好呀。”“吃饭勺子不离手、玩具玩一样收一样,不发脾气好好说,文明礼貌不发脾气……”孩子说的过程中,我慢慢地记下来。同时她也对爸爸和我提出了要求,比如“妈妈做事效率高,记性好不忘事”“爸爸吃饭看手机不超过5分钟”……在讨论奶奶的时候发现对奶奶的要求非常少,为了表示全员参与,于是我跟孩子一起商定了“每天锻炼身体30分钟以上,少拖地,多用扫地机器人”等要求。最后一起商定了奖惩条例:每天做好6条以上约定,积1分,满30个、60个、90个积分的时候有相应的奖励,当然,如果每天少于5条约定,则扣一个积分。

相互监督 践行家规

制定好家规,形成文档后,我们将这个家规取名为“温馨之家 爱心之约”,同时,采用孩子比较喜欢的蓝色作为底色,配上红色爱心,营造一种温馨的感觉,孩子非常喜欢。当我们共同在上面“盖章”后,“温馨之家,爱心之约”就开始“生效”了。

第一天，孩子比较新鲜，起来就按照家规约定，将最喜爱的“小巧虎”藏到衣柜里去了。到了中午的时候，想“巧虎”了，我就让他玩三分钟再放回去。她虽有不舍，还是非常自觉地让我放回衣柜。慢慢地，她开始习惯白天没有“巧虎”的陪伴，一周后，有一天我突然发现，晚上睡觉的时候她都可以不找“巧虎”了。原来帮助她慢慢减少对布娃娃的依赖也没想象中那么困难。

还有收玩具这个行为，如果玩具不多的时候，她会自己收拾，但是一旦她同时摆出很多玩具的时候，她就不爱收拾了。即使让她收拾，也会磨磨唧唧的样子。实行家规后，当发现玩具没有收拾的时候，我会拉着她一起读读家规，让她在今天表现棒的地方画笑脸，当她听到第6条“玩具玩一样收一样”时，她会比较快地去把玩具一样一样收起来。虽然有时候还是需要提醒才会收拾，但是收拾速度和东西归类的整齐度有明显提升。

尤其是针对孩子有时候脾气倔、爱哭闹的特点，我们在妈妈、爸爸和孩子的约定中，都有一条“不发脾气好好说”，希望家中的每一位成员都能够心平气和地沟通、交流，营造一种比较温馨的家庭氛围。刚开始实施的时候，有时候娃还是难以做到，有两次还因此得不到一天的积分，她也学会了“吃一堑，长一智”，努力做到“不发脾气好好说”。

激励教育 共护家规

坚持了两个星期后，我会让孩子数一下有多少积分，激励她养成良好习惯。一个月坚持下来，我发现基本上每天娃都能得到一个积分，偶尔会因为发脾气或者洗漱晚了而扣了积分。随着积分越来越多，离她的第一个目标“30个积分”也越来越近了。当有一天数到30个积分的时候，她很开心地说：“终于可以买艾莎披风了。”有了心爱的披风，她也更愿意遵守家规了。偶尔当一天中表现特别棒的时候，我会鼓励她自己在表格上画上笑脸，同时画上一个到两个小点，等集满7个点之后可以兑换一个积分。这点在鼓励她坚持弹钢琴上效果比较显著，从刚开始弹钢琴比较抗拒到后来我一说今天好像“弹钢琴”这里还没有笑脸哦，自己就会比较乐意地开始弹钢琴。

现在实施两个多月了，可以说“爱心之约”，约出了儿童好行为，约出了家庭好氛围。当然，在实施一段时间之后，我也发现，有些约定需要做一些调整，于是就有了“温馨之家 爱心之约”的迭代更新……同时，由于“兑奖”周期略有点长，孩子有时候也会觉得有点新鲜感不足的感觉，对于偶尔的一次扣分，也没有之前那么重视了，看来“爱心之约”还需要不断“换花招”……

幼儿人际交往的培养感想一二

中一班 姜子曦妈妈

“豆豆”这个小名源自《窗边的小豆豆》，一本我在孩子出生前就将之立为养育标杆的书籍，因此哪怕这是个很常见的小名，甚至因为方言念起来不那么好听被外婆嫌弃很久，但是我仍然固执地叫他豆豆，我希望他的小名能时刻提醒我自己，哪怕他是个不完美的、不那么招人喜欢的小朋友，我也可以慢慢陪他找到远行的方向。我的小豆豆才四岁半，评价我的教育是否成功为时着实尚早，但也不妨分享我的想法，与各位父母共同成长。

充满安全感的家庭是孩子人际交往的后盾

自打孩子呱呱坠地的那刻起，他就开始作为一个独立的个体走向人群，而家庭这个小社会是对孩子烙印最深刻、影响最深远的起点。

如果这个小社会中的每个长辈都有一套自己的理论，带着自己人生的遗憾，替这个新生命设计自己所希望达成的人生愿望，那么这个家庭往往是充满矛盾的，而孩子也往往是无所适从不知道自己该怎么做才是正确的，无法思考什么才是自己喜欢的、感兴趣的。因此，在孩子出生前，我认为家人应就今后孩子的教育达成原则性的共识，如在实施过程中产生不同意见，不应当着孩子的面发生冲突，避免让孩子产生恐惧。

另一方面，高度信息化给身为父母的我们带来无数学习的便利，随手一查，每个育儿问题都能在网上找到答案。但另一方面也带来了更多的焦虑，就拿现在说到的人际交往问题，随便搜索一下就能找到许多“人际交往能力有哪几方面”“人际交往的重要性”等等，孩子在哪个阶段人际交往应该达到什么标准说得明明白白，于是我们就常常因为孩子没有“达标”心急不已。但孩子的成长真的如实验一样有标准化程序和结果吗？我想应该是没有的吧，每个孩子都是完全不同的小天使，出生都带着独特的闪光点，也带着独特的成长节奏。身为父母，我们是否更应该静下心来观察、耐下心来倾听，去寻找自家宝贝的成长节奏，去听见自家宝贝内心的需求？我们想方设法培养孩子人际交往的能力和需求，最终目的是希望他能更好地融入人群，得到他人的认可，这个愿望本身并没有问题，但关键在于我们是否确认自己的孩子已经准备好去融入人群，去进行人际交往。不要急着把孩子推出家门，如果孩子还没准备好，那么我希望父母，屏蔽外界的干扰，把孩子保护在爱的环境里，给他足够的精神陪伴，让他在这个温暖的环境里去慢慢积累信心和力量，当他有足够的信心确认家人的爱即使在分开时也不会消失，那他肯定就会有勇气也有闲心去看看家外面的世界，如果他在外面受到委屈和不平的待遇，随时让他回来寻求安慰而不是批评或嘲讽，直到他攒够下一次出门的勇气，我相信最后他一定会发现外面的环境也是他足以应付甚至是游刃有余的。到那时，也就是身为父母的我们该彻底放手让他远行的时候了。

良好的品行是孩子人际交往的基础

身为成人，我想大家都对待人有礼、自信又合群的小朋友有所偏爱。在我看来，良好的品行是孩子成长发展的关键点之一，在帮助孩子建立良好的同伴关系上也是至关重要的因素，是孩子今后人际交往的基石。

那么，孩子今后良好品行来自哪里？我想无论哪个孩子，当他出世的时候，都具有优良的品质。但在他成长的过程中，这些优良的品质可能会受到很多影响，有来自周围的环境的，也有来自家长等成年人的影响，这些优良的品质可能会受到损害。所以，我们首先应该发现这些优良品质并保护好，比如我的孩子，会用最大的善意去看待别人的行为，会小心翼翼保护别人的感受，哪怕有时候我觉得他小心得有点没有原则，也不会因此去责备他，用善良的心去看待世界本身就是种美好的品质。

其次，我们身为家长也要时刻审视自身是否在品格方面为孩子做好了榜样，是否因为自己的潜移默化让孩子的优良品质受到了损害。比如在家中是否随时使用礼貌用语，出门在外是否遵守公共规则，对待长辈是否尊敬有礼，是否愿意分享，是否愿意耐心倾听等等，甚至是一些在我们看来习以为常或可有可无的小细节，都是孩子效仿的点点滴滴，如果连我们对自己的品格要求都不高，又如何奢求孩子有良好的品格。

再次，要切忌出现在家在外两套标准或者是幼时长大两套标准。家长，尤其是祖辈家长在孩子幼时往往满心怜爱，事事以孩子为中心，无条件溺爱孩子，面对他所犯的错误又以“他还小”为借口草率原谅，养成“家中一霸”。俗话说“三岁看老”，人的品格一旦养成往往很难改变。当孩子长大或者接触外面的世界时，极端护短家长可能仍然秉持我家小孩做什么都对的原则，但大多数家长会调转方向希望孩子变得彬彬有礼，我认为都不是太好的做法。“小霸王”固然是不利于人际交往的，家长两套标准对孩子的伤害更大，更让孩子无所适从，他从小认为是正确的事情突然变不正确了，甚至因此要被批评和惩罚，换成家长自己，我们能否对这种转变心平气和。

适当放手，孩子不是我们的私有物

不知你身边是否也有年过三十仍然不知道自己想做什么、该怎么做的，或者还没开始做就害怕失败的，或者从一开始就否定自己的，明明是一流大学毕业的，却在单位做着最简单机械的工作。这类人身后往往有事无巨细安排得妥妥当当的家长，或者是控制欲强到不肯放手的爸妈。

早在中学课本上学到《触龙说赵太后》时，“父母之爱子，则为之计深远”这句话就已经印在我脑海里，龙应台说，所谓父女母子一场，只不过意味着，你和他的缘分就是今生今世不断在目送他的背影渐行渐远，我也深以为然。身为父母，能为孩子遮风挡雨多少年？因此，我认为即使孩子还小，只要是能与家长沟通的孩子，家中的大事都应该告知孩子，尤其涉及孩子的问题更应该听取孩子的意见，孩子在生活中出现了我们所无法理解的行为，也不要急着去指责或纠正，先听听孩子的想法再来与他探讨这件事的对错。而不是一味地摆出家长的尊严，颐指气使地告诉孩子应该怎么做，或者大包大揽，把孩子的路安排得妥妥当当。

等到孩子渐长，父母应该在孩子不排斥的前提下逐步提供更多的社交机会。一方面，让孩子多与同龄小朋友玩耍，孩子间天然有吸引力。在这个过程中，孩子有权利选择自己喜欢的玩伴，也有权利自己去解决他们之间的矛盾与冲突，孩子之间并无恶意，我们只需在保证安全的前提下远远观望，只在孩子抬眼看我们时报以微笑，给他安全感与信任感，他会在玩耍中不断练习与人交往的能力。另一方面，也应当带孩子进入我们自己的社交圈，让孩子参与家庭待客过程，让他观摩成人间的人际交往。要让孩子在与人的交往过程中感受到快乐，他就会愿意重复地尝试人际交往这件事情。

孩子的成长过程也是父母的学习过程，孩子在不停学习本领来融入这个世界，而我们也在不停学习，学习如何做更好的父母。《窗边的小豆豆》因为有妈妈和小林宗作校长的耐心陪伴，从一个被学校退学的不受欢迎的孩子最终长成了黑柳彻子，我希望在我的小豆豆的成长过程中，我也能始终不忘初心，在培养他的同时也不忘充实自己，然后当豆豆长大，优雅地放他远走高飞，而自己还有努力的方向，我想这样就是我最理想的母子关系吧。

一起来玩科学游戏吧

小一班 李睿思妈妈

萌萌刚上幼儿园不久，有一次洗澡的时候突然问我："妈妈，把海洋球拿到水里，它为什么变成椭圆了呀？"于是我让她试试把不同的物品放水里都会发生什么。我们试了长长的吸管、玩具小鸭子、洗澡刷等等物品，最后萌萌告诉我："妈妈，它们到水里都会变短或者变扁！"于是我给她简单地解释了折射率在水里和空气里的不同，她听了能够部分地理解，很开心也很感兴趣。从此之后我就认识到，在日常生活里进行科学观察和科学小游戏，会是一项不错的小游戏。

后来幼儿园组织了科学俱乐部，我就毫不思索地参加了。俱乐部里，老师和家长们相互启发，讨论出了非常多可行的亲子小实验。从日常生活出发，我带着萌萌实践了不少有趣的小游戏。

红酒变"蓝"酒

【实验材料】

红酒，厨用小苏打粉末，厨用除水垢剂（柠檬酸钠）粉末，清水，杯子，搅拌棒（如筷子），勺子或滴管

【实验方法】

1. 准备好少量红酒，放在一个透明小杯子里备用。

2. 倒一小勺小苏打粉末到另一个小杯子里，加水后用搅拌棒将其搅拌溶解。

3. 用滴管或者小勺将小苏打溶液加入红酒里，用搅拌棒搅拌均匀，观察是否有变化。若变化不明显，继续加小苏打溶液直至颜色变化。

4.（进阶步骤）用水溶解少量除水垢剂（柠檬酸钠），将其缓慢加入上面已经变颜色的红酒中，观察是否又有变化。

【实验结果】

1. 观察小苏打溶液加入红酒里，红酒由红色变成（　）色。

2. 观察除水垢剂加入已变色的红酒里，红酒由（　）色变成了（　）色，并且液体里出现了（　）。

【实验解释】

红酒里含有大量花青素，花青素在碱性条件下呈现蓝色，在酸性条件下呈现红色。小苏打溶液是碱性的，而柠檬酸钠溶液是酸性的。

正在进行红酒变“蓝”酒实验的萌萌

这个实验有着直观的颜色变化，并且进阶步骤会有二氧化碳气泡的产生，非常吸引孩子，容易观察，参与感也强，是非常适合锻炼孩子观察力和动手能力的小游戏。

用夹式手机显微镜观察动植物和生活用品

我们日常的宏观世界，和实验室显微镜下的微观世界是完全不同的两种世界。萌萌还没上幼儿园的时候，我就带她去实验室看过显微镜下的线虫和细胞。后来发现一款可以夹在手机上的简易显微镜，觉得这非常方便在日常生活中使用，于是带着萌萌一起开始微观世界之旅。

首先，可以选择感兴趣的物品表面进行观察，比如不同的织物、木制、纸张和皮肤表面等，引导孩子说说显微镜下的这些表面，跟我们肉眼所见有什么不同，有什么是肉眼观察不到的。每种物品都可以用手机拍下照片，带着孩子制作微观世界观察卡，是个不错的选择。

其次，可以选择自己制作简单的植物或者动物标本，比如各种叶片、昆虫的腿部或者触角等。我带着萌萌观察了不同昆虫的部位，了解了很多昆虫的身体结构。后来，我们又一起孵化了丰年虾的卵，用夹式手机显微镜观察到了孵化出的丰年虾的形态和它们的游泳动态。

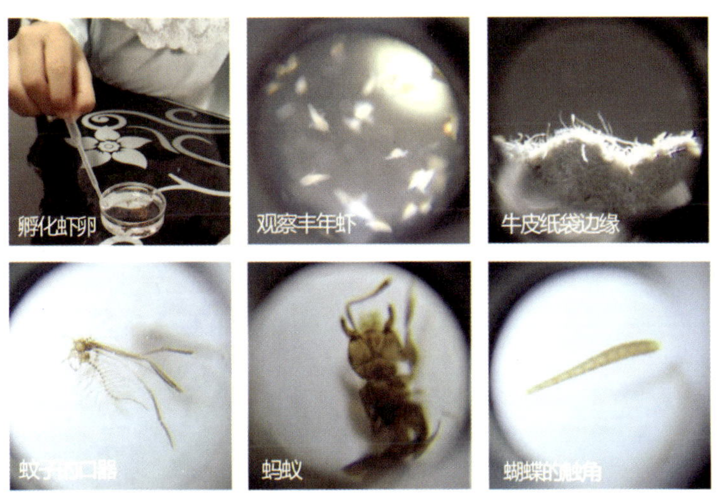

用夹式手机显微镜观察动植物和生活用品

在制作标本过程中，萌萌的参与积极性特别高，动手能力也在不知不觉中增强。在整个观察过程中，孩子的好奇心非常强，恨不得把家里所有东西全部看一遍。在这样有趣的游戏中，家长的引导，不仅可以增加小朋友对生物体的认识，还可以引导他们从不同的方面进行观察，提高观察和思维能力，也能让他们对微观世界与宏观世界的差异有所认识。

两岁到六岁孩子的关键词是“游戏”。这些日常生活中可以开展的科学小实验就是游戏的一种。这样的游戏可以帮助小朋友建立与实际生活的有趣关联。通过这样的游戏，不仅可以引导孩子去观察、动手和提问，更重要的是可以培养孩子对世界的热爱和兴趣，也许会让孩子终身受益。

在科学实验三部曲“做”“画”“说”中见证幼儿成长

中一班 宋若琳妈妈

科学实验对幼儿能力发展具有重要作用。科学实验非常直观形象，能够开拓幼儿的视野，激发幼儿的探索欲望，当幼儿带着强烈的好奇心，主动观察科学现象并解决自己心中的疑惑后，她对科学活动的兴趣会更高，更愿意探索；同时，在对多种科学活动的观察体验中，幼儿会慢慢积累一些观察方法，会更有条理地开展观察，比如通过对比的方式来探寻原因；通过记录的方式来观察植物的成长，从而养成良好的观察记录习惯；此外，我们还可以通过说实验的过程，引导幼儿将所见所想用自己的话语表达出来，提升幼儿的自信心和表达能力。

参加家长俱乐部以来，在老师的引导下，我带着孩子一起开展了很多科学活动，在科学活动“做、说、画”三部曲中，我看到了幼儿的成长，不仅体现在通过科学活动懂得了很多实验原理，更多的是激发了幼儿探索未知世界的兴趣，提高了观察能力、记录能力和表达能力。

做实验，提升幼儿探究意识

生活中充满着“实验”，我们要发现实验，并善于运用各种实验，提升幼儿探究意识。一方面可以运用购买的实验包，参考幼儿园和一些教育机构推荐的科学小实验，带着小朋友开展实验探究。实验过程中，允许幼儿犯“错”，在实验材料的选择上，通过替换材料，对照组设置等，引导幼儿尽可能发散思维，形成科学探究中的严谨态度和创新意识。另一方面，也可以运用生活中的各种自然现象培养幼儿的科学探究能力，如炒菜的时候，引导幼儿观察思考为什么虾会变红？坐地铁的时候引导幼儿为什么地铁开动和停下来的时候人会往一边倒，到底是往哪边倒？开动和停下来是一样的吗？春天到了，引导幼儿观察花朵的结构等等。

沉浮大比拼实验

画实验，提升幼儿观察能力

每次开展实验活动的时候，我会给幼儿提供一张幼儿园设计的每日科学小实验记录表。首先帮她一起准备实验材料，并引导幼儿将以上实验材料一一画下来。刚开始，幼儿不知从何画起，画面很凌乱，物品大小的比例也相差很大。我慢慢引导她实验记录要纪实，需要根据物品的大小比例缩小后呈现在画面上。接着开展实验后，让幼儿回顾整个实验过程，并画出实验步骤。同时，有些实验，比如蚕的生长、植物的生长等，需要一个长期观察的过程，可以引导幼儿养成坚持观察、适时记录的习惯。一年多以来，幼儿画了将近20张实验记录。记得有一天，我让爸爸陪她做“神奇的水袋”实验并做好实验记录，实验步骤比较简单，一会儿就做好了。等我过来看她，想让他画实验记录的时候，她已经画好整个实验记录了，还说：“妈妈，这个实验很有趣，你错过了。”

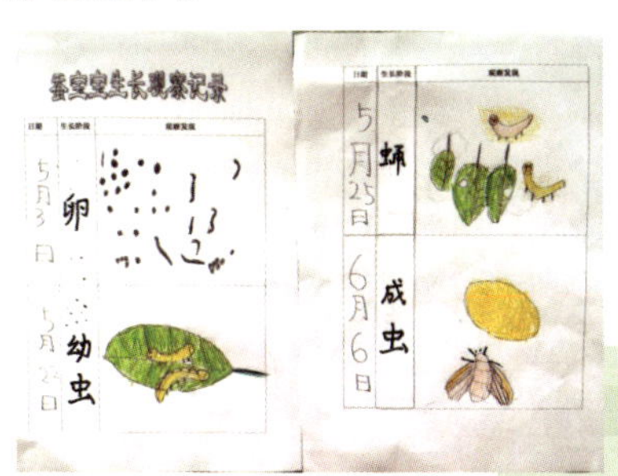

蚕宝宝生长观察记录

说实验，提升幼儿表达能力

做好实验，能否清晰地将实验讲述出来，理解实验的原理，也是值得我们关注的。说实验可以体现在两个方面，一方面，在清楚告知幼儿实验步骤后，在具体操作过程中，以提问的方式引导幼儿将接下来要做的事情说出来；另一方面，可以在实验完成后或重复实验时，以拍录像的形式让娃将实验步骤清晰地表达出来。在这过程中，我会引导她用“第一步、第二步、第三步……”，这样的表达方式有条理地将实验过程表达出来，并适时给予鼓励。由于拍录像要发到微信群或者给班主任老师，幼儿也会精益求精，对于自己表达不满意的地方，也会要求再录一次。不断的练习过程中，幼儿能够比较自信大方地将实验过程表述出来，表达能力得到了提升。

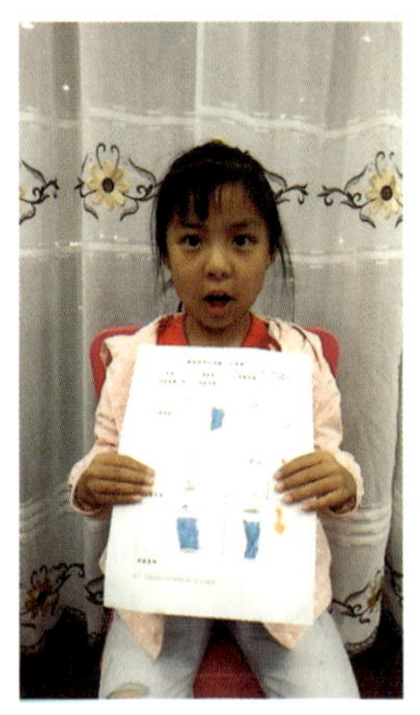

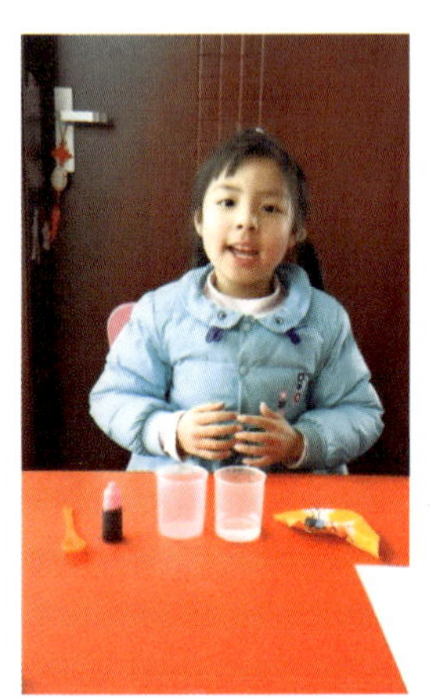

万科实验幼儿园科学俱乐部活动的体验与收获

中一班 徐既同爸爸

从2019年参加万科实验幼儿园科学俱乐部活动开始，在幼儿园老师启发和引导下，通过每个月不同主题的活动，与小朋友一起进行了多次实验和自然现象观察，并开展动植物的外观和习性观察。在这个过程中引发了小朋友对自然和科学的兴趣，也给我带来了很多感触和收获。从非主动的观察，到科学实验验证和启发，再到有意识地观察和体验，再引发新的兴趣和问题，形成了一套良性循环。

一、科学实验

科学俱乐部第一个主题是水。水是生命之源，也是日常随处可见的物质。小宝自小亲水，对与水相关的活动一直都表现极高的兴趣，也逐渐形成了一些正确或者错误的认知。小宝每天从幼儿园回家路上会沿着一条小河，当我告诉他家里用的自来水是来自于地表水，比如路边这条小河里的水。小宝对此非常惊讶。因为河水经常会比较浑浊，而自来水是非常清澈的。由于对比非常强烈，他非常积极地要求参与实验，亲眼见到河水是如何变得清澈。我利用自身工作便利，并充分考虑实验过程的安全性，将实验所需要的工业化学品改为功能接近但无毒无害的家用化学品，让小朋友可以一起安全地共同操作。实验准备工作完成后，小宝在我陪同下到河边取水样，分别用小水桶和烧杯为容器模拟自来水厂工艺进行操作，过程中用pH试纸检测pH值的变化，小朋友对pH试纸颜色的变化过程以及河水逐渐变清澈的结果非常兴奋。

在整个过程中，小宝非常积极地参与了各个步骤。实验的仪式感和趣味性引起了小宝对做科学实验的极高兴趣，此后多次要求进行各种各样的小实验，比如“什么东西可以浮在水面上？”“冰比水重吗？”“光的汇聚”“光的反射与折射”等等。我认为非常好的表现是能认真地把实验当作很重要且很有兴趣的事情来完成。

在“冰比水重吗？”的实验中，小宝最初坚持认为冰会沉到水底，实验过程中虽然看到冰浮在水面上这一事实，但是还是坚持认为：如果冰放很多最终还是会沉下去，最后的实验结果改变了他的看法。

在“什么东西可以浮在水面上？”实验中，让小宝自己选择实验对象，先判断每个物体是否会在水中沉浮，并动手验证自己的判断。

我们还开展了一系列光学实验，但相对来说小宝更爱看光学试验的结果，对过程不是很有兴趣，我也还在考虑如何找到合适的引导方式。

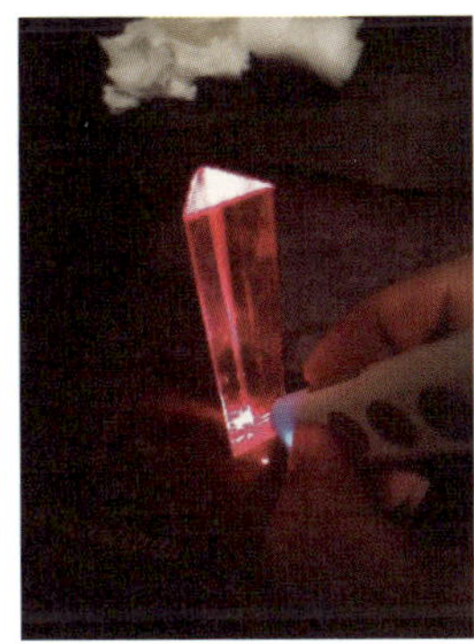

二、观察现象

在进行不同主题实验的过程中，我会适度用比较形象的方式描述一些常见物理现象，去引导和开发小宝观察自然现象的兴趣。从彩虹的形成、影子的产生、湖面光影、摩擦生热、静电形成、结晶，到木星的斑纹、月亮的盈亏和陨石坑形成，再到烟囱为什么向上冒烟等等。

在海昌海洋公园观看水上飞人表演时，喷出的水花形成彩虹。小宝很高兴地问我为什么没有下雨也有彩虹，我当时曾简单地解释了这个现象。几个月以后我发现小朋友用浇花的喷水壶对着太阳喷洒水雾向外公演示这样可能会有彩虹的。这个结果很让我惊讶，小朋友对各种现象的感知和理解，有时会超出我们成人认为他们可能的接受程度。

烟囱为什么向上冒烟？这与热气球为什么能飞起来是一个原理，简化到能够演示的道具最方便的就是用孔明灯。让小宝在指导下点燃孔明灯，燃烧的热风逐渐将灯体撑起来，浮在屋顶，直到蜡燃烧完毕自动落下来。（提示：小朋友需要在成人监护下进行，孔明灯需要在允许区域释放）

这个过程是自然现象与实验验证的结合，我觉得很有意义，虽然小朋友并不能真正理解真实的原理，但是过程的趣味性非常强，有利于提高小朋友的积极性。

在这些自然现象和科学实验过程中，激发了小宝对科学和探索世界的兴趣，逐步从喜爱看动画片慢慢转移到喜爱看纪录片。

三、观察自然界

我们所看纪录片非常广泛，从《蓝色星球》《行星》《忍者虾》《猫头鹰》到《七个世界、一个星球》《蔚蓝之境》《从太空看地球》等等，这些纪录片又激发了小朋友对动物的观察和喜爱。

这些从海洋动物开始。为了进一步观察海洋生物，我们办了海昌海洋公园的年卡，带着小宝看到纪录片中凶猛的鲨鱼、优美的白鲸、漂亮的珊瑚，和看似可爱实则凶猛的虎鲸，也看到了吃珊瑚的海胆、抓水母的海葵、嘴里含着小鱼的鲷鱼，以及存活了数亿年的中华鲎。

随着小宝逐渐长大，对自然界接触的渴求越来越强烈，要求也越来越高。我们尽量创造条件让他可以自由地亲近自然、近距离亲近动物和植物。

为了实现这些，我们又带着小朋友去南汇附近海边滩涂。带着小宝在滩涂上寻找小螃蟹，看到螃蟹在沿海石头上晒太阳，看到弹涂鱼飞快地蹦蹦跳跳跑远了，看到了落潮。一次在玩滩涂泥沙过程中被藏在泥沙中的螃蟹夹住指头，真实地体验了纪录片中描述的螃蟹钳咬合力。

除了海洋生物，小宝对日常可以接触到的小动物和家禽等也都比较喜爱。如观察蚂蚁搬家、蜘蛛织网、螳螂捕食、蜻蜓飞翔、螃蟹打洞等，也会去数数蜈蚣几条腿、蜜蜂几只翅膀，等等。

四、实际体验

从初步感知到实验，再到仔细观察自然现象，再引起对自然界纷繁动植物的兴趣，再去进一步真实接触和体验，又引发对新事物和新知识的兴趣，这是一个良性的循环。其中真实的接触和体验，也是不可或缺的。

在小宝对鱼和虾的习性有兴趣的时候，买了小鱼缸养了几只虾和小鱼。小宝看到了鱼如何捕食小虾，也看到了虾怎么进食，还看到了鱼之间互相撕咬，也看到一群同类小鱼结伴玩耍。

前段时间安排小宝在大人辅助下养了一周小鸡，每天喂食、清理粪便，和小鸡朝夕相处。有时候也送去农村体验生活，拔萝卜、除草、看麦子抽穗、去田间地头捉蚂蚱、当小羊倌放养小羊等等。

除了与动植物的零距离接触，在特定情境下也会有意识让小朋友体验一些事物，比如在小溪中体验水流的不同、在冲浪池里体验波浪的力量、在特殊的滑道体验摩擦生热等。

总之，参加万科实验幼儿园科学俱乐部活动为我们如何引导小朋友开阔视野，激发对科学兴趣打开了一个新的天地。

我总结了如下三点整个活动对幼儿成长的作用：

1.拓展了小朋友对自然、对环境、对物质性质的观察力，了解到很多现象是处于变化中的。

2.知道了应该通过观察方式去认知世界，通过实验去了解世界。

3.采取参与的方式，通过科学实验的载体，让小朋友有一定的仪式感，有利于推动后续学习的积极性。

非常希望幼儿园还能继续提供不同的平台，引导我们如何教育小朋友。

和她一起成长

中三班 王慕宁爸爸

家有小女，从呱呱坠地到蹒跚学步，从牙牙学语到跟你吵架，一路走来充满欢乐也带着迷茫。初为人父，也如同是个学生，每一步都要从头学起，刚开始看着小小的她想抱又不知道怎么下手，再一转眼，她已经是幼儿园中班的小朋友了。

伴随她的成长，我们也逐渐意识到孩子的成长是立体全面的发展，需要家庭、学校和社会共同努力。科学源于生活，启于生活，在小朋友认识世界的过程中，适合孩子们身心特点的教育方式和方法，会引导和鼓励他们主动去探索认识周围世界，获取知识与经验，这也是我们加入科学组的初衷。

在万科实验幼儿园科学组，老师们科学教育的宝贵经验结合各领域爸爸妈妈们的专业特长，在自由开放的氛围中，讨论出了匹配各年龄段小朋友们的每月实验主题，一个个小实验，在她们的小脑袋里埋下了求知和实践的种子。大人小孩的密切配合，是温馨的亲子体验；实验过程中遇到的各种问题，教会他们应对挫折的勇气；对实验的观察和总结，帮助他们形成最直接的科学观。家长们也要身体力行做出表率，我和小朋友一起参加了纸飞机比赛，一起查找各种纸飞机的做法，尝试各种纸飞机的起飞方法，在这个过程中，我也学到了很多新鲜的玩法，这个世界有太多未知需要探索，在不熟悉的领域里面，我们都是小朋友。

在成长的过程中，平等的交流、沟通和尊重会给她足够的信心和自信，我们大人要做的就是在她自主探究的过程中给予智慧的引导，感谢万科实验幼儿园科学组这个平台，带给家长们专业的科学教育理念，通过丰富多彩的活动引导我们和孩子共同成长。

浅谈培养幼童的艺术修养

小三班 徐宸羲爸爸

2020庚子年，新年伊始就显得极不平凡，一场“新型冠状病毒”疫情，猝不及防地肆虐到全球每个角落，至今仍不肯退去。一场疫情，重创世界经济的同时，也悄悄改变了我们每个人对于生命、对于生活、对于健康的理解和认知；一场疫情，除了足不出户的不便，也悄悄增加了我们与家人相处的时间，让我们有更多的心思和精力投入到家庭生活，投入到对子女的教育。突发奇想，在文字水平受限的情况下，仍想浅谈培养孩子的艺术修养，算是对这一段时间的记录和思绪的整理。

家有两女，大女上小学三年级，小女幼儿园小班，虽然因为全国疫情的影响都没上几个月学，但到了这个时点，也算浑浑噩噩顺利升学。大女由于在三年前跟随一名青年画家开始了绘画习作，算是入了门，有师父带着，水平比我高，本文主要还是谈谈小女的教育。

其实在小班开学伊始，小女就读的万科实验幼儿园就邀请有兴趣的家长共同成立了家长俱乐部，旨在学校与家庭共同培养孩子在德、智、体、美、劳等各方面的能力与习惯，可能是因为还算会拍照的缘故，我被分在了艺术组，蒙老师错爱成为组长。在其位，谋其职，没有什么艺术天分的我，也只能硬着头皮充当家庭教育者的角色，起初是被动的，后来是热衷。

我们成长的时代，特别是在某些教育资源紧缺的地区，比如我的老家河南，似乎学习成绩好是孩子唯一的出路，学校、家长无论怎样宣扬“五讲四美”，到头来也只是看考卷上的那几个数字，更别谈投入过多的精力与金钱去培养孩子们的兴趣。而我们孩子面临的时代，是信息时代，是多元化的时代，是日新月异的时代，大家所能学到知识的深度和广度相当，但文化的修养各有千秋，未来的核心竞争力，也逐渐上升到文化层面，这也是我们做家长必须在家庭教育中逐渐培养的。其中，艺术的修养作为文化修养的一种直接的、具体的体现则显得尤为重要，在幼儿园懵懵懂懂的阶段，艺术培养得靠学校和家长启发、引导，但最重要的是陪伴，使孩子慢慢建立兴趣，慢慢形成习惯。

为了启发孩子更多地感受世界文化和艺术美学，在幼童有限的看电视时间内，我除了《巧虎》之类教育影片，很少让孩子们看其他营养成分不高的动画片，更多的是陪着她们一起看BBC、文化中国等纪录片，让孩子去感受世界之美、生命之美、历史之美。看得多了，色彩、旋律、光影、明暗也就深谙脑海。当然，疫情之前，在繁忙的工作之余有限休假时间内，我也通常不会选择海岛、都市等休闲度假场所，更多的是带孩子去世界文化遗产、自然遗产、历史文化古迹等人类文明的瑰宝，亲身感受和品味文化艺术。故宫、长城、天坛等自然不在话下，龙门石窟、松赞林寺等也曾造访，世界文化遗产第一位的吴哥窟、世界自然遗产第一位的马赛马拉大草原也曾留下过足迹，让孩子徜徉在历史长河、沉浸在自然律动中，眼睛看到的，耳朵听到的，身体感受到的，都是在书本中很难切身体会的，因为有"感"，所以"身受"，这大概就是沉浸式教育的本源。当然，家长在旅行中也要做好充分的准备工作，需要深入浅出地回答孩子的"灵魂三问"：这是谁？干什么？为什么？帮助增进孩子的理解，增强孩子的印象。要求不要太高，一场旅行下来，若脑子里还有"阇耶跋摩七世"的名字就算取得了巨大的成功。

疫情期间，我们家长俱乐部还专门针对居家孩子的培养开过一次视频座谈会，老师和家长分享了家庭教育的经验，互相学习借鉴。那次讨论，提出建议的同时，我也汲取了很多经验，在平时的相处中，可以更安心地陪孩子坐下来听会儿音乐，共同完成一幅绘画作品并互相点评，说说各自的优点和不足，再加上她所完全崇拜的、学画画姐姐的"专业"指导，渐渐的，孩子也就慢慢懂得了什么是一幅好的作品。为了鼓励孩子，我还特别为孩子们制作了一面展示墙，将获得好评的作品统统展示出来，按时间排序，孩子就可以亲眼目睹自己水平的日就月将，也就更有兴趣参与其中。

总而言之，经过不断的尝试加上自己粗浅的理解，我认为对幼童艺术修养的培养是潜移默化的、循序渐进的过程，作为学校、老师，给予系统的教育和启发，作为家长乃至所有家庭成员，要有不竭的积极性和相当的耐心，多角度、多方面与孩子一道学习美、发现美、感受美。我们的孩子，还有更多的潜力等着我们去发掘，还有更多的惊喜等着我们去发现，我们现在的付出，会使她们终身获益。

让艺术渗透到小小的心灵里

中一班 简修远妈妈

“生活中不是缺少美，而是缺少发现美的眼睛。”这是罗丹的名言，也是我通过万科实幼艺术组老师们的两次讲座领悟到的。确实如此，美在生活中是到处都有，到处都可以找到的，不论是在家中还是在大自然里，我们需要带上眼睛和一颗追求美的心。

记得第一次讲座中，老师们为我们举了很多事例和切实可行的方式方法，教会我们利用家庭生活环境，营造美好的事物培养孩子感受美、欣赏美、表现美的能力，那次讲座正值疫情宅家期间，会后，我和孩子一起动手布置了一个展示柜，在家里一个不起眼的地方，一个废旧的小书架，一些孩子平时喜欢的玩具，不仅为我们在家中找到了新的乐趣，也培养了孩子感悟美的能力，让孩子参与其中，获益匪浅。那段时间里，我每天会给孩子布置任务，请他自己装扮那个小柜子，开始的时候是随心所欲地，他只是简单地把东西堆放在每个格子里，上面有他喜欢的玩具和自己搭建的乐高，还有做给妈妈的小卡片等，慢慢地我会在旁边给出自己的小建议，比如说颜色的搭配、物品大小的分类摆放等，他会有选择地听取我的意见，第二天就能看到一个更好的摆设。每天得到的欢乐也是不一样的，有时候，他路过小柜子，也会重新设计一番，会告诉我为什么要这样放，作为家长更多的是给孩子鼓励和赞赏，这样潜移默化地让艺术渗透到小小的心灵里，也是平时我们亲子活动中比较忽略的部分，所以非常感谢老师和那次的讲座。因为有了这样一个可以展示自己的小柜子，孩子更加喜爱拼搭乐高和各种积木了，他自己原创了很多动物造型的作品，有各种各样的恐龙、小马、骆驼、可爱的小麋鹿等等，这些作品都是没有图纸，自己想象，原创的，真是让人眼前一亮，非常欣喜。我想，正是因为有了这个可以展示的平台，才更好地激发了孩子的创造力。

在我们的交流群里，也有很多有经验的家长朋友们，给出自己的一些活动照片和建议，多种多样的形式，也让讲座的内容得到了很好的延续。

如果说第一次讲座已经让人豁然开朗了，那么第二次的讲座就是惊喜不断了。我们从家中走出来，继续感受大自然的美，继续带着孩子去学会领悟这个世界的美好。我记得那时候，窗外的树绿了，樱花开放了，各种鸟儿在欢快地飞翔，疫情也在一天天地好转，讲座的到来也是那么的及时，让我们在大自然中寻求艺术的气息。听到老师说让小朋友们背起小画板走近大自然，突然觉得生活还是那么的美好，我们应该作为孩子的引领者，让他们感受到世界的美好，感悟到自然的广阔。是的，有时候在不经意间的鼓励或者参与，都能唤醒孩子的艺术细胞，非常赞同老师的观点，也赞赏老师们专业的指导和讲解，给我们平时的陪伴增添了一份专业的养分。一天晚上，孩子拿了一个“丑八怪”请我帮他剥开，那个皮很厚很粗糙，我很乐意地帮助了他，吃好水果，他也很愉快地承担收拾果皮的任务。“应该扔进湿垃圾里……”听到小嘴里嘟囔着，小手也没停，他一只手拿着水果把儿，另一只手一块一块地把碎果皮收拢，然后小心翼翼地叠加在一起，我在低头看书，没一会儿，突然孩子说送给我一朵花儿，一抬头，被惊艳到，一个废旧果皮堆砌的橘色小花展现在我面前，不仅带着清香，而且还拥有很多的层次，太逼真了！这么美好的小礼物，让我受宠若惊，它绽放在孩子的手中，也绽放在他幼小的心灵里。没想到，这么短的时间里，两次讲座和我自己的改变，孩子就能够发生这么大的变化，这让我体会到，日常的点滴是学习最好的契机，目前的幼儿正是模仿和学习的黄金时期，他们需要老师和家长的引导，他们就好像春天的小苗，需要我们的呵护，而老师们带给家长的专业指导和知识就像春雨一般，润物细无声。真心地感谢万科实验幼儿园里优秀的老师们，她们用自己的学识、经验还有一颗颗责任心，和家长一起培育着祖国的花朵，感恩我们在成长中所有的遇见，也期待着万科实幼会越来越好，让更多的孩子快乐健康地成长。

在名画欣赏中培养幼儿的审美能力

大一班 袁凯欣妈妈

开心宝很喜欢画画，从小便表现出涂抹的潜力，她很幸运遇到了一位非常好的美术幼儿老师，开启了她对美术的热爱。不过汗颜的是，作为曾是中学美术教师的开心宝妈妈，却没有做好她的美术启蒙教育，总结两个失败的原因：一是作为家长来教育开心宝，她在过程中会耍脾气，耍性子；二是家长的系统美术教育过于单调和枯燥。那么如何和学校的专业老师形成互补，在家庭美术教育中也能发挥妈妈的专业知识，这就是留给我思考的问题。

针对开心宝的幼儿特点——爱听故事，我想起大学时的《中外美术史》的课程教育，那是我最喜欢的课程，每次老师讲完我都会憧憬能去看原作，那么用故事的形式讲解名画，是不是能起到一定的作用呢。

首先，挖掘名画欣赏的意义：

1.名画欣赏能够提高幼儿的绘画表现力。幼儿绘画表现力的提高取决于他们对绘画的直接兴趣、成就、愿望以及积极的审美情感，名画欣赏对于提高幼儿绘表现力中的造型、色彩、构图等均有不同程度的影响。通过对名画作品的欣赏，幼儿能够直接感知美术大师们的线条造型、对色彩的运用和作画方式等，而名画作品中的某些艺术语言也在潜移默化地丰富着幼儿的艺术感觉，从这个角度而言，名画欣赏对于提高幼儿的绘画表现力的意义是不可代替的。根据开心宝爱玩的性格我给她的第一幅作品是凡·高《圣马迪拉莫海边的景色》，这幅画画的是海滩上的渔船，偌大的船身躺在灼热的沙滩上，大海远远地消失在蓝色的朦胧中，这是一个晴朗的日子，但是太阳已经下山，人们只能凭借一些投影与沙滩上方热空气的颤动，而感到天气的晴朗。凡·高在这幅画中，用轻亮的色彩，明快的笔触，表现自然界的景象；用浓重的色彩，细致的笔法，描绘人造的船只，然后我又整理了现在的圣马迪拉莫海边真实场景，让她感受到景色的美丽,想要去旅游画画的冲动。

2.了解不同年龄段幼儿的生理和心理特点，并在此基础上选择适合幼儿的生活经验、接受水平并能激发幼儿浓厚欣赏兴趣的名画作品。激发她欣赏名画的兴趣。激发幼儿的创作愿望，发展幼儿对已有形象的重组与建构能力。第二幅画我整理的是《阿尔勒的卧室》。桌子椅子的现实生活也能组合成一幅名画，这对开心宝对绘画上素材的选择开拓了新的思路，她临摹了阿尔勒卧室，不过在卧室的房间中进行了新的创作，画了天鹅和一些小动物，说房间比较寂寞 。

3.名画欣赏为幼儿提供了榜样范式。班杜拉的社会学习理论指出，观察学习是指通过观察榜样的行为及其结果并仿照其行为去表现，从而习得这种行为的过程，观察学习的核心是学习者通过观察榜样的行为而建立起自己的行为准则并获得知识技能。在名画欣赏活动中，幼儿感知名画作品的创作形式、表现技法、色彩运用等内容，名画的榜样范式作用是显而易见的。在每天的欣赏一幅画的时间里，开心宝对色彩搭配有了很好的提升，原先她是粉色宝宝，她认为全身上下全是粉色很好看，现在她在自己的服装搭配上也有了很大的进步，告诉我白色上衣可以配粉色、红色裙子，但最好白色上要有点粉色、红色的颜色，可以联系起来。可以和爸爸探讨什么是环境色，什么是色彩的对比色。

其次，名画欣赏的选材原则：

并不是所有的名画都适合直接拿来给幼儿欣赏，开心宝胆子比较小，所以在整理材料时我会尽量讲一些愉快的事，大师的一些悲惨遭遇会忽略，比如讲凡·高时我不会讲凡·高的后期生病之事，我会着重讲他和高更的友情，于是开心宝就会特别想看高更的画作。

通过名画的鉴赏，我发觉开心宝的审美有了很大的进步和提升。

后记

2020年的2月是不平静的，新冠肺炎疫情爆发，在足不出户的这段封闭时期里，给了我们难得而宝贵的思考和领悟时间。

三年多的心路历程，终于在这炎炎夏日结出了厚厚的果实，手捧着书稿，激动与喜悦之余多了一份踏实，每一个方块字因为有我们的生花妙笔而精彩，每一张洁白的纸上也因为有家长的用心投入而显得神采飞扬，回首这段共同走过的道路，深深感到所有的付出都得到了价值的兑现。

在课题研究和文章撰写的过程中，有开心、迷茫、痛苦、激动，过程是复杂的，但这种经历是宝贵的。成果从孕育到诞生，它是无数教诲、关爱和帮助的结果。它汇集了我们团队每一位教师的辛劳与智慧，既是对我园家长工作的一个沉淀，也期望它能够给我们的同行带来一些灵感和启发，以求共同进步。

在本书将要付梓之前，有好多话想说，最想说的，还是感谢：感谢上海市教科院家庭教育指导专家、浦东新区教育学会领导和专家的指导与帮助，在此表达我们心中深深的谢意；此外还要感谢课题组的成员，感谢她们无私的贡献自己的新想法、指出问题让研究之路走得更顺畅；感谢我们浦东新区万科实验幼儿园的家长们，没有大家的支持与信任，研究难以开展与继续；同时，还有我园那些没有参加书籍编写的老师，一直在背后默默奉献，同样让我们感动，在此一并表示感谢。

感谢所有阅读此书的朋友，与我们结下这份小小的文缘，希望能带给大家几许感知感悟、丰盈充实。

让我们一起呵护孩子们健康地成长！

编者

2020年7月

图书在版编目(CIP)数据

孕育未来之星 / 张瑜主编. — 上海 : 文汇出版社, 2021.5

ISBN 978-7-5496-3536-8

Ⅰ. ①孕… Ⅱ. ①张… Ⅲ. ①幼儿园－家长工作(教育) Ⅳ. ①G616

中国版本图书馆CIP数据核字(2021)第084779号

孕育未来之星

主　编 / 张　瑜

责任编辑 / 熊　勇
封面设计 / 薛　冰
正文设计 / 叶玉萍
出版发行 / 文匯出版社(上海市威海路755号　邮编200041)
印刷装订 / 上海丽佳制版印刷有限公司
版次 / 2021年5月第1版
印次 / 2021年5月第1次印刷
开本 / 720×1000　1/16
字数 / 300千
印张 / 20.25

ISBN 978-7-5496-3536-8
定价 / 68.00元